U0421024

徽学与地域文化丛书

国家图书馆所藏徽谱资源研究

——32种稀见徽州家谱叙录

谈家胜 著

北京师范大学出版集团
BEIJING NORMAL UNIVERSITY PUBLISHING GROUP
安徽大学出版社

图书在版编目(CIP)数据

国家图书馆所藏徽谱资源研究——32种稀见徽州家谱叙录
谈家胜著．—合肥：安徽大学出版社，2011.7

ISBN 978-7-5664-0150-2

Ⅰ.①国... Ⅱ.①谈... Ⅲ.①家谱—研究—徽州地区
Ⅳ.①K820.9

中国版本图书馆CIP数据核字(2011)第100870号

国家图书馆所藏徽谱资源研究——32种稀见徽州家谱叙录

谈家胜 著

出版发行：北京师范大学出版集团
安 徽 大 学 出 版 社
(安徽省合肥市肥西路3号 邮编230039)
www.bnupg.com.cn
www.ahupress.com.cn

经　　销：全国新华书店
印　　刷：合肥杏花印务股份有限公司
开　　本：152mm×228mm
印　　张：13
字　　数：185千字
版　　次：2011年7月第1版
印　　次：2011年7月第1次印刷
定　　价：28.00元
ISBN 978-7-5664-0150-2

责任编辑：王先斌　　装帧设计：知耕书房
责任印制：赵明炎

目　录
CONTENTS

前 言

首次接触家谱是在1985年春节。那年我随家父返回祖籍庐江县金牛乡谈庄祭祖，在一个长辈家里翻阅了本族的谱牒。记得阅谱前需净手、上香、叩拜，主人才将一摞家谱从黝黑的木匣中取出。看着发黄的线装本谱书，心中充满神秘感、好奇感，渴望将之借归，细细品读。然而，主人告知，过去倒有好几部族谱，文革期间"破四旧"时，不敢保留，拿出来烧掉了不少，这是仅存的一部，还是偷偷地保存下来的，一般不轻易示人。其时，我还是个大二学生，对家谱的文献价值认识不足。工作以后，在进行学术研究的过程中，虽然也曾利用过家谱资料，但并未专注于谱牒研究，对其所蕴涵的学术价值应该说也不是认识很充分。这一状况直到2008年方才彻底改变。该年9月，我赴北师大访学，师从著名学者瞿林东先生。在商讨访学期间的课题时，先生要求我研究徽州家谱，并说国家图书馆（后文简称"国图"）藏有大量徽州家谱，其中有不少是稀见的谱本。先生嘱咐我充分利用访学的宝贵时间认真研读并将一些稀见徽州家谱作出叙录。遵从师命，我将研究的视野投向较为陌生的谱牒领域。首先系统搜寻并拜读学界有关徽州家谱的研究成果，并对学界的研究作出浅薄的审思；继之沉入国图的谱藏，利用工具书指引结合实地查阅，基本摸清了国图所藏徽州家谱的概况，对其所蕴涵的特征和蕴藏的学术价值有了浅显的认知，并锁定一批稀见的徽州家谱进行了认真研读和精心摘抄。

历史上徽州人十分重视族谱的纂修。除抄本、稿本外，刊刻的族谱一般按房支分派领藏，谱成刊梓，少则十几部，多则几十部，故而谱牒文献甚丰。但因历史久远、动乱及保管不善等诸多原因，尤其建国之初受极左政治的影响，大量家谱或葬身火海，或被贱卖给废品收购站并流入纸厂化为纸浆。因此，一些家谱虽曾刊刻多部，但遗世数量极少，目前仅被某一二家收藏单位收藏。这些存世仅一二部的家谱自然可以称为稀见家谱，它们也因存世极少而使其文献价值愈加珍贵。国图就藏有不少稀见徽州家谱，这些家谱深深吸引着我。做这项研究首先便是搜借善本谱籍文献，然而实地借阅时却给我当头棒喝。国图规定，有胶片缩影者不借阅原谱，无胶片缩影者需要凭单位的正式介绍文函方可借阅，且一份文函的借阅权限也只有四部，碰到极为珍贵的谱籍，即使有介绍文函也不借阅。在这里，善本谱籍的文物价值已高于其文献价值，借阅如此困难使我颇感遗憾。转念一想，历史上徽州宗族的家谱纂修在在不辍，续修的家谱不仅是世系的延伸记录，前修谱牒里的家族文献一般也移植到续谱中。因此，从文献资料的角度看，国图所藏普通古籍中的稀见徽州家谱同样有着极高的价值。如《左田黄氏宗派图》除黄士埙的感诗和跋文外，余当是宋谱的重镌本，在宋元谱存世极罕见的今天，该谱亦弥足珍贵。谱序不仅蕴含着丰富的谱学理论，也记载着修谱的历程和宗族派支的移析历史，如《三田李氏重修宗谱》收录该族宋元明清时期的谱序、谱跋共80篇，这在徽谱中具典型性，有益于徽州谱学和宗族史的研究。家谱是一家一族之史，重世系，明迁徙，有寻根利用的价值，如《重修汪氏家乘》载支派达165个，汪氏在徽郡六邑及迁郡外的支派流徙情况，网罗殆尽，脉络明晰。徽州宗族在修谱过程中十分重视家族文献的传承积累，“凡嘉言懿行，不得书于史者，皆得书于谱”，[1]故各种家族文献资料颇为丰富，所辑存的文献中不乏极有价值的资料。如《善和程氏支谱》中收录的《程氏统宗世谱辩》一文，极辩程敏政主纂的统宗世谱所涉善和程氏谱系的错讹，并提出了统宗谱不如会通谱的见解，有益于我们探究徽州宗族的修谱理念。《吴氏家传》是歙县岩镇吴氏吴旷父子孙一门重要事迹行状的汇编，是我们洞悉清初徽州宗族社会一般家庭生活状况的绝好材料。《星源银川郑氏宗谱》所录祠屋基址分阄图、山头权益分配合约、坟山禁约合同、纠纷处理合约等契约文书，对徽州社会经济史的研究有较高的史料价值。《许氏族谱》收录了宋嘉定八年(1215)的《省札》和咸淳九年(1273)的《增助义田州据》，对于研究宋代徽州宗族制度和义田制度而言，其资料殊为可贵。《汪氏世守谱》卷首的木本水源地图绘有诸多的山川水系及古郡国的地理方位，图涉今河北、山东、河南、湖北、安徽、江苏等区域，具有较高的历史地理学研究价值。为仆立传并载入族谱，实谱牒中所罕见，而《官源洪氏总谱》就收有《义仆施德兴记》一文，详述施德兴终生服侍洪懋森的祖、父及懋森自己并佐洪氏业贾的经历，这一罕见的传文当是研究徽州宗族的主仆关系和徽商问题难得的材料。凡此种种均证明了这些徽谱的稀见和珍贵程度。当然，有些族谱在追述先祖时，因时代久远不免出错，甚至犯有牵强附会、攀宗冒祖的流弊。如光绪十八年(1892)叶道鋆纂修的《休宁叶氏支谱》就将与徽州毫无关联的两宋名臣、苏州府吴县人叶梦得移接为叶祈叶氏一世祖。但这类错讹只占谱本内容的极小部分，并不削弱其的文献价值。该类谱籍国图所藏的普通古籍中约有 50 部，笔者遴选 32 部完帙谱牒叙录于本书。

叙录是全面揭示文献资源较为理想的一种叙述方式和文本体裁，本著大体上按照“版本及编撰者简介—家族变迁简况—家谱修撰历史—家谱体例与内容—家谱价值评述”的结构，揭示每一种稀见徽州家谱文献，间录一些原文，既佐证该谱的珍贵，也资学者援用。页下所注的参考文献，除他书外均是

---

① 《新安庐源詹氏宗谱》卷首《庐源谱序》，乾隆四十九年(1784)木活字本。

各谱中所存的文献，不再注明谱名。同一姓氏的家谱按照编撰年代的先后逐次叙录，以便学人比较。

为便于读者进一步了解国图所藏徽州家谱的概况，本著除叙录32部稀见谱牒外，还分善本类、普通古籍类，将国图所藏的具体徽谱名目，按照姓氏字母顺序排列，条陈于叙录之前。国图所藏谱牒文献极为丰富，以一己之力，恐难以完整地揭示出其所藏徽谱资源，遗误之处在所难免，尚祈阅者见谅。

在研读并叙录国图所藏徽谱的过程中，笔者对徽州家谱所存的文献类型与价值有了进一步的认知，也对叙录文体在揭示家谱资源方面所起的作用有了较为充分的认识，曾将这些认识撰写成相关小文刊发，现附录于书末，权作对徽州家谱所蕴藏巨大文献价值的一种补充说明，聊以佐证叙录的必要。浩瀚的徽州谱牒文海，稀见的家谱当在在不少，拙著所叙者仅是谱海一粟。著述此作的目的，既在于揭示国图所藏的部分徽谱资源，也在于抛砖引玉，导引出更多的叙录佳作问世。因初次涉足徽州家谱研究，兼之涉猎的资料有限，书中浅陋之处多所难免，恭盼同行赐教指正。

序

时至今日，徽学研究，方兴未艾。研究队伍在不断壮大，新的研究成果层出不穷，新的观点也不断涌现。当今的徽学园地呈现出“忽如一夜春风来，千树万树梨花开”的春光明媚的景象。

形势喜人，形势逼人。徽学研究取得了很多令人瞩目的成果，但起点越高，突破越难。如何深化徽学研究？如何拓宽徽学研究的领域？这确实是我们每位徽学研究者应该思考的问题。

徽州宗族制度就是一个大可深耕细作的领域。徽州宗族制度太典型了，国内很少有其他地方可以与此相比。地处万山丛中的徽州，由于长期的封闭性，这个地区宗族制度特别牢固。清人赵吉士曾说：“新安各姓聚族而居，绝无一杂姓搀入者，其风最为近古。出入齿让，姓各有宗祠统之，岁时伏腊，一姓村中千丁皆集，祭用朱文公家礼，彬彬合度。父老尝谓新安有数种风俗胜于他邑：千年之家，不动一抔；千丁之族，未尝散处；千载谱系，丝毫不紊。主仆之严，数十世不改，而宵小不敢肆焉。”冰冻三尺，非一日之寒。这种牢固的宗族制度自然是经过上千年的发展才形成的。这种制度不仅渗透到社会生活的方方面面，而且对徽州文化的方方面面产生了潜移默化的影响。可以说，宗族制度是徽州文化的一个基因，不懂得徽州宗族制度就不能深入了解徽州文化。虽然徽州宗族制度早已有人研究，但可耕之地还是很多的。

研究徽州宗族制度自然离不开徽州宗谱。徽州宗谱具有数量大、善本多、类型全、价值高、收藏散的特点。这些宗谱是研究徽州宗族制度极其珍贵的资料。据不完全统计，徽州目前存世宗谱不下2000部，分藏于国家图书馆、上海图书馆、黄山博物馆等二十几家单位，如果加上民间收藏的宗谱，数量可能更大。“家之有谱，犹国之有史。”宗谱就像海洋，里面蕴含着极其丰富的历史内容，举凡一个时期的政治、经济、文化、制度、风俗等在宗谱中都有所反映。谈家胜同志将宗谱内容分为谱论类、制度类、史实类、文学类、民俗类、图景类等六大类，就可知宗谱内容的丰富。不仅如此，宗谱本身还是谱牒学研究的对象。因此，无论从宗族研究来说还是从谱牒研究来说，存世的徽州宗谱都是弥足珍贵的资源。

如此重要的徽州宗谱自然引起众多学者的青睐。但是，正因为徽州宗谱价值高，所以各收藏单位都将其视若珍宝，有的干脆束之高阁，秘不示人；有的虽网开一面，但又限制多多。即使你使出浑身解数，通过各种关系，找到上级领导，到头来还是应了那句老话：“县官不如现管。”“现管”们会以种种理由将你拒之门外，即使偶发慈悲，你也只能得其只鳞半爪，而难窥其全貌。因此，不少学者或望谱兴叹，或望而却步。学者要想研究宗谱，可谓难矣哉！

难是难，但知难而上的人还是有的。谈家胜同志就是其中一位。家胜作为池州学院的一名教师，求学心切，勤奋努力。2008年获得赴北师大访学的机会，师从我国著名史学家瞿林东先生，可谓如鱼得水，如鸟飞天。瞿先生告诉他，国家图书馆收藏有大批徽州宗谱，很值得关注，并指导他如何开展宗谱研究。在瞿先生的指引下，家胜治学道路有了重要转折，走上了徽州宗谱研究之路。令人欣慰的是，国家图书馆毕竟有国家风范，上述在各地查阅资料的种种“潜规则”，国家图书馆统统没有，这就给读者提供了极大方便。在一年的时间里，家胜冒严寒、顶酷暑，克服了种种困难，每天骑自行车从驻地赶到国图，如饥似渴地阅读徽州宗谱，抄录了大量资料。功夫不负有心人。目前展现在我们面前的《国家图书馆所藏徽谱资源研究—32种稀见徽州家谱叙录》，就是这次访学成果的一部分。

叙录体古已有之。它克服了提要、题解体过于简略的弊端，能够较为详细地介绍古籍。在人们难以完整阅读一种古籍的情况下，叙录体倒不失为一种好形式。家胜同志的这部书好就好在他精心选择了32种稀见徽州家谱进行叙录，这些稀见家谱都是藏本极少，有的甚至是孤本，学者一般很难窥见其貌，读后真使人大开眼界。本书对每部家谱的叙录基本采用“版本及编撰者简介—家族变迁简况—家谱修撰历史—家谱体例与内容—家谱价值评述”的结构叙述，尤其是对其中特别有价值的部分，还间录一些原文，这无疑给学者提供了可以直接引用的珍贵资料。我相信这部书的出版，对开阔人们的视野，推动徽州宗族研究和谱牒研究的深入，必将起到很好的作用。

史学研究的基础是史料，史学研究要取得任何成果都必须在发掘史料上狠下功夫。搞宗谱研究，就得放下身段，沉下心来，一部宗谱一部宗谱地阅读，这看起来是“笨”办法，但没有这“笨”办法，怎能披沙拣金？史料是我们取得成功的源头活水，没有这些源源不断的“潺潺活水”，哪来学术园地的“一泓清池”？从这个意义上说，家胜的治学之路走对了。我希望家胜坚定不移地沿着这条路走下去，期待他有更丰硕的成果问世。

家胜在他首部著作出版之际，委我作序，而我于宗谱素无研究，只能谈谈上述感想。是为序。

王世华

2011年5月

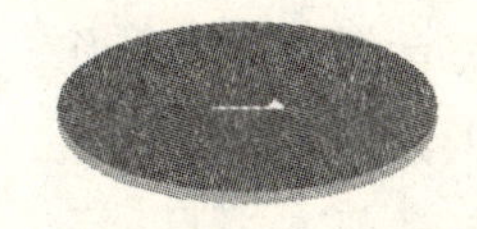

国图收藏徽州家谱的历史及馆藏概况

国图关注家谱文献的价值并注重搜集收藏的工作，始于20世纪20年代。当时曾任北平图书馆（国图的前身）馆长的梁启超先生十分重视谱牒文献的学术价值。他在《清代学者整理旧学之总成绩》一文中指出，历史上遗存的谱牒是“重要的史料之一”，强调“我国乡乡家家皆有谱，实可谓史界瑰宝，如将来有国立大图书馆能尽集天下之谱，俾学者分科研究，实不朽之盛业也”。[①] 受其影响，北平图书馆于民国十七年（1928）致函社会各界，称“家谱世系，历代所尊，旷观寰宇，莫与伦比，实我民族精神之所寄焉”，开始了家谱文献的征集工作。抗日战争时期及抗战胜利后，日、美等国在中国大力搜求家谱，受此刺激，国内一些图书馆（包括北平图书馆）也对家谱极力网罗。然而，时局的动乱影响着征集工作的进展，直至建国，北平图书馆只征求到家谱348种。建国后，由于特定的政治环境，原来秘藏于宗室私人之手的家谱开始大量流散，多有毁失。北平图书馆工作人员四处采集，全力抢救，徽州家谱为其所看重。20世纪五六十年代，他们多次深入徽州采购，对徽谱征集的力度大有提升。1958年，他们先后几次在屯溪古籍书店和安徽省文化馆购得明代和清初家谱，如《新安汪氏统宗谱》、《新安休宁文昌

① 梁启超：《中国近三百年学术史》，天津古籍出版社，2003年，第372页。

金氏世谱》等共计40余种；1963—1965年，又自徽州购得一批私人珍藏资料。自此，大量珍贵的徽州家谱入藏北平图书馆。①

现今，国图所藏徽州家谱文献的种类到底有多少，学界尚无确切的统计数据。一般可依据公开出版的工具书《中国家谱总目》、《中国家谱综合目录》和《北京图书馆古籍善本书目》等作出粗略的统计。需要说明的是，前者在编制的过程中，由于工程浩巨，人力不济，“以致忙中铸错”。② 就徽谱而言，国图藏本的重复著录或遗漏登录情况也曾出现。再者，一些家谱的谱名仅标示姓氏，未标出地名，其谱籍如不稽看文本则难以确定。因之，笔者仅以上述三书为参考，依据国图自己编制的馆藏家谱文献纸质目录和现代检索工具，稽考谱牒文本，研读相关家谱文献，力求大体揭示出国图徽州家谱的藏量及其特点。

据笔者统计，目前国图所藏徽州家谱不少于352种，涉及52个姓氏（见下表）。

国图藏徽州家谱的姓氏及其谱牒种类

姓氏	程	汪	吴	胡	王	黄	陈	李	方	朱	俞	谢	金
种类	59	44	31	14	14	13	12	11	10	9	7	7	7
姓氏	许	张	章	洪	詹	叶	潘	戴	孙	郑	周	徐	江
种类	7	6	6	6	6	6	5	5	5	7	4	4	4
姓氏	项	鲍	余	查	刘	苏	曹	姚	冯	倪	宋	凌	吕
种类	3	3	3	3	3	2	2	2	2	2	2	2	1
姓氏	萧	舒	唐	庄	崔	邵	范	高	葛	巴	杨	毕	裴
种类	1	1	1	1	1	1	1	1	1	1	1	1	1

谱籍涉及的区域涵盖徽州府及其下属六县，其中徽州地区（按：徽州大姓的分支列派多蔓延数县，其统宗谱、会通谱及一些宗谱所载内容不局限于一县，凡涉及两县以上者，谱籍地归类徽州）有103种，歙县76种，休宁71种，婺源38种，绩溪32种，祁门24种，黟县8种。其中善本谱牒217种，藏总馆南区

---

① 张志清：《北京图书馆馆藏中国家谱综述》，武新立主编：《谱牒学研究》，北京：书目文献出版社，1992年，第314～331页。

② 《中国家谱综合目录·后记》，中华书局，1997年，第754页。

古籍善本库，普通古籍的家谱文献135种，藏文津街7号国图古籍分馆。为便于读者具体了解、掌握国图所藏徽州家谱的情况，现按善本和普通古籍两类，将每种徽谱条陈如下，间或有误及遗漏之处，尚祈阅者指正。

（一）善本类徽州家谱[①]

1.《巴氏族谱》，不分卷，一册；明抄本。

2.《重编棠樾鲍氏三族宗谱》，二百卷首一卷（缺第一百三十一、一百三十二卷），二十册；（清）鲍光纯纂修，清乾隆二十五年（1760）刻本。

3.《棠樾鲍氏宣忠堂支谱》，二十二卷，四册；（清）鲍琮纂修，清嘉庆十年（1805）刻本。

4.《新安毕氏族谱》，十七卷附录一卷（缺第九卷），二册；（明）毕济川、毕郁等纂修，明正德三年（1508）刻本。

5.《婺东曹氏谱书》，不分卷，一册；（明）曹世麟纂修，明嘉靖十二年（1533）刻本。

6.《休宁曹氏统宗谱》，十五卷，八册；明万历十年（1582）刻本。

7.《新安陈氏宗谱》，二卷附录一卷，一册；（明）陈靖、王宗植纂修，明正德二年（1507）刻本。

8.《陈氏大成宗谱》，八卷，六册；（明）陈鉴纂修，明嘉靖六年（1527）刻本。

9.《竹溪陈氏墓祀录》，四卷，四册；（明）陈光撰，明嘉靖刻本。[②]

10.《陈氏增辑宗谱》，□□卷（存四卷，一至四），二册；（明）陈雍纂修，明嘉靖十九年（1540）刻本。

11.《石墅陈氏家乘》，二卷，一册；（明）陈桷纂修，明刻本。

12.《新安蜀川陈氏宗谱》，十二卷文翰五卷，四册；明刻本。

---

① 下引徽谱来自《北京图书馆古籍善本书目·史部·传记》，其中涉及一种徽谱但有多部藏本者，仅录其一；如藏本卷、册数不同，则于脚注处注明。

② 此谱国图尚存有三卷（一至三）一册本二部。

13.《新安陈氏宗谱》，二卷附录一卷，一册；（明）陈靖玺纂修，明刻本。[①]

14.《陈氏支谱》，三卷，一册；（清）陈以栢、陈有选纂修，稿本。

15.《陈氏宗谱》，不分卷，五册；清抄本。

16.《新安程氏统宗世谱》，二十卷谱辨一卷附录一卷（存十卷），二册；（明）程敏政纂修，明成化十八年（1482）刻本。[②]

17.《新安程氏族谱》，三卷，一册；（明）程毓、程应时纂修，明嘉靖刻本。

18.《程氏会通谱》，不分卷，一册；明刻本。

19.《休宁率东程氏家谱》，不分卷，一册；（明）吴以升纂修，明正统三年（1438）刻本。

20.《倍郭程氏敦本录》，二卷，二册；（明）程亨纂修，明弘治五年（1492）刻本。

21.《新安休宁长垄程氏本宗谱》，五卷墓图一卷文翰一卷，一册；（明）程岩护、程永珧等纂修，明正德十一年（1516）刻本。

22.《休宁汉口程氏本末重修续谱》，十二卷，三册；（明）程存节、程霖、程德夫纂修，明嘉靖十一年（1532）刻本。

23.《世忠程氏泰塘族谱》，五卷，一册；（明）程子珪、程子钟等纂修，明嘉靖二十四年（1545）刻本。

24.《十万程氏会谱》，六卷，四册；（明）程炌等纂修，明嘉靖二十八年（1549）刻本。

25.《程氏庆源家乘》，二十卷，二册；（明）游轮、程有亮纂修，明嘉靖三十一年（1552）刻本。

26.《程氏庆源家乘要抄》，不分卷，一册；明万历三十六年（1608）程鹏先抄本。

27.《率东程氏重修家谱》，十二卷上草市宗谱一卷，二册；（明）程涌来纂修，明嘉靖刻本。

28.《率东程氏重修家谱》，十二卷，一册；（明）程宪纂修，明

---

① 此谱国图尚存有二册抄本一部。

② 此谱国图尚存六卷（一至五、谱辨）刻本一部，一册；二十一卷（一至十、十四至二十、谱辨、附录）抄本一部，四册。

嘉靖刻本。

29.《新安休宁古城程氏宗谱》，十一卷引证一卷会订一卷，四册；（明）程尚芳、程惟时纂修，明隆庆二年（1568）刻本。[①]

30.《休宁率口程氏续编本宗谱》，六卷，二册；（明）程时用、程师周等纂修，明隆庆刻本。

31.《泰塘程氏具征录》，□□卷（存七卷），一册；明刻本。

32.《闵川十万程氏本宗谱》，十卷，五册；（清）程以进、程模等纂修，清顺治十六年（1659）刻本。

33.《休宁芳干程氏续谱》，不分卷外谱不分卷，一册；（明）程孟纂修，清抄本。

34.《祁门善和程氏谱》，十四卷宠光录一卷足征录四卷，一册；（明）程昌纂修，明嘉靖二十年（1541）刻本。

35.《宝山公家议》，七卷附录一卷，一册；（明）程昌撰、程钫增补，明万历三年（1575）刻本。

36.《新安程氏统宗列派迁徙注脚纂》，一卷，一册；（明）程项纂修，明嘉靖四十二年（1563）刻本。[②]

37.《世忠程氏延绪公宗谱》，四卷，一册；（明）程殷辂、程元冀等纂修，明隆庆六年（1572）刻本。

38.《程氏祠墓志》，三卷，一册；（明）程辂撰，明嘉靖刻本。

39.《程氏贻范集补》，甲集五卷乙集二十卷丙集一卷丁集三卷戊集一卷已集一卷，十册；（明）程一枝辑，明隆庆刻本。

40.《槐塘程氏宗谱》，二十卷首一卷，十二册；（明）程嗣功纂修，明万历十四年（1586）刻本。[③]

41.《程典》，三十二卷，六册；（明）程一枝纂修，明万历二十六年至二十七年（1597－1598）刻本。

42.《程里程氏续修世谱》，三卷，一册；（明）程敷典纂修，明万历四十年（1612）刻本。

43.《歙西岩镇百忍程氏本宗信谱》，□□卷会订一卷，六

---

① 此谱国图尚存有五卷（四至六、引证、会订），三册本一部。

② 此谱国图尚存有二册本一部。

③ 此谱国图尚存有十九卷（一至十二、十四至二十、卷首），四册本一部。

册;(明)程弘宾纂修,明万历刻本。

44.《歙托山程氏族谱》,五卷,一册;(明)程祖远纂修,明万历刻本。

45.《程氏家乘文献》,不分卷,一册;明刻本。

46.《程氏宗谱》,不分卷,一册;明抄本。

47.《程氏世谱》,不分卷,一册;明抄本。

48.《程氏祖茔疆理图》,不分卷,一册;(明)程梦稷撰,明抄本。

49.《程氏东里祠典》,一卷,一册;明抄本。

50.《新安程氏诸谱会通》,含程氏世谱八卷、诸谱会通六卷、各派续谱不分卷,三册;清抄本。

51.《绩溪戴氏族谱》,六卷首一卷,二册;(明)戴祥纂修,明嘉靖刻本。

52.《休宁戴氏族谱》,十五卷,十册;(明)戴尧天纂修,明崇祯五年(1632)刻本。

53.《新安歙邑环山方氏重修流芳谱》,九卷,一册;(明)方达纂修,明成化二十三年(1487)刻本。

54.《方氏宗谱》,十二卷(存十一卷,一至五、七至十二),六册;(明)方祥、方沂纂修,明万历十三年(1585)刻本。

55.《汉歙灵山方氏宗支世谱》,□□卷(存二卷,三、四),一册;(明)方在明纂修,明万历二十七年(1599)刻本。

56.《方氏宗谱》,二卷,四册;(明)方望等纂修,明崇祯八年(1635)活字本。

57.《汉歙丹阳河南方氏衍庆统宗图谱》,一卷,一册;(宋)方桂森纂修,明刻本。

58.《方氏族谱》,不分卷,一册;明抄本。

59.《冯氏宗谱》,十卷首一卷,四册;(明)冯楷纂修,明嘉靖刻本。

60.《休宁范氏族谱》,九卷,八册;(明)范涞纂修,明万历刻本。

61.《绩溪积庆坊葛氏重修族谱》,八卷首一卷终一卷,一册;(明)葛文简纂修,明嘉靖四十四年(1565)刻本。

62.《洪氏家乘》,十二卷附录一卷,四册;(明)洪銮纂修,明嘉靖十七年(1538)刻本。

63.《新安洪氏统宗谱》,不分卷,四册;(明)洪烈纂修,明嘉靖四十三年(1564)刻本。①

64.《丹阳洪氏宗谱》,不分卷,二册;明刻本。

65.《云山洪氏重修家谱》,不分卷,二册;(清)洪文涛等纂修,清乾隆七年(1742)刻本。

66.《清华胡氏族谱》,六卷,二册;(明)胡尚仁、胡天民等纂修,明天顺二年(1458)刻本。

67.《贵溪胡氏族谱》,六卷,四册;(明)胡自立纂修,明成化四年(1468)刻本。

68.《清华胡氏统会族谱》,二卷,二册;(明)胡用宾纂修,明嘉靖三十年(1515)刻本。

69.《清华胡氏统会族谱》,二卷,二册;(明)胡用宾纂修,明万历增刻本。

70.《翠园胡氏宗谱》,二卷,二册;(明)万历二十九年(1601)刻本。

71.《清华胡氏谱系》,□□卷(存三卷,一、二、四),二册;(明)胡克俊、胡从政等纂修,明刻本。

72.《清华胡氏六公派旧园谱》,三卷,二册;(清)胡嘉绫、胡庆余纂修,清抄本。

73.《新安黄氏会通谱》,十六卷文献录二卷外集三卷(存十二卷,一至七、文献录二卷、外集三卷),四册;(明)黄禄、程天相纂修,明弘治十四年(1501)刻本。②

74.《新安休宁约山黄氏开国宗谱》,九卷首一卷,一册;(明)黄铨纂修,明嘉靖二十八年(1549)刻本。

75.《新安左田黄氏正宗谱派系》,二十卷文献十九卷,十二册;(明)黄积瑜纂修,明嘉靖三十七年(1558)刻本。

76.《左田黄氏孟宗谱》,七卷,一册;(明)黄应榜等纂修,明嘉靖三十七年(1558)刻本。

77.《涑塘黄氏统宗谱》,十卷(存九卷,一至二、四至十),二

---

① 此谱国图尚存有二册本一部。

② 此谱国图尚存有六册本一部。

册;(明)方信纂修,明嘉靖四十一年(1562)刻本。

78.《绩溪黄氏重修族谱》,六卷,一册;(明)黄槐、黄琼纂修,明隆庆刻本。

79.《新安左田黄氏正宗谱》,不分卷,一册;(明)黄瑜纂修,明抄本。

80.《潭渡黄氏族谱》,十卷末一卷,八册;(清)黄元豹、黄景琯纂修,清雍正九年(1731)刻本。

81.《兰陵萧江氏谱》,不分卷,一册;(明)江学礼纂修,明崇祯十二年(1639)刻本。

82.《重修济阳江氏族谱》,八卷(缺第五、六卷),三册;(明)江来岷、江中淮纂修,明万历四十年(1612)刻本。

83.《郡北济阳江氏宗谱》,十卷,二册;(明)江国华、江德新纂修,明崇祯十七年(1644)刻本。

84.《江氏族谱》,三卷,三册;(明)江德徵纂修,明抄本。

85.《新安休宁文昌金氏世谱》,十卷附录一卷,六册;(明)程天保纂修,明正德十年(1515)刻本。

86.《新安休宁汪溪金氏族谱》,五卷附录一卷,二册;(明)金卉、陈有守等纂修,明嘉靖三十二年(1553)刻本。①

87.《珰溪金氏族谱》,十八卷(存十五卷,四至十八卷),五册;(明)金瑶、金应宿纂修,明隆庆二年(1568)刻本。

88.《珰溪家谱补戚篇》,六卷附录一卷,一册;(明)金应宿撰,明万历十四年(1586)刻本。

89.《休宁金氏族谱》,二十六卷,四册;(清)金门诏纂修,清乾隆十一年(1746)活字本。

90.《严田李氏会编世谱》,□□卷(存三卷,二、三、五),二册;(明)李唐瑞纂修,明嘉靖三十四年(1555)刻本。

91.《三田李氏统宗世谱》,不分卷,一册;(明)李晖祥、李栋祥等纂修,明嘉靖四十三年(1564)刻本。

92.《重修李氏族谱》,五卷,二册;(明)李昺纂修,明嘉靖刻本。

93.《三田李氏宗谱》,十三卷,十八册;(明)李晖、李春荣等

---

① 此谱国图尚存有四册本一部。

纂修,明万历四十二年(1614)刻本。

94.《三田李氏统宗谱》,不分卷,一册;(明)李晖、李春荣等纂修,明万历四十二年(1614)刻本。

95.《三田李氏统宗谱》,不分卷,一册;(明)李洪先、李瑞明等纂修,明抄本。

96.《理田李氏世谱》,十五卷,五册;(明)李寅宝、李斌贤等纂修,明抄本。

97.《休宁邑前刘氏族谱》,六卷,四册;(明)刘尧锡、刘齐礼纂修,明嘉靖三十六年(1557)刻本。

98.《彭城刘氏歙南族谱》,不分卷,一册;(明)刘景旺、刘景义纂修,明嘉靖刻本。

99.《凌氏宗谱》,不分卷,三册;明刻本。

100.《婺源沣溪吕氏续修举要世谱》,四卷,二册;明刻本。

101.《婺源桃溪潘氏本宗谱》,十六卷(存三卷,一至三),一册;(明)潘钰、程师鲁纂修,明正德刻本。

102.《婺源桃溪潘氏宗谱》,二十卷,五册;(明)潘文炳、潘俊纂修,明崇祯六年(1633)刻本。

103.《休宁仙林孙氏本宗谱》,三卷,一册;(明)孙福生纂修,明正德八年(1513)刻本。

104.《孙氏世系》,一卷,一册;(明)孙琏纂修,明刻本。

105.《新安孙氏宗谱》,五卷(附支谱六卷),六册;(清)孙毓华纂修,清抄本。

106.《新安孙氏重修宗谱》,不分卷,一册;(明)孙廷瑞纂修,清抄本。

107.《新安宋氏宗谱》,十八卷(缺第九、十五、十八卷),二册;(明)方信、宋上丰纂修,明嘉靖三十七年(1558)刻本。[①]

108.《休宁邵氏宗谱》,不分卷,一册;明万历刻本。

109.《新安唐氏宗谱》,二卷附录一卷,二册;(明)唐仕纂修,明嘉靖十八年(1539)刻本。

110.《王氏家谱》,不分卷,一册;(明)王舜兴纂修,明正统四年(1439)刻本。

---

① 此谱国图尚存有七卷、五卷本各一部。

111.《新安王氏统宗世谱》，二十卷，二册；（明）王宠、王舜臣纂修，明正德十年（1515）刻本。

112.《新安王氏墓谱计略》，不分卷，二册；明嘉靖刻本。

113.《休宁宣仁王氏族谱》，十二卷，四册；（明）王宗本纂修，明万历三十八年（1610）刻本。

114.《王氏宗谱》，□□卷（存三卷，一至三），一册；明刻本。

115.《新安泽富王氏家谱》，□□卷（存十卷，一至十），一册；明刻本。

116.《新安武口王氏重修统宗谱》，□□卷（存十卷，一至十），七册；明刻本。

117.《新安汪氏庆源宗谱》，不分卷，一册；（元）汪垚纂修，元抄本。

118.《新安汪氏重辑渊源谱》，八卷，三册；（明）程孟、赵孟龙等纂修，明成化元年（1465）刻本。

119.《新安汪氏谱系》，四卷，一册；（明）汪彦龄、汪仕善纂修，明成化十年（1474）刻本。

120.《城北汪氏族谱》，二卷，二册；（明）汪让纂修，明成化二十三年（1487）刻本。

121.《汪氏族谱》，十卷，二册；（明）汪志、汪道纂修，明弘治二年（1489）刻本。

122.《汪氏渊源录》，十卷，一册；（元）汪松寿纂修，明正德十三年（1518）重刻本。

123.《休宁西门汪氏族谱》，十一卷附录一卷，二册；（明）汪璨、汪尚和等纂修，明嘉靖六年（1527）刻本。

124.《汪氏世纪》，四卷，一册；（明）汪镬纂修，明嘉靖二十九年（1550）刻本。

125.《汪氏续修统宗谱》，不分卷，三册；（明）汪子仁纂修，明嘉靖四十年（1561）刻本。

126.《新安汪氏统宗谱》，不分卷，一册；（明）汪镬纂修，明嘉靖刻本。

127.《休宁藏溪汪氏世谱》，十卷总目一卷，一册；（明）嘉靖刻本。

128.《汪氏统宗谱》，一百七十二卷，十三册；（明）汪湘纂修,明万历三年(1575)刻本。

129.《灵山院汪氏十六族谱》,十卷,二册;(明)汪道昆纂修,明万历二十二年(1594)刻本。

130.《岩镇汪氏家谱》,不分卷,二册;(明)汪尚齐纂修;明万历二十七年(1599)刻本。

131.《越国世子正脉》,七卷,二册;(明)汪正之、汪调梅等纂修,明万历三十七年(1609)刻本。

132.《新安汪氏族谱》,不分卷,一册;明天启四年(1624)刻本。

133.《汪氏重修统宗谱》,□□卷(存七十五卷),十册;(明)汪士芳纂修,明崇祯八年(1635)刻本。

134.《汪氏总谱渊源世系》,□□卷(存七卷),四册;(明)汪志英、汪志夔等纂修,明刻本。

135.《赤山汪氏宗谱》,八卷(存七卷,二至八),一册;明刻本。

136.《潜口西山汪氏流芳世谱》,十卷(存五卷,一至五),一册;(明)汪文斌纂修,明汪氏西麓堂抄本。

137.《方塘汪氏思本录》,不分卷,一册;明抄本。

138.《潜川汪氏敬思流芳集》,一卷后集一卷,二册;(明)汪静甫纂修,明抄本。

139.《汪氏族谱》,二卷,一册;(明)汪仪凤纂修,明抄本。

140.《岩镇汪氏谱系》,不分卷,一册;明抄本。

141.《西溪汪氏先茔便览》,不分卷定例一卷,一册;(明)汪仲潜撰,明抄本。

142.《休宁西门汪氏宗谱》,十四卷,六册;(清)汪澍、汪逢年等纂修,清顺治九年(1652)刻本。

143.《汪氏通宗世谱》,一百四十卷目录二卷(存一百三十二卷),三十五册;(清)汪玑、汪嘉祺等纂修,清乾隆刻本。

144.《梅溪汪氏宗谱》,十二卷,四册;(明)汪应泰纂修,清抄本。

145.《孔灵汪氏世乘录》,十三卷(世系图不分卷),一册;清抄本。

146.《富饶吴氏会通谱》,二十卷,三册;(明)吴道进、吴奇茂等纂修，明正德七年(1512)刻本。

147.《休宁县市吴氏本宗谱》，十卷，二册；(明)吴银、吴兆、吴津等纂修，明嘉靖七年(1528)刻本。

148.《新安休宁乾滩吴氏会通谱》，十二卷，一册；(明)吴斌、吴显纂修，明嘉靖十一年(1532)刻本。[①]

149.《岩镇吴氏续修宗谱》，不分卷，三册；(明)吴宪、吴鉴等纂修，明嘉靖二十五年(1546)刻本。

150.《休宁璜源吴氏族谱》，八卷，四册；(明)吴烨、吴应期纂修，明万历七年(1579)刻本。

151.《新安歙西溪南吴氏世谱》，不分卷，一册；(明)吴元满纂修，明万历三十年(1602)刻本。

152.《左台吴氏谱图续编》，一卷，一册；(明)吴钦仪、吴宗尧纂修，明万历刻本。[②]

153.《吴氏本枝墓谱》，不分卷，四册；(明)吴可学撰，明万历刻本。

154.《歙南吴氏族谱》，六卷，二册；(明)吴尚德纂修，明崇祯元年(1628)刻本。

155.《临溪吴氏族谱》，七卷，三册；(明)吴元孝纂修，明崇祯十四年(1641)刻本。

156.《商山吴氏重修族谱》，二卷，一册；(宋)吴浩纂修，明吴明庶、吴士彦等续集，明崇祯十六年(1643)刻本。

157.《商山吴氏祖墓四至图》，不分卷，一册；(明)吴士彦、吴甲滋撰，明崇祯十七年(1644)刻本。

158.《吴氏世谱》，不分卷，二册；明刻本。

159.《商山吴氏宗法规条》，一卷，一册；明抄本。

160.《吴氏宗谱》，五卷，一册；(明)吴全等纂修，明抄本。

161.《梢云吴氏族谱》，十卷(存三卷，八至十)，一册；(明)吴大经纂修，明抄本。

162.《休宁厚田吴氏宗谱》，六卷，二册；(清)吴骞纂修，清

---

① 此谱国图尚存有三册本一部。

② 此谱国图尚存有五册本一部。

乾隆五十二年(1787)刻本。[①]

163.《吴氏族谱》,不分卷,二册;(清)吴鋆等纂修,清抄本。

164.《新安世家梢云吴田吴氏族谱》,不分卷,一册;清抄本。

165.《新安吴氏族谱》,不分卷,二册;清抄本。

166.《古歙岩镇镇东磡头吴氏族谱》,不分卷,二册;(清)吴雯清纂修,清抄本。

167.《新安歙北徐村徐氏宗谱》,不分卷,六册;(明)徐文清、徐州等纂修,明万历二十九年(1601)刻本。[②]

168.《新安许氏统宗世谱》,不分卷,一册;(明)许运辉、许天趣等纂修,明嘉靖十五年(1536)刻本。

169.《新安许氏统宗世谱》,不分卷,二册;(明)许汉纂修,明嘉靖十八年(1539)刻本。

170.《新安高阳许氏宗谱余庆集》,二卷,三册;(明)许关、许绍纂修,明抄本。

171.《重修古歙城东许氏世谱》,八卷,六册;(明)许光勋纂修,明崇祯七年(1634)刻本。[③]

172.《王源谢氏孟宗谱》,十卷,二册;(明)谢显纂修,明嘉靖十六年(1537)刻本。

173.《古歙谢氏统宗志》,八卷(存三卷,一、三、六),四册;(明)谢廷谅等纂修,明万历三十二年(1604)刻本。

174.《王源谢氏孟宗谱》,十卷,四册;明万历刻本。

175.《谢氏正吾孝义规约》,一卷,一册;(明)谢心元撰,明万历刻本。

176.《祁门金吾谢氏宗谱》,四卷,一册;明刻本。

177.《中山谢氏家谱》,九卷,一册;(明)谢敬纂修,明抄本。

178.《谢氏世谱》,不分卷,一册;明抄本。

179.《万翠姚氏后裔重修族谱》,十五卷(缺第八至十一卷),四册;(明)姚邦谟纂修,明万历四十年(1612)刻本。

---

① 此谱国图尚存有四册本一部。

② 此谱国图尚存有一册本二部。

③ 此谱国图尚存有十六册本一部。

180.《古歙武担姚氏重修族谱》,二卷,一册;明万历刻本。

181.《徽城杨氏宗谱》,七卷,六册;(明)杨万春纂修,明崇祯三年(1630)刻本。

182.《休宁叶氏续谱》,不分卷,一册;(明)叶伯清、叶大用纂修,明天顺七年(1463)刻本。

183.《休宁陪郭叶氏世谱》,四卷附录三卷,二册;(明)叶志道纂修,明弘治四年(1491)刻本。

184.《新安休宁叶氏宗谱》,六卷,一册;(明)叶泰曜纂修,明嘉靖三十五年(1556)刻本。

185.《叶氏宗谱》,□□卷(存六卷,一至六),(明)叶天爵纂修,明嘉靖刻本。

186.《俞氏续修家谱》,不分卷,一册;(明)俞文耀、俞明燮纂修,明隆庆四年(1570)刻本。

187.《俞氏统会大宗谱》,三卷,三册;(明)俞时育纂修,明万历三十八年(1610)活字本。

188.《休宁山斗俞氏宗谱》,十卷(存八卷,一至八卷),四册;(明)俞尚玉纂修,明万历四十八年(1620)刻本。

189.《重编俞氏统谱》,十八卷,十三册;(明)俞育等纂修,明万历刻本。

190.《新安俞氏统宗谱》,□□卷(存七卷),二册;明活字本。

191.《庆源詹氏族谱》,不分卷,一册;(元)詹晟等纂修,明初抄本。

192.《休宁流塘詹氏宗谱》,六卷,一册;(明)詹贵纂修,明弘治十二年(1499)刻本。

193.《新安詹氏统宗世谱》,十四卷,三册;(明)詹虞凤纂修,明嘉靖二十七年(1548)刻本。

194.《新安星源龙川詹氏统宗世谱》,二卷,一册;明嘉靖刻本。

195.《詹氏统宗世谱》,二卷,五册;(明)詹文中纂修,明万历十三年(1585)刻本。

196.《新安朱氏族谱》,十卷,一册;(明)朱汝贤纂修,明成化九年(1473)刻本。

197.《徽婺紫阳朱氏正宗重修统谱》，九卷（存八卷，一至七、九），二十一册；（明）朱邦相、朱邦校纂修，明天启四年（1624）刻本。

198.《朱氏统宗谱》，九卷，十册；（明）朱邦相、朱邦校纂修，明天启四年（1624）刻本。

199.《婺源茶院朱氏家谱》，二卷，一册；明刻本。

200.《朱氏统宗谱》，不分卷，二册；（明）朱邦相、朱国桢等纂修，明末抄本。

201.《新安庄氏族谱》，六卷，一册；（明）庄歙纂修，明天顺二年（1458）刻本。

202.《休宁查氏家谱》，四卷，六册；清抄本。

203.《张氏统宗谱》，十八卷（缺第十五、十八卷）文献十一卷，七册；（明）张士镐等纂修，明嘉靖刻本。

204.《张氏统宗世谱》，二十一卷（缺第九、十、十一、十四、十五卷）文献不分卷，九册；（明）张维、张鸣凤纂修，明嘉靖刻本。

205.《新安王弼张氏家谱》，十二卷文翰不分卷，二册；（明）张一桂、张文镐纂修，明万历四十年（1612）刻本。

206.《张氏族谱》，不分卷，五册；明刻本。

207.《新安张氏续修宗谱》，三十卷，六册；（明）张习礼、张士麟纂修，清顺治十六年（1659）刻本。

208.《章氏族谱》，□□卷（存三卷，二至四），一册；（明）章明贤等纂修，明嘉靖十八年（1539）刻本。

209.《绩溪西关章氏族谱》，五卷，一册；（明）章乔纂修，明万历元年（1573）刻本。

210.《瀛川章氏家谱》，不分卷，一册；（明）章瑞纂修，明抄本。

211.《绩溪周氏族谱》，七卷首一卷终一卷（缺第六卷），一册；（明）周文化纂修，明嘉靖二十年（1541）刻本。

212.《祁门奇峰郑氏本宗谱》，四卷，一册；（明）郑岳纂修、郑维诚增补，明嘉靖四十三年（1564）刻本。①

① 此谱国图尚存有三册本一部。

213.《郑氏族谱》,不分卷,一册;(明)郑先觉、郑晦纂修,明隆庆元年(1567)抄本。

214.《营前郑氏家谱》,五卷,一册;(明)郑周世、郑继世纂修,明万历九年(1581)家刻本。

215.《峰阳郑氏家谱》,不分卷,二册;纂修者不详,明抄本。

216.《双桥郑氏二集族谱》,不分卷(含双桥郑氏二集续同姓谱,双桥郑氏续异姓谱),二册;(清)郑文然纂修,清初抄本。

217.《双桥郑氏别谱》,不分卷,一册;纂修者不详,清初抄本。

(二)普通古籍类徽州家谱[①]

1.《歙新馆鲍氏著存堂宗谱》,十六卷,十册;(清)鲍存良增修,清光绪元年(1875)活字本。

2.《休宁戴氏族谱》,十五卷,十册;(明)戴尧天纂修,明崇祯五年(1632)刻本。[②]

3.《休宁隆阜戴氏荆墩门家谱》,不分卷,四册;(清)戴清标纂修,清抄本。

4.《绩溪东关戴氏宗谱》,九卷首一卷,十册;(清)戴鸿儒纂修,清光绪十五年(1889)活字本。[③]

5.《文堂陈氏宗谱》,六卷补遗一卷,六册;(清)陈淦纂修,清道光八年(1828)活字本。

6.《祁西桃源陈氏通公家谱》,四卷,四册;(清)陈正森等纂修,清同治元年(1862)活字本。

7.《文堂陈氏家谱》,十四卷首一卷末一卷,十四册;(民国)陈德郊纂修,民国十七年(1928)铅印本。

8.《休宁率口程氏续修本宗谱》,六卷(缺卷四),四册;(明)程氏族人修,明嘉靖年间刻本。

9.《新安休宁山斗程氏本支续谱》,不分卷,一册;(明)程氏

---

① 下引徽谱依据《中国家谱总目》、《中国家谱综合目录》、《国家图书馆普通古籍总目·传记门》等工具书,并结合笔者实地查阅所确定。

② 此谱为2001年天津图书馆影印本,国图善本库藏有原谱一部。

③ 此谱谱前附《戴氏源流统宗谱》一卷。

族人修，明天启年间抄本。

10.《程氏旧谱》，不分卷，一册；纂修者不详，清抄本。

11.《新安程氏世谱正宗》，不分卷，二册；（清）程浩明等辑修，清康熙十年(1671)刻本。

12.《新安程氏世谱正宗迁徙注脚纂》，不分卷，二册；（明）程项注脚、（清）程浩明重订，清康熙十年(1671)刻本。

13.《善和程氏支谱》，不分卷，一册；（清）程元翰、程继先纂修，清康熙二十一年(1682)刻本。

14.《善和程氏仁山门支谱》，不分卷，一册；（清）程衡纂修，清康熙二十一年(1682)刻本。

15.《祁门善和程氏支谱》，不分卷，一册；（清）程澄续修，清乾隆十二年(1747)活字本。

16.《祁门善和程氏谱》，不分卷，一册；（清）程氏修，清乾隆年间活字本。

17.《世忠程氏原录瑗公支谱》，十卷，一册；（清）程廷瑞纂修，清康熙年间刻本。

18.《新安程氏统宗补正图纂》，三十二卷首一卷末一卷，七册；（清）程士培纂修，清康熙三十二年(1693)刻本。

19.《新安程氏统宗补正图纂》，十八卷首一卷末一卷，四册；（清）程肇等增修，清雍正乾隆间刻本。

20.《新安岑山渡程氏支谱》，六卷首一卷，八册；（清）程文桂等纂修，清乾隆六年(1741)活字本。

21.《休宁榆村程氏族谱》，十卷首一卷，六册；（清）程国栋等纂修，清乾隆二十二年(1757)刻本。

22.《新安程氏续修宗谱》，不分卷，四册；（清）程达纂修，清嘉庆十五年(1810)抄本。

23.《城西程氏家谱》，二卷，四册；（清）程炳荣等纂修，清嘉庆二十三年(1818)木活字本。

24.《新安程氏龙山玉堂支谱》，□□卷（存卷三），一册；（清）程起敬纂修，清末活字本。

25.《篁程堂草稿谱图》，不分卷，一册；（清）程氏修，程六吉堂兰轩稿本。

26.《湾口程氏家谱》，六卷首一卷末一卷，四册；（清）程起圩等纂修，清同治九年(1870)木活字本。

27.《绩溪仁里程敬爱堂世系谱》，二十七卷首三卷末三卷，六册；(清)程绍邰等纂修，清道光九年(1829)刻本。

28.《绩溪仁里程继序堂专续世系谱》，二十三卷首三卷末三卷，六册；(清)程秉燿纂修，清光绪三十三年(1907)活字本。

29.《绩溪仁里程世禄堂世系谱》，二十二卷首二卷末二卷，六册；(清)程宗宜等纂修，清宣统三年(1911)活字本。

30.《新安程氏诸谱会通》，不分卷，一册；(明)程孟辑修，民国间抄本。①

31.《绩溪洪川程敦睦堂世系谱》，十卷首三卷末三卷杂录二卷，五册；(民国)程龠纂修，民国十二年(1923)排印本。

32.《仙源崔氏支谱》，六卷，六册；(民国)崔祥奎等纂修，民国二年(1913)活字本。

33.《方氏族谱》，十卷首一卷(缺第二、四卷)，十二册；(清)方怀德等纂修，清康熙三十九年(1700)刻本。

34.《歙邑方氏族谱》，不分卷，一册；纂修者不详，清嘉庆年间抄本。

35.《珊溪方氏分支谱略》，不分卷，二册；(清)方德骥纂修，清光绪六年(1880)刻本。

36.《绩溪城南方氏宗谱》，二十四卷首一卷，九册；(民国)方树等纂修，民国八年(1919)活字本。

37.《梁安高氏宗谱》，十二卷，十二册；(清)高富浩纂修，清光绪三年(1878)活字本。

38.《绩溪东关冯氏家谱》，八卷首三卷末三卷，六册；(清)冯景坊等纂修，清光绪二十九年(1903)活字本。

39.《明经胡氏存仁堂支谱》，四卷首一卷，四册；(清)胡朝贺纂修，清同治八年(1869)活字本。

40.《金紫胡氏家谱》，二十八卷首三卷末三卷，十五册；(清)胡晋文、胡广植编修，清光绪三十三年(1907)活字本。

41.《婺北清华胡氏家谱》，三十四卷首一卷末一卷，三十六册；(清)潘国霖纂修，清同治十三年(1874)活字本。

---

① 此谱国图尚存有清抄本三册、明刻本一册，均为善本谱牒。

42.《婺北清华胡氏宗谱》,二十四卷首一卷末一卷,二十六册;(民国)胡鸣鹤等纂修,民国六年(1917)活字本。

43.《清华东园胡氏勋贤总谱》,三十卷,三十六册;(民国)胡上林编纂,民国五年(1916)活字本。

44.《龙川胡氏宗谱》,四卷首一卷,四册;(民国)胡缉熙等纂修,民国十三年(1924)活字本。

45.《安徽歙县胡氏家谱》,不分卷,一册;(民国)胡元桓修,民国三十年(1941)抄本。

46.《休邑黄氏思本图》,不分卷,一册;(明)黄显仁等编修,明洪武二十二年(1389)刻本。[①]

47.《左田黄氏宗派图》,不分卷,一册;(宋)黄天衢纂修,清康熙年间重刻本。

48.《新安黄氏横槎重修大宗谱》,二十四卷首一卷末一卷,六册;(清)黄茂待等编修,清乾隆十七年(1752)刻本。

49.《虬川黄氏重修宗谱》,不分卷,四册;(清)黄开簇纂修,清道光十年(1830)刻本。

50.《绩溪东关黄氏续修宗谱》,十卷首一卷,十册;(清)黄俊杰辑修,清光绪二十二年(1896)活字本。

51.《江村洪氏家谱》,十四卷,四册;(清)洪昌纂修,清雍正八年(1730)刻本。

52.《官源洪氏总谱》,十八卷首二卷末二卷,二十二册;(清)洪文陛、洪文诜纂修,清乾隆年间刻本。

53.《瓯山金氏眉公支谱》,四卷,四册;(清)金锦荣纂修,清道光十二年(1832)刻本。

54.《金氏宗谱》,六卷,四册;(清)金光霁等纂修,清光绪八年(1882)活字本。

55.《严田李氏宗谱》,□□卷(存卷七及图像),一册;(明)李氏族人修,明嘉靖年间刻本。

56.《三田李氏重修宗谱》,四十八卷首一卷末一卷,五十册;(清)李向荣等纂修,清乾隆刻本。

57.《甲椿李氏世系家谱》,六卷首一卷末一卷,三册;(清)

---

① 此谱为2001年天津图书馆影印本。

李氏族人重修,清乾隆四十七年(1782)活字本。

58.《星江严田李氏八修宗谱》,十六卷首一卷,十六册;(清)李振苏等纂修,清道光二十六年(1846)活字本。

59.《凌氏宗谱》,不分卷,一册;(清)凌氏族人修,清抄本。

60.《古歙杲溪刘氏家谱》,不分卷。一册;(清)刘大彬、刘元龄纂修,康熙五十三年(1711)刻本。

61.《祁门倪氏族谱》,三卷,三册;(清)倪望重纂修,清光绪二年(1876)刻本。

62.《祁门倪氏族谱》,二卷,二册;(民国)倪望隆续修,民国十四年(1925)活字本。

63.《新安潘氏宗谱》,四卷,二册;(明)潘杰纂修,明刻本。①

64.《婺源桃溪潘氏宗谱》,十六卷,三册;(清)潘菉森等纂修,清乾隆七年(1742)刻本。

65.《婺源桃溪潘三仕宗谱》,十八卷首一卷,十二册;(清)潘氏族人修,清同治七年(1868)活字本。

66.《湾里裴氏族谱》,六卷首一卷,六册;(清)裴有熠、裴元荣纂修,清咸丰五年(1855)活字本。

67.《华阳舒氏统宗谱》,十九卷首一卷,六册;(清)舒安仁等纂修,清同治九年(1870)活字本。

68.《新安宋氏宗谱》,十四卷首一卷末一卷,十四册;(民国)宋祚寰等修辑,民国六年(1917)活字本。

69.《新安苏氏族谱》,十五卷,一册;(明)苏大纂修,清康熙年间据成化三年(1470)谱板重刻本。

70.《新安苏氏重修族谱》,五卷补遗一卷,三册;(清)苏钰纂修,清乾隆元年(1736)活字本。

71.《古筑孙氏家谱》,四卷,六册;(清)孙家晖纂修,清嘉庆十七年(1812)刻本。

72.《新安琅琊王氏四房思茂公统宗谱》,八卷末一卷,八册;(清)王应瑞等纂修,清嘉庆九年(1804)活字本。

73.《歙邑虹源王氏支谱》,不分卷,四册;(清)王得锦纂修,清乾隆三十一年(1766)乌丝栏抄本。

---

① 此谱为潘氏挖改《新安程氏宗谱》而成,系伪谱。

74.《太原郡派新安婺南云川王氏世谱》,不分卷,一册;(清)王氏族人修,清同治五年(1876)抄本。

75.《词源王氏宗谱》,十卷,十册;(清)王问源等纂修,清光绪元年(1875)木活字本。

76.《上箬琅琊王氏重修家谱》,六卷,七册;(清)王应仕等修,清光绪二十一年(1895)木活字本。

77.《绩溪盘川王氏宗谱》,六卷首三卷末二卷,六册;(民国)王德藩编修,民国十年(1921)排印本。

78.《绩溪庙子山王氏谱》,二十八卷首四卷末四卷,四册;(民国)王集成纂修,民国二十五年(1936)铅印本。

79.《汪氏重修家乘》,二十四卷首一卷末一卷,四册;(明)汪奎纂修,明正德间木活字本。

80.《休宁东门汪氏家乘》,十卷,一册;(明)汪七宝、游轮纂修,明嘉靖年间刻本。

81.《汪氏宗谱纂要》,四卷首二卷末一卷,四册;(清)汪宏佈增订,清乾隆四十年(1775)刻本。

82.《汪氏世守谱》,十卷,四册;(清)汪国徘等纂修,清乾隆三十七年(1772)刻本。

83.《汪氏重修云岚山墓祠志》,不分卷,一册;(清)汪廷桢等纂修,清乾隆九年(1744)刻本。

84.《新安汪氏宗祠通谱》,四卷首一卷末一卷,四册;(清)汪之遴等纂修,清道光二十年(1840)刻本。

85.《赤山元宗祠志》,不分卷,一册;(清)汪光烈纂修,清同治十三年(1874)活字本。

86.《汪氏统宗谱》,十六卷,二十册;(清)汪澜等纂修,清光绪二年(1876)活字本。

87.《仙源岭村汪氏族谱》,十卷,十四册;(清)汪立铭、汪世煌纂修,清光绪二十一年(1895)活字本。

88.《汪氏登原藏稿》,四卷,四册;(清)汪泽等辑,清光绪二十二年(1896)活字本。[①]

89.《韩楚二溪汪氏家乘》,十卷首一卷,十册;(清)汪桂等

---

① 此谱为2001年天津图书馆影印本。

修，清宣统二年(1910)活字本。

90.《重修汪氏家乘》，□□卷（存六至二十卷），二册；纂修者不详，清刻本。

91.《汪氏宗谱》，六卷，六册；(民国)汪承浩纂修，民国十八年(1929)活字本。[①]

92.《重建吴清山汪氏墓祠征信录》，四卷，四册；(民国)汪慰辑，民国十四年(1925)刻本。

93.《越国汪公祠墓志续刊》，二卷，二册；(民国)汪宣溶纂修，民国十七年(1928)石印本。

94.《新安商山吴氏宗祠谱传》，一卷，一册；(明)吴应迁辑、(清)吴凝吉续辑，清康熙二十一年(1682)刻本。

95.《吴氏家传》，不分卷，二册；(清)吴光国编修，清乾隆三十七年(1772)刻本。

96.《茗州吴氏家典》，八卷，五册；(清)吴翟辑修，清光绪十八年(1892)翻刻清雍正十三年(1735)紫阳书院刻本。

97.《吴氏正宗谱》，一卷，一册；(清)吴允榕纂修，清抄本。

98.《石潭吴氏叙伦祠宗谱》，十二卷，十二册；(清)吴绍周纂修，清光绪二十年(1894)活字本。

99.《左台吴氏大宗谱》，三编，二册；(清)吴正遂编纂、(民国)吴絜华补订，民国二十三年(1934)中华书局铅印本。

100.《吴氏族谱》，不分卷，一册；(清)吴锡维、吴锡纯纂修，清光绪二十六年(1900)活字本。

101.《环溪吴氏家谱》，四卷，四册；(清)吴光昭等纂修，清光绪三十年(1904)木活字本。

102.《黟北吴氏族谱》，不分卷，一册；(民国)吴美熙等纂修，民国十五年(1926)活字本。

103.《绩溪眉山吴氏宗谱》，八卷首一卷末一卷，六册；(民国)吴永丰等纂修，民国十五年(1926)活字本。

104.《桂溪项氏祠谱》，二卷，一册；(清)项天瑞纂修，清乾隆二十六年(1761)刻本。

105.《桂溪项氏均安门墓图》，一卷续刻一卷，一册；(清)项

---

① 此谱为2001年天津图书馆影印本。

天瑞纂修，清乾隆三十三年(1768)刻本。

106.《桂溪项氏族谱》，二十四卷首一卷末一卷，二十四册；(清)项启钠纂修，清嘉庆十六年(1811)活字本。

107.《兰陵萧氏二书》，三卷，一册；(清)江永纂修，清乾隆年间刻本。

108.《许氏族谱》，不分卷，四册；(清)许大定纂修，康熙六十一年(1722)木活字本。

109.《新安许氏宗谱》，四卷首一卷末一卷，二册；(清)许德文等纂修，清光绪十七年(1891)活字本。

110.《绩溪南关惇叙堂宗谱》，十卷，十册；(清)许文源纂修，清光绪十五年(1889)活字本。

111.《休宁徐氏族谱》，十二卷，五册；(清)徐天枢、徐禋纂修，清乾隆六年(1741)刻本。

112.《歙北皇呈徐氏族谱》，十二卷，一册；(清)徐禋纂修，清乾隆五年(1740)刻本。

113.《新安徐氏统宗祠录》，十卷，二册；(清)徐禧编辑，清乾隆二十三年(1758)活字本。

114.《黟县南屏叶氏族谱》，八卷，四册；(清)叶有广、叶邦光纂修，清嘉庆十七年(1812)刻本。

115.《休宁叶氏支谱》，十三卷，一册；(清)叶道鋆纂修，清光绪十八年(1892)抄本。

116.《婺东浦口俞氏家乘》，十八卷，十八册；(清)俞怀报等纂修，清嘉庆十二年(1807)活字本。

117.《河间俞氏支谱》，三卷首一卷，一册；(清)俞文炳纂修，清同治七年(1868)活字本。

118.《沱川余氏家乘》，□□卷，二册；(清)余氏修，清道光年间抄本。

119.《古黟环山余氏宗谱》，二十二卷首一卷末一卷附件一卷，二十二册；(民国)余攀荣、余旭升纂修，民国六年(1917)刻本。

120.《长溪余氏宗谱》，四卷首一卷末一卷，四册；(民国)余有横等纂修，民国十八年(1929)活字本。

121.《婺源查氏族谱》，八卷首二卷末十二卷，四十册；(清)

查庆曾总纂,清光绪十八年(1892)活字本。

122.《黟北查氏族谱》,二卷,二册;(民国)查必达纂修,民国九年(1920)铅印本。

123.《新安庐源詹氏宗谱》,十八卷首一卷末一卷,二十册;(清)詹氏族人修,清乾隆四十九年(1784)木活字本。

124.《甲道张氏宗谱》,六十卷,六十册;(清)张翼先等纂修,清道光十九年(1839)活字本。

125.《绩溪西关章氏族谱》,四十卷首二卷,十六册;(清)章维烈、汪泽纂修,清道光二十九年(1849)活字本。

126.《西关章氏二分清明事例谱》,不分卷,一册;(清)章道基编修,清嘉庆年间刻本。

127.《绩溪西关章氏族谱》,四十卷首二卷附一卷,二十册;(民国)章尚志、章必训等编修,民国四年(1915)活字本。

128.《星源银川郑氏宗谱》,六卷首一卷末一卷,四册;(清)郑永彬、郑起炜等纂修,乾隆四十年(1775)木活字本。

129.《绩溪城西周氏宗谱》,二十卷首一卷,二十一册;(清)周之屏等纂修,清光绪三十一年(1905)活字本。

130.《周氏重修族谱正宗》,十二卷首一卷末一卷,十册;(清)周启海等修,民国元年(1912)活字本。

131.《周邦头周氏族谱正宗》,十八卷,六册;(民国)周德灿等修,民国十九年(1930)活字本。

132.《朱氏宗谱》,九卷,一册;(清)朱钧璜纂修,清乾隆三十五年(1770)刻本。

133.《古歙义城朱氏宗谱》,十卷首一卷末一卷,十二册;(清)汪掬如等纂修,清宣统三年(1911)活字本。

134.《屏山朱氏重修宗谱》,八卷,八册;(民国)朱懋麟纂修,民国九年(1920)活字本。

135.《歙东叶祈朱氏宗谱》,六卷,六册;(民国)朱光碟纂修,民国十九年(1930)抄本。

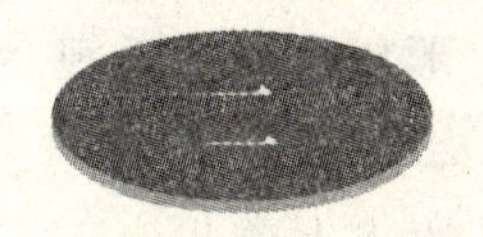

国图所藏徽州家谱的特点

存世徽州家谱的数量，学术界估算有 2000 余种，而国图集中收藏 352 种，占存世总量的 1/6。相对于存世徽州家谱分散收藏于国内众多的公藏单位而言，国图所藏的徽谱可以称得上厚重，且有着鲜明的典藏特点。考究起来，大略有以下数端。

其一，藏本质量高、善本多。明清时期“徽多巨商，饶于财，收书刻书，条件优越，故刻书有特别精美者，为他处所不及”。[①]徽州商贾不仅热衷于刻书收书，更倾情于修谱刻谱，存世的徽州家谱也多是家族刻本。因应刻书、刻谱的需要，徽州有人专门操持刻印行业以谋生，产生出一批像虬川黄氏族人那样的刻印匠人，这就使得徽州的家谱刊刻质量较之他处为高。国图所藏徽州家谱充分地体现了这一特征。我们以善本为例分析。据《北京图书馆古籍善本书目·史部·传记》统计，馆藏善本谱牒共有 373 种 483 部，其中徽谱有 217 种 270 部，[②]谱本种类和部数均占善本总数的近六成。以国图 3000 余种谱牒藏量来看，区区徽州一府六邑的谱籍文献占其 1/10 弱，但善本谱牒却占总善本数的近六成，足见其质量之高。再者，典藏于国图的徽州家谱 352 种，而善本家谱又居 2/3，这是国图所藏徽州家谱的显著特点。

---

① 毛春翔：《古书版本常谈》，上海古籍出版社，2003 年，第 67 页。

② 关于国图所藏徽州家谱的善本数，徐学林统计为 213 种 249 部（参见徐文《徽州存世谱牒及其开发利用》，《江淮论坛》2000 年第 4 期），与笔者统计稍有出入。

其二，姓氏及谱籍涵盖面广。历史上徽州区域的大姓宗族，据《新安名族志》所载统计有 92 个。[①] 这些大姓宗族无不注重谱牒的纂修，至明代，家谱“编修更为频繁，形成了全民重视修谱的传统”。[②] 国图收藏的徽谱文献所涉及的姓氏多达 52 个，超出《新安名族志》所载姓氏的半数以上，历史上徽州府下辖六县的谱牒均有收藏。此既反映出徽谱的历史特点，也是国图徽谱藏本的特征之一。

其三，家谱的名目繁多，体现宗亲族谊的谱名运用率较高。“家谱”是一种记载一姓世系和重要人物事迹的谱籍文献的泛称，它和“宗谱”、“族谱”、“家乘”、“家典”、“房谱”、“家记”等词，名虽异、实相同，郑樵总名之曰“家谱”。[③] 历史上这类谱籍文献的名目，徐建华统计出大致有 78 种。[④] 当然，徐建华是从整体上来论述，今考查国图所藏徽州家谱，谱名则更为细化以至繁复。现依照单一家族的世系谱、同一宗族世系的统宗和会通谱、祭祀谱的顺序，详录谱名于后：谱、家谱、家传、家乘、世乘、宗谱、本宗谱、开国宗谱、正宗谱、正宗谱派系、孟宗谱、大成宗谱、本宗信谱、大宗谱、谱书、谱传、谱略、典、家典、族谱、族谱正宗、世纪、世系、世系图、世系考、录、思本录、敦本录、具征录、世谱、流芳世谱、宗支世谱、会编世谱、世谱正宗、渊源谱、渊源录、正脉、统宗谱、统会族谱、统谱、总谱、统宗图谱、统宗志、统会大宗谱、统宗补正图纂、统宗列派迁徙注脚、会通谱、通宗世谱、会通世谱、通谱、会通族谱、合谱、先茔便览、祖茔疆理图、墓谱记录、墓祀图、墓谱、祖墓四至图、祠谱、祠典，共计 60 种。其中能直接体现宗亲族谊的谱名为宗族社会所看重，用名最多的是“宗谱”，在国图收藏的 352 种徽谱中，有 96 种谱牒使用该名

---

① (明)戴廷明、程尚宽等撰，朱万曙、王平等点校：《新安名族志》，合肥：黄山书社，2004 年。

② 陈瑞：《明代徽州家谱的编修及其内容与体例的发展》，《安徽史学》2000 年第 4 期。

③ (宋)郑樵撰，王树民点校：《通志二十略》“艺文略第四”，中华书局，1995 年，第 1591 页。

④ 徐建华著：《中国的家谱》，天津：百花文艺出版社，2002 年，第 9 页。

称，依次为“族谱”69种、“家谱”46种、“统宗谱”36种、“世谱”16种、“支谱”13种、“会通谱”9种、“祭祀谱”8种，其余的谱名使用率较低。上述繁多的谱名及其种类，说明了国图收藏徽州家谱的界面较广，此既是国图所藏徽谱的一大特点，也反映出历史上徽州宗族重视宗亲族谊、热衷纂修谱牒以达到“尊祖、敬宗、睦族”的目的。

其四，明版和稀见谱牒文献存量较多。国图收藏徽州家谱不仅数量较大，所见版本也较多，主要有稿本、抄本、刻本、活字本、朱印本五大类，其中家族刻本最多。现以“善本”徽谱为例统计如下：抄本，元1部、明33部、清15部；刻本，明203部、清13部；活字本，明3部、清1部；朱印本，明1部。从该统计来看，明版徽谱居绝大多数，占全部善本徽谱的9/10；如从馆藏整体的善本谱牒比较来看，明版徽州家谱也超过了半数。这一状况不仅证明了馆藏徽州家谱的质量之高，也印证了70多年前赵万里先生所说“传世明本谱牒，大多是徽州一带大族居多，徽州以外绝少”[①]的结论。不仅明版徽谱存量较多，馆藏的稀见徽谱也在在不少。据上海古籍出版社1991年5月出版的《中国善本书目·史部》记载，传世元本徽州家谱仅有4种，[②]国图收藏1种，即汪垚纂修的《新安汪氏庆源宗谱》(不分卷，抄本)。另，2002年北京线装书局影印出版《中国国家图书馆藏早期稀见家谱丛刊》，收录家谱65种，其中徽州家谱14种(见下表)。

---

① 赵万里:《从天一阁谈到东方图书馆》，1934年2月3日《大公报》，第11版“图书副刊”。

② 《新安旌城汪氏家录》(七卷本)，元泰定刻本；《新安汪氏庆源宗谱》(不分卷)，元抄本；《新安汪氏族谱》(不分卷)，元刻本；《新安胡氏历代报功图》(一卷本)，元刻本。

《中国国家图书馆藏早期稀见家谱丛刊》收录的徽州家谱

谱名	卷、册	谱籍	纂修者	版本
《甲椿李氏世系家谱》	六卷、三册	歙县	李氏族人	乾隆年间木活字本
《新安苏氏族谱》	十五卷、一册	休宁	苏大	乾隆元年(1736)刻本
《吴氏家传》	不分卷、二册	歙县	吴光国	乾隆三十七年(1772)刻本
《三田李氏重修宗谱》	四十八卷首一卷末一卷、五十册	歙县	李向荣	乾隆年间刻本
《朱氏宗谱》	九卷、一册	婺源	朱钓璜	乾隆三十五年(1770)刻本
《古歙杲溪刘氏家谱》	不分卷、一册	歙县	刘大彬	康熙五十年(1711)刻本
《左田黄氏宗派图》	不分卷、一册	祁门	(宋)黄天衢	明末清初刻本
《新安休宁山斗程氏本支续谱》	不分卷、一册	休宁	(不详)	明末抄本
《重修汪氏家乘》	二十四卷首一卷末一卷、四册	歙县	汪奎	明正德年间木活字本
《汪氏世守谱》	十卷、四册	休宁	汪国徘	乾隆三十七年(1772)刻本
《官源洪氏总谱》	十八卷首二卷末二卷、二十二册	婺源	洪文陛 洪士衔	乾隆年间刻本
《善和程氏支谱》	不分卷、一册	祁门	程元翰	康熙二十一年(1682)刻本
《新安庐源詹氏合修宗谱》	十八卷首一卷末一卷	婺源	詹泰	乾隆年间木活字本
《星源银川郑氏宗谱》	六卷首一卷末一卷	婺源	郑永彬 郑起炜	乾隆四十年(1775)木活字本

该丛刊"前言"说"(所收录的65种家谱)每一种家谱除国家图书馆收藏外,至多另有一家藏书机构(收藏),因而可以称得上是稀见家谱了"。[①] 如以此标准来衡量,我们参照《中国家

① 谢东荣、鲍国强:《中国国家图书馆藏早期稀见家谱丛刊》,北京线装书局,2002年。

谱总目》、《中国家谱综合目录》上的藏书单位，对徽州家谱馆藏地进行横向比较，至少可从国图收藏的徽州家谱中辑出百余种稀见家谱。可见国图所藏稀有徽谱文献存量甚多，其珍贵程度也相当高。

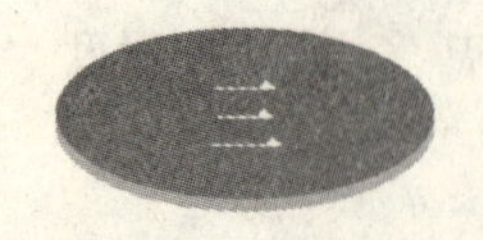

国图所藏徽州家谱的学术价值

家谱的学术价值是指家谱文献本身所蕴含的历史信息及其文献资料在学术研究中的资证作用。对这方面的认识，学界基本趋同，认为“（家谱）可供历史学、社会学、民族学、文化人类学、人口学、优生学等学科的学术研究利用”。[①] 徽州家谱是家谱园地里一个重要组成部分，自然具有上述价值成分，学术界也早有论述，认为“举凡社会、政治、经济、军事、文化、艺术，（徽州谱牒）几乎无不涉及，故对学术研究关系至巨”。[②] 本书不从一般意义上细论徽州家谱的学术价值，而是针对国图所藏徽谱的特点，从整体的角度予以探讨。

国内收藏徽州家谱数量最多的当属上海图书馆，共收集1949年前的徽谱467种；其次为国家图书馆，典藏建国以前出版的徽谱352种。二者在典藏、整理徽州家谱方面都取得了很大的成就。比较二者的馆藏特色，其共同点是：数量甚丰、姓氏较多、质量颇高；如再深入比较，二者又有自己的具体典藏特征，如上海图书馆收藏的徽谱中，明朝出版的有139种，刻本有195种，涉及徽州大姓56个。[③] 从这一组数字来看，姓氏数仅多出国图4个，但明版家谱数明显低于国图的藏量。国图“藏

---

① 冯尔康：《宗族制度、谱牒学和家谱的学术价值》（代序），《中国家谱综合目录》，中华书局，1997年，第20页。

② 卢茂村：《谱牒与徽州谱学》，《合肥教育学院学报》2000年第3期。

③ 王鹤鸣：《上海图书馆藏徽州家谱简介》，《安徽史学》2003年第1期。

此地（按：徽州）家谱数百种，包括明谱的大部分和清谱的一部分……新安汪姓，馆藏有元汪垚纂修的《新安汪氏庆源宗谱》，为元抄本，补抄至明代，此外，成化、嘉靖、天启间又多次续修”。[①] 是故，国图所藏徽谱不仅明版和稀见谱牒文献存量较多，而且家谱资料系统丰富。从整体的角度来看，国图所藏徽州家谱的学术价值，除一般意义上的价值外，在以下几个方面显得更为突出：

一是关于宗族社会史的学术研究价值。这里仍然强调国图所藏徽谱的宗族社会史学术研究价值，是因为学术界目前更注重徽州宗族社会的整体研究。唐力行认为“徽州宗族的研究要取得突破性的进展，就必得把宗族放到徽州社会大系统中加以考察，在社会要素的互动中透析徽州宗族的特质”。[②] 欲取得宗族社会研究的突破性进展，谱牒资料的利用依然不可或缺，冯尔康先生曾说“族谱和谱牒学是伴随宗族及其制度的存在而产生的，反之，谱牒学又影响着宗族和宗族制度的发展演变”。[③] 国图所藏徽州家谱档案不仅数量较丰，涉及的姓氏数超过徽州大姓的半数，而且谱籍涵盖面也较广，徽州府下辖六县谱牒文献均有收藏，平均每县收录 59 种，其中歙县、休宁两县家谱种类超过 70 种。可见国图所藏徽州谱牒资料系统丰富，欲从整体上研究徽州宗族社会，国图典藏的徽谱当然具有较大的学术利用价值。再者，一些宗族纂修的家谱前后连贯，又可资我们进行单一宗族的整体研究。如《新安名族志》载：“三田李氏”出唐宗室昭王之季子曰祥，避黄巢乱始家于歙。祥生伸皋。伸皋生三子：德鹏、德鸾、德鸿，分居祁门新田、婺源严田、浮梁界田，时称三田李氏。其后子孙散处徽州各县。[④] 据此所载，李氏于唐末迁入徽州，始迁祖祥，至明中叶，子孙已散居徽州各地，成

① 张志清：《北京图书馆馆藏中国家谱综述》，武新立主编：《谱牒学研究》，北京：书目文献出版社，1992 年，第 314～331 页。

② 唐力行：《徽州宗族研究概述》，《安徽史学》2003 年第 2 期。

③ 冯尔康：《宗族制度、谱牒学和家谱的学术价值》（代序），《中国家谱综合目录》，中华书局，1997 年，第 1 页。

④ （明）戴廷明，程尚宽等撰修，朱万曙、王平等点校：《新安名族志》，合肥：黄山书社，2004 年，第 354～365 页。

为徽地望姓之一。国图收藏该姓族谱共11部,兹排列如下:

《严田李氏会编世谱》,卷次不明,(明)李堂瑞纂修,嘉靖三十四年(1555)刻本;

《三田李氏统宗世谱》,不分卷,(明)李辉祥、李栋祥等纂修,嘉靖四十三年(1564)刻本;

《三田李氏统宗世谱》,不分卷,(明)李洪先、李端明等纂修,明抄本;

《重修李氏族谱》,五卷,(明)李咼纂修,嘉靖年间刻本;

《理田李氏世谱》,十五卷,(明)李寅宾、李斌贤等纂修,万历三十三年(1605)抄本;

《三田李氏统宗谱》,不分卷,(明)李晖、李春荣等纂修,万历四十二年(1615)刻本;

《三田李氏宗谱》,十三卷,(明)李晖、李春荣等纂修,万历四十二年(1615)刻本;

《严田[李氏]宗谱》,卷次不明,(明)李氏族人修,刻本;

《甲椿李氏世系家谱》,六卷首一卷末一卷,(清)李氏族人重修,乾隆四十七年(1782)活字本;

《三田李氏重修宗谱》,四十八卷首一卷末一卷,(清)李向荣等纂修,乾隆年间刻本;

《星江严田李氏八修宗谱》,十六卷首一卷,(清)李振苏等纂修,道光二十六年(1846)活字本。

从上列谱本来看,李氏族谱基本上前后连贯,且多注重统宗谱的纂修,有利于我们对李姓宗族的整体研究。检阅谱籍知道始迁祖李祥的次兄李佑任职饶州,乾符三年五月卒于任上,李祥"治丧南奔,不意王仙芝、黄巢尚在大肆屠戮,道路不通,予乃变服御改名京,涉历万苦,冬始抵饶,而仲兄之丧已赖歙州刺史李擢,仰念宗室,移咨饶州刺史颜标,同代葬于鄱之昌水矣。

予又延抵歙谢擢，因乱不能北返，遂留寓焉”。[1] 此后，子孙繁衍，瓜瓞绵绵，代出商贾、学人，至明中叶已形成房支繁多的大族，可以说是迁徽诸姓的一个缩影。

二是关于文学史的研究价值。传统的中国文学史的研究，学术界多从学术名人及其著作入手。从这个角度考查、梳理及研究中国文学无可厚非，毕竟他们思想学说及其著作成果具有社会和时代的代表性，有着广泛的影响。相对而言，基层民众的文化生活及其研习作品，因人微言轻，在文学的史海里并未掀起炫目的浪花，但我们也不应否定他们的存在。如何去探研他们，需要我们另辟蹊径，其中查询谱牒资料不失为一条捷径。其实司马迁作《史记·三代世表》就从谱牒入手，“维三代尚矣，年纪不可靠，盖取之于谱牒旧闻”，[2]早已为我们作出示范。由于唐以前，谱牒仅注重著录姓氏、世系、仕宦、婚姻，政治性功能强，内容较为单一，入宋以后，谱牒的教化功能显现，家谱记载的内容渐渐拓宽，文学内容也有所涉及，“近两年问世的两部关于宋代文学研究的力作——刘焕阳《宋代晁氏家族及其文献研究》和张剑《宋代家族与文学》都在相当程度上利用了家谱中的资料”。[3] 进入明清，家谱内容更为繁多，体例更加完善；[4]具体到徽州地区，家族文献更是家谱必须著录的一项内容，因之，有学者认为徽州家谱的体例是“以文献和世系为核心”，[5]而文献之中又必录入族人的文翰，即“所得诸先儒手笔，择其有关于世德及世教者，录入裒翰”。[6] 徽州素称“东南邹鲁”，文化教育事

---

① （明）李洪先、李端明等纂修：《三田李氏统宗世谱》卷首“大唐玉蝶单册附南徙事略”，明抄本，国图总馆南区古籍善本库藏本。

② 《史记》卷130《太史公自序》。

③ 张廷银、石剑：《包蕴丰富又瑕瑜互见的家谱文献》，《图书与情报》2007年第1期。

④ 徐建华：《中国的家谱》，天津：百花文艺出版社，2002年，第28～30页。

⑤ 汪庆元：《〈新安旌城汪氏家录〉初探》，《文献》2003年第4期。

⑥ （明）金瑶、金应宿纂修：《珰溪金氏族谱》卷一“凡例”，隆庆二年（1568）刻本，国图总馆南区古籍善本库藏本。

业发达，即使是“十家之村，不废诵读”。[①] 故而，历史上徽州文风昌盛，宗族之人皆识文墨，诗书赋论等著述甚多。这些私人著作文论，除部分公开问世为人所知外，大多数载录于谱牒文献之中而默默无闻。如《新安名族志》收录“徽州人的著作有一千二百余种，被收入《四库》的占极少部分，大多是未见著录和收录的私人著述，并且多是没有功名的民间读书人所作”。[②] 至于单篇的诗文散赋，在家谱里更是在在多有。这些著述文赋“资料虽无特别异常的内容，但对于了解普通读书人的文学认识、充实并完善古代文学批评与接受史研究，都具有很重要的作用”。[③] 国图所藏徽州家谱数量丰沛，其对于文学史的学术研究价值不容低估，如张廷根《族谱所见文学接受与批评资料及其价值》的论文，所据参考文献 46 种，除选用成都巴蜀书社 1995 年出版的《中华族谱集成》中 14 种谱牒文献外，还查用国图藏谱 25 种，其中约有 10 篇是徽州家谱。可见，若研究历史上基层民众的文学，国图所藏的徽州家谱应具有比较高的学术利用价值。

三是关于谱牒学的研究价值。中国的谱牒由来已久远，溯其端绪，可上推至甲骨文中载商王的世系。历周秦汉晋迄隋唐，谱学虽在不断发展，但主体由官府垄断，修谱的目的也主要局限在奠世系、别门第，以作仕宦、婚姻的根据，其政治性功能强；[④]入宋后，谱牒发生了根本性的变革，“一洗晋唐陋俗，独遵子长遗范，故眉山族谱大彰劝诫，庐陵家乘专申敦睦”，[⑤]家谱的

---

① 葛韵芬、江峰青等纂修：《婺源县志》卷四“风俗”，民国十四年(1925)刻本。

② (明)戴廷明、程尚宽等撰修，朱万曙、王平等点校：《新安名族志》，合肥：黄山书社，2004 年，第 17～18 页。

③ 张廷银：《族谱所见文学接受与批评资料及其价值》，《求是学刊》2007 年第 5 期。

④ 徐建华：《中国的家谱》，天津：百花文艺出版社，2002 年，第 17～28 页。

⑤ (清)郑永彬、郑起炜等纂修：《星源银川郑氏宗谱》卷首“旧谱首序”，乾隆四十年(1775)木活字本，国图古籍分馆藏本。

“编纂方式也由过去主要由官府修谱发展为私家修谱”,[①]明清时期,私家修谱更是蔚然成风,“形成几乎姓姓有谱、族族有谱、家家有谱的局面”。[②] 惜时代久远,宋以前的谱牒文本已湮没在历史的长河中,宋元存世谱牒也极为稀少,唯明清、民国时期的家谱文献存世较多,谱学研究也多以它们为对象。究之徽州,宋元以降,名宗望族无不重视纂修家谱,认为“尊祖者何,生死葬祭之外,莫重于修谱”,[③]于是“世家巨阀尤竞竞以修谱为重务”。[④] 因之,历史上徽州的谱牒文献极为浩繁,存世家谱也达2000余种,这是我们研究谱学的重要文献资源。比如翟屯建从黄山市博物馆馆藏徽州家谱中选取10部明谱,来探讨家谱内容与体例的演变。[⑤] 相对而言,国图所藏徽州家谱数百种,元、明、清、民国时期的谱牒均有收藏,则更是我们研讨中国谱学至少是徽州谱学难得的文献资源。

四是关于版本学的研究价值。版本学所涉及的范围很广,谱牒文本也应是其研究对象之一,似未受到足够的重视。查国图所藏徽州家谱的版本,大体有稿本、活字本、抄本、刻本、朱印本五种,尤以刻本为多。刻本中又以明刻为多,它们能够体现出明刻本的基本特点。如总馆南区古籍善本库藏(明)程亨纂修的《倍郭程氏敦本录》(弘治五年刻本)、(明)王宗本纂修的《休宁宣仁王氏族谱》(万历三十八年刻本),谱本字体就体现出毛春翔先生所论“明刻就一般情况而言,则从成化、弘治,上溯至洪武,在此时期的刻本,犹承元时风气,多是黑口赵体字……

① 王鹤鸣等编:《上海图书馆馆藏家谱提要·前言》,上海古籍出版社,2000年。

② 岳文莉:《家谱档案的历史沿革及研究现状》,《档案工作》2008年第4期。

③ (清)王应瑞等纂修:《新安琅琊王氏四房思茂公统宗谱》卷一《新序》,嘉庆十年(1805)木活字本,国图古籍分馆藏本。

④ (清)项启钠等纂修:《桂溪项氏族谱》卷首《汪太傅公序》,嘉庆十六年(1811)木活字本,国图古籍分馆藏本。

⑤ 翟屯建:《略论家谱内容与体例的演变》,载王鹤鸣等主编《中国谱牒研究——全国谱牒开发与利用学术研讨会论文集》,上海古籍出版社,1999年,第131～138页。

万历以后，字体又一变而为横轻直重，颇类颜体字”[1]的特征。家谱因是珍贵的族史文献，宗族内典藏，文本数量少，因而名宗望族纂修族谱时，都十分讲究，不惜工本，多延请名匠刊刻。如隆庆二年(1568)刊刻的《珰溪金氏族谱》，就出自徽州黄姓刻工之手，字体俊秀刻工精良，阅读此谱，赏心悦目。概言之，国图所藏徽谱数百种，上溯元，下至民国，版本多样，善本过半，其版本学的研究价值也应较高。

---

① 毛春翔:《古书版本常谈》，上海古籍出版社，2003年，第64页。

四

国图所藏稀见徽州家谱叙录

“叙录是我国古代三种解题形式（叙录、传录、辑录）中最基本、最主要的一种……它的特点是以简明扼要的文字勾勒出文献的概略”，[1]推溯其源，则始于汉代著名学者刘向在校对、整理古代典籍文献的过程中，为每部典籍所作的叙录而形成的《别录》。它不仅起源甚早，也是“后世解题或提要的前身”，[2]多用之于文献编目。

这种叙录体的古籍文献目录，在今天馆藏家谱资源的揭示上也被运用，如《上海图书馆馆藏家谱提要》，但限于篇幅，每条书目下所作的“提要”字数最长者也仅有数百字，尚难全面地展示一谱之内容。然而“叙录”作为一种文体又可独立成篇，突破文献编目的字数局限，能够全面而又充分地揭示具体文献的内容，因而被古今学者所看重，用在学术专著和论文里。

目前，在具体的徽州家谱文献资源揭示方面，“叙录”作为独立成篇的文体也被学者所运用。武新立先生于1982年写成的《明清稀见史籍叙录》中，就以“叙录”的形式对中国社会科学院历史研究所图书馆收藏的徽州程姓的四种家谱文献作了详尽介绍。翟屯建先生在《文献》（1996年第3期）上刊发《黄山市博物馆藏善本家谱述要》一文，就该馆所藏的20余种善本徽

---

① 高长青：《叙录体的创立对后世目录学的影响——兼论目录学的演变和发展》，《甘肃社会科学》2005年第1期。

② 高长青：《叙录体的创立对后世目录学的影响——兼论目录学的演变和发展》，《甘肃社会科学》2005年第1期。

州家谱的版本及谱本内容，逐谱作了述评，间采重要的文献材料。这种独立成篇的徽谱叙录性文章，每篇短则千余字，长则数千字，极便于我们全面地了解该谱的具体内容。可以说，叙录用之于馆藏徽州家谱资源的研究，作用甚大。它既可以深度展示馆藏徽谱文献资源，也能够全面地展示一谱文献的体例与内容，充分地揭示徽州家谱的文献价值。[①]

所谓“稀见徽州家谱”，是指存世极少且深藏馆阁者。历史上徽州宗族十分重视族谱的纂修，故而谱牒文献甚丰。但因动乱及保管不善等诸多原因，有些族谱遗世数量极少，目前仅被某一个（至多两、三个）收藏单位收藏。作为普通古籍收藏在国图的谱牒文献，就有50余部稀见徽州家谱。本书遴选32部完帙徽谱叙录于后，具体为：

《绩溪东关戴氏宗谱》（书名据书签题）木活字本 九卷首一卷

《休宁隆阜戴氏荆墩门家谱》（书名据谱序题）抄本 不分卷

《新安程氏诸谱会通》（书名据书签题）抄本 不分卷

《善和程氏支谱》（书名据书签题）刻本 不分卷

《新安程氏续修宗谱》（书名据谱序题）抄本 不分卷

《绩溪仁里程敬爱堂世系谱》（书名据目录题）刻本 二十七卷首三卷末三卷

《官源洪氏总谱》（书名据书签题）刻本 十八卷首二卷末二卷

《左田黄氏宗派图》（书名据书签题）刻本 不分卷

《三田李氏重修宗谱》（书名据书签题）刻本 四十八卷首一卷末一卷

《甲椿李氏家谱》（书名据书签题）木活字本 六卷首一卷末一卷

《古歙杲溪刘氏家谱》（书名据书签题）刻本 不分卷

《新安宋氏宗谱》（书名据书签题）木活字本 十四卷首二卷末一卷

---

① 谈家胜、余晓宏：《试论“叙录”在徽州家谱资源揭示中的作用》，《宿州学院学报》2010年第4期。

《新安苏氏族谱》(书名据书签题)刻本 十五卷首一卷

《新安琅琊王氏四房思茂公统宗谱》(书名据谱序题)木活字本 八卷末一卷

《上箬琅琊王氏重修家谱》(书名据目录题)木活字本 六卷

《歙邑虹源王氏支谱》(书名据版心题)抄本 不分卷

《太原郡派新安婺南云川王氏世谱》(书名据谱序题)稿本 不分卷

《汪氏重修家乘》(书名据书签题)木活字本 三十四卷首一卷末一卷

《汪氏世守谱》(书名据书签题)刻本 十卷首一卷

《新安商山吴氏宗祠谱传》(书名据版心题)刻本 一卷

《吴氏家传》(书名据书签题)刻本 不分卷

《石潭吴氏叙伦祠宗谱》(书名据版心题)木活字本 十二卷

《吴氏族谱》(书名据版心题)木活字本 不分卷

《黟北吴氏族谱》(书名据书签题)木活字本 不分卷

《许氏族谱》(书名据版心题)木活字本 不分卷

《绩溪南关惇叙堂宗谱》(书名据目录题)木活字本 十卷

《新安许氏宗谱》(书名据版心题)木活字本 四卷首一卷末一卷

《休宁叶氏支谱》(书名据版心题)抄本 十三卷

《新安庐源詹氏宗谱》(书名据书签题)木活字本 十八卷首一卷末一卷

《星源银川郑氏宗谱》(书名据书签题)木活字本 六卷首一卷末一卷

《绩溪城西周氏宗谱》(书名据书签题)木活字本 二十卷首二卷

《古歙义成朱氏宗谱》(书名据书签题)木活字本 十卷首一卷末一卷

其中宋谱明刻本 1 部,明谱 1 部,明谱清刻本 2 部,明谱民国间抄本 1 部,民国年间纂修的谱牒 2 部,余为清代谱本。所涉姓氏 17 个。它们当中除《新安苏氏族谱》在复旦大学图书馆和安徽省图书馆另有收藏外,上海图书馆也收藏有《黟北吴氏族谱》(四卷本),余皆为国图所独藏,确属稀见的徽谱文献。

1.《绩溪东关戴氏宗谱》(书名据书签题)

(清)戴鸿儒纂修,光绪十五年(1889)崇礼堂木活字本。每半页十一行,行二十五字。白口,四周双边,单鱼尾。九卷首一卷。七册(二函)。

戴鸿儒,谱名继如,字聘卿,号梅溪,生卒年不详,郡庠生。安徽休宁人。

谱载戴氏系出微子受武王之封宋国,传至七世为戴公。宋亡,其后嗣避居亳州,子孙以戴为氏。历秦两汉代有闻人,至西晋时有戴济者官拜侍中尚书,其次子戴夔从琅琊王渡江,迁金陵小蔓村。唐末广明间有戴英者与其子戴护避黄巢兵乱迁歙邑黄墩,(南唐初)戴护以武功拜兵马使封厢虞侯,为新安戴氏一世祖。护生寿,寿拜武翼郎擢中书舍人;寿生安,历官银青光禄大夫检校国子祭酒兼监察御史上柱国,出守饶州,卒谥忠恭。戴安生子四:庐、处、睿、虔,咸荫太学,皆为显宦,故“徽宣饶杭睦湖等郡诸邑,皆忠恭公四子庐、处、睿、虔四支子孙分派,仕途显宦,遂籍迁居”。[1] 其中第四子戴虔生子杰,戴杰“乾德初历拜朝议大夫汀州通判,(致仕后)迁绩溪三都前山”,[2]为绩溪戴氏始迁祖。但“第因兵燹,自通判公下至忠公,中间名讳谱逸无可考”,[3]故

① 卷首《戴氏重修统宗谱序》,至元己卯(1339)程荣秀撰。

② 卷首《戴氏源流统宗族谱图》

③ 卷首《世系源流》

绩溪戴氏修谱历来因“所可稽者自忠公迄于今”[①]而以戴忠为一世祖。戴忠生三子：椿、槐、株。季子戴株无传；长子椿生抑，抑生季旺，季旺生子嘉禾、良骥；次子槐生招，招生季仁、仲吕、余盛。戴仲吕单传至孙戴永栋无传；戴季仁，博学好古，为时硕儒，宋熙宁间尝魁漕试，自前山迁居高枧，建槐溪书院，生子谊；戴余盛生子琳。是故，绩溪戴氏分为嘉禾、良骥、谊、琳四大支，四支子孙蕃衍散处，瓜瓞绵绵，自宋历元至明，人文蔚起，仕宦显荣。

据此谱所载旧谱序，绩溪东关戴氏宗谱由戴琼始修于元大德庚子年(1300)，元泰定年间(1324－1328)戴坚和戴海续修，洪武十二年(1379)戴廷伟又修，嘉靖八年(1529)戴应和四修。此为第五次统修宗谱，距四修已“阅二百数十年，祖繁派衍散出四方，以粤匪之乱尤难会其同而究其异……各派世系已多失考，若不承此时而急为综理，恐谱牒不明，浸久而失考者且日益多，戴氏合族于是乎以重修家谱事集而议之”。[②] 而就此次修谱，“众咸踊跃……两载谱成”。[③] 谱分九卷，卷首一卷。首卷：像图 9 幅，谱图 2 幅，新序 1 篇，旧序 12 篇，凡例 21 条，宗谱目录 1 份，敕谕策论诰命 7 道，进士题名 1 份，世系源流 1 篇；卷一至卷四：世系谱图，世次自一世祖戴忠迁至三十三世止，其中六世以后谱图即以良骥、谊、琳三大支世系展开，而嘉禾一支世系因“嘉禾公一支别建宗祠，今族谱亦各修定，是以兹谱于嘉禾公五世以下图系不复收列，所有序记诗文及墓图亦不复为刻印”；[④]卷五：先世失考谱图；卷六至卷八：文翰；卷九：墓图 24 幅，领谱字号；卷末：新旧谱跋各 1 篇。

此谱公修，谱本刻印精良，共刊 51 部，以“天地元黄宇宙洪荒……”等千字文标示领谱字号，国图典藏本即是“秋”字号绩溪东村戴继清所收领。谱中世系图虽未收嘉禾一支，从宗谱的角度看，似略有欠缺，但其余三支世系清朗，尤其将失考的先人

---

① 卷首《绩溪县东关戴氏宗谱旧序》，大德庚子(1300)程南撰。

② 卷首《绩溪县东关续修宗谱序》，光绪己丑(1889)胡肇龄撰。

③ 卷首《绩溪县东关续修宗谱序》，光绪己丑(1889)胡肇龄撰。

④ 卷首《凡例》第十三条。

名讳世次编为一卷以待后世考证，表现了纂修者的据实修谱风格，此是该谱特色之一。该谱最大的特色是不看重先世族人传记行述墓铭的记载，而是注重族传文翰的留存，纂修者在《凡例》中交待其故："编中书院诗文居多，盖人以务学为急，先世贻谋，此其切要者。"其卷六至卷八的"文翰"篇所收文献颇为丰富，涉及记、序、铭、传、书院诗赋跋文等，且多是族内外仕宦名流所作，有着较高的文学和史学价值。徽州大族素来重视文教事业，斥资兴学，书院密布，槐溪书院是其中的典型代表之一。谱中涉及槐溪书院的诗、赋、记、序尤多，于我们进一步研究槐溪书院有益。兹将谱中有关槐溪书院的相关材料揭示如下：

卷首《三世登科记》：绩溪自远祖讳季仁者，熙宁间尝建槐溪书院，以训乡族子弟。时虽未显，意其隐德之厚，厥后流光奕世或自此始。

卷一《谱图》：四世祖季仁，博学好古，为时硕儒，宋熙宁间尝魁漕试，旧谱名曰贡元，后归隐，自前山迁居高枧，买田筑室，建槐溪书院，以教乡族子弟，立东西二轩，割田以资学费。院后圮，淳熙间裔孙进士泳重葺。十世泳，平生崇尚实学，念先世有槐溪书院，淳熙间重葺而拓充之。十九世祥，字应和，正德庚午举人，登辛未杨慎榜进士……正德庚辰建槐溪书院，以复世业。

卷六《文翰》（囿于篇幅，仅摘录题名和作者）：重建槐溪书院记——汪玄锡（太仆侍卿）；槐溪书院记——应城余胤绪；《槐溪书院诗序》——沱川余棐（庶吉士）；《槐溪先生履历叙》——西潭张士镐（歙人广信府知府）。

卷七《文翰》：专载颂赞槐溪书院的诗 35 首、赋 1 篇，卷末附戴应和序文 1 篇。序称"……季仁公建槐溪书院，岁远倾圮，祥考求遗迹锐意兴复，一时士夫赠诗若文无虑百余篇，间取一二附谱中，见先世贻谋"。据此可知，明正德十五年（1520），戴祥重新复建槐溪书院时，众多文人士大夫赠诗以示恭贺。嘉靖八年（1529）戴应和四修宗谱时，仅收录部分诗赋。此次修谱又将这些诗赋从明嘉靖谱中完整地移植过来。

卷九《祠堂记附槐溪书院图》：书院图下附戴鸿儒所作简文："照旧谱原图刻载，院宇倾圮已久，基址也失落无考，存此图者犹存羊之意也。"据此可知，至此谱纂修时，槐溪书院早已荡然无存，所幸从嘉靖谱中完整地复刻出槐溪书院图，也可使我们探知其旧貌，故将图附录于文首。

2.《休宁隆阜戴氏荆墩门家谱》（书名据谱序题）

（清）戴清标纂修，硃栏墨笔抄本，谱本钦盖戴清标名、字朱印。不分卷。四册（一函）。

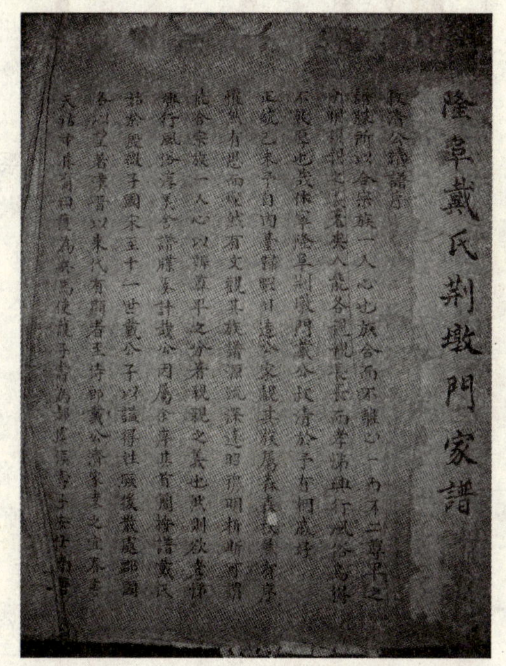
隆阜戴氏荆墩門家譜

戴清标，又名士銮，字鹤亭，康熙己丑年（1709）六月初三日生，安徽休宁人。

前谱述戴氏出自微子受武王之封宋国，传至七世为戴公。宋亡，其后嗣避居亳州，子孙以戴为氏。此谱所述也如此：“厥后散处郡国，各以望著。汉晋以来，代有显者，至侍郎戴公济家袁之宜春。唐天佑中其裔曰护为兵马使，护子寿为都虞侯，寿子安仕南唐，官至银青光禄大夫检校国子祭酒上柱国。”[1]但此谱与前谱的区别在于在戴安后增戴奢一世，将戴庐、戴睿、戴处、戴虔四人降为戴安之孙辈。

谱载戴安初任歙州，夫人廉氏卒于其歙州任上，葬歙邑二

① 《叔清公续谱序》，明正统五年岁次庚申方勉撰。

十五都六图土名黄(篁)墩[1]小练源。后戴安出守饶州,其次子戴奢留歙"庐墓守制,以尽子道……寻迁休宁隆阜居",[2]为隆阜戴氏始祖。但隆阜戴氏谱牒仍尊戴安为一世祖。戴奢生子四人:庐、睿、处、虔,其中长子戴庐迁婺源桂严、三子戴处迁邑西溪口、四子戴虔迁绩溪冯村,独次子戴睿仍居隆阜,历传十二代至十五世戴均胜"因祖居在中桥被河水之患,于明洪武丙辰九年迁居荆墩",[3]为荆墩门戴氏始迁祖。戴均胜生子二:周甫、祐甫。长子周甫"于洪武壬午年往福建汀州经营,遂没于彼,招魂入墓葬";[4]次子祐甫生二子:和、朗,以戴朗承祧周甫。戴和生三子:景庸、景琳、景兴;戴朗生子景旭。嗣后此四兄弟裔孙绵绵,荆墩门戴氏人丁渐趋兴旺。此谱世系图即以此四兄弟为支派展开,因根在隆阜,故称"隆阜戴氏荆墩门家谱"。

谱载隆阜戴氏有谱渊源甚早,"唐宋之间叠加撰述"。[5] 元大德年间十四世戴仲杞"修族谱",洪武初年仲杞侄孙戴比玉"因其旧而增录之",[6]正统己未(1439)十七世戴和也"拳拳注意于谱",[7]遂再"修族谱,倡率诸祖之德业",[8]故隆阜戴氏源流相传不失。究之荆墩门一支家谱,有明一代不甚理想。隆庆辛未年(1751),"仪陶公以义经捷南宫,忽为修谱之举,不半载而告竣……(但)求速未免失之于率"。[9] 崇祯五年(1632)二十四世

---

① 篁墩:位于歙县西南约20公里处,距屯溪区不到4公里。历史上属歙县。1987年黄山市成立时划归黄山市屯溪区。其得名约2000年。篁墩初名"姚家墩",东晋时黄积(新安黄姓始迁祖)"从元帝渡江任新安太守,卒葬郡西姚家墩。积生寻,庐于葬,遂家焉,改曰黄墩"。后程姓族人世居于此,因地多修篁翠竹,改"黄"为"篁"。唐末黄巢兵起,传言"凡地以黄名者,兵辄不犯,盖谓己也"。于是唐末时又易"篁"为"黄"。衍至明代,大学士程敏政再次改"黄"为"篁"。

② 《休宁隆阜戴氏荆墩门家谱世系图》二世。

③ 《休宁隆阜戴氏荆墩门家谱世系图》十五世。

④ 《休宁隆阜戴氏荆墩门家谱世系图》十六世。

⑤ 《戴氏源流图》。

⑥ 《叔清公续谱序》,明正统五年岁次庚申方勉撰。

⑦ 《叔清公续谱序》,明正统五年岁次庚申方勉撰。

⑧ 《休宁隆阜戴氏荆墩门家谱世系图》十七世。

⑨ 《隆阜戴氏重修荆墩门家谱序》,明崇祯六年(1633)戴简儒撰。

戴奇略披览此谱，“惜存其名而未纪其实……遂近订吾门荆墩家谱，一以敬宗祖一以启云仍，劳心焦思，精详其事”。[1] 可见终明一代，谱仅二修，且均是私修，前略后详。

此谱是第二十八世戴清标在崇祯五年谱的基础上续修而成的，因谱前未见新序，难知修撰年代，从世系录上最后一位族丁的生辰记载来看，当不早于乾隆四十三年(1778)。谱本四册，不分卷。首册前半部载有明正统五年(1440)奉政大夫湖广等处提刑按察司佥事方勉的序文、明崇祯六年(1633)二十四世孙戴简儒的序文和戴奇略的序文、明崇祯十六年(1643)詹溪陈岳英的序文、明正统十一年(1446)十七世戴叔清、戴叔明分家阄书、明正统十三年(1448)二十一世戴绎世所撰的蔡氏源流文、戴氏源流图(起自黄帝终至戴寿，世次一百一十一)。自首册中部起至第四册：休宁隆阜戴氏荆墩门家谱世系图，世次自一世戴安起止于三十三世；其中一至十七世述隆阜戴氏各支世系，自十七世后专谱荆墩门一支世系，以十八世景庸、景琳、景兴、景旭四兄弟编号为“文、行、信、忠”四房，即依此四房顺序，五世一图，轮流铺展，至第三十三世止。

从谱本角度看，此谱红线分栏，墨笔蝇头小楷誊抄，字体隽秀清晰，世次清朗，每册钦盖修撰者戴清标的名、字朱印，当属谱牒中较好的抄本。稍有缺憾的是第四册“忠房廿九世至三十三世”世系录部分有数处挖补。从内容角度看，该谱私修，不受公修谱牒体例的约束，不载先祖传记、行述、墓铭、像赞、茔图等内容，但世系录中谱主的名讳生卒娶葬德行嗜好及相关仕宦、商贾、迁徙、子嗣等事略甚为详细。如信房二十四世戴奇略：

> 奇略，乳名九德，字韬生，号蕴斋，重修门谱，善于小楷，喜录格言成集，颜之曰《德善长春集》，又有《随喜录》及新辑荆墩八景诗并访名公诗文，珍藏于家；生万历癸卯年三月初八日申时，卒于康熙乙卯年八月初二日酉时，享年七十三。配约山汪氏，生万历丙午年九月十四日申时，卒于崇祯戊辰年四月十九日申时，年二十二，未出，葬黎阳枫

---

[1] 《重修荆墩门家谱序》，明崇祯六年(1633)戴奇略撰。

树下；继配珠里陈氏，生万历辛亥年十一月廿二日亥时，卒于顺治乙未年九月二十四日戌时，年四十五，同公合葬……再继邑吴氏，生万历乙卯年八月廿七日戌时，卒于康熙乙亥年九月初五日子时，享年八十一，葬黎阳枫树下。

谱载此类较长的谱主事略小传颇多，荆墩门戴氏一支自明至清乾隆年间的史事基本上呈览无遗，且据实书录，无忌讳，一般族谱中禁绝的招赘异姓、出家为僧、妇女改嫁以及出身尊卑、乳名等一概照录。如十五世戴均胜“寿二，字公休，幼养于从叔鼎公为嗣，后因兄逊公子祖陟早卒，乃归本生……次女招临溪程童逊为婿，家产子婿均分”；二十三世“德全，迁黎阳许家堀，乳名婢妾，号少河”；二十四世“天第，字汝明，生万历壬子年正月初三日辰……生三子，因家贫俱与之渔船上”；二十六世“如天，乳名员倧，生崇祯甲戌年七月廿一日，于康熙丙午年祝发为僧，云游无踪”；二十七世“志高，随母嫁去溪南，生康熙己巳年，于康熙壬午溺于水，葬溪南”。这些内容在书法扬善隐恶的族谱里很少能见到，但在此谱里却并未隐讳不书，于我们研究有明一代徽州宗族社会的真实生活有较高的史料价值。尤其谱首所载的《叔清叔明两祖阄书》和《蔡氏源流》二文，涉及明初徽州宗族社会家庭产业的析分、异姓承继、家族商贾等诸事，因其述事完整，有较大的研究价值，故全文抄录如下：

叔清叔明两祖阄书

人生天地间亲莫大焉，有其祖犹木之有根，水之有源。土厚则木茂，源深则流长。祖宗积累之余，子孙蕃硕，理之常也。吾家世居休宁隆阜，自祖均胜公于丙辰（洪武九年）迁居金墩，父祐甫翁、伯父周甫翁克绍箕裘。伯父于壬午（洪武十五年）往福建汀州府经营，遂殁于彼。祖因父只身赘临溪程童逊为婿，协力扶持，不幸父于洪武乙亥（二十八）年故，彼时叔清年方十四，弟叔明年方十一。父存日命弟出绍故伯周甫户，辛巳（建文四年）春将承祖基业，与童逊三分均分，至乙酉（永乐三年）夏，不料所居庐屋尽遭回禄，后值世事扰攘，差役繁苛，艰于策应，只得将二户田产出售支费。永乐十年(壬辰)造册,除各户故地外,仅遗田产一十六亩一分六厘四毫。吾今有三子,长庸辛巳(建文四年)生、仲琳癸未(永乐元年)生、季兴甲午(永乐十二年)生,弟叔明一子名旭辛卯(永乐九年)生,因是同弟励志经营于外,孜孜汲汲以起家为念。所赖祖宗德泽之余,又幸子侄俱各长成,同心戮力运谋,货殖日增,鼎新屋宇,置买产业,聊副所愿。今吾与弟年跻六旬之上,暇间弟曰:目前子孙蕃衍,异日恐难相处。因是商议,思将续置田地山塘住基宅第火儿屋地器皿书轴之类、迩年系子侄辈成立创置者,议作文行忠信四分,沃瘠对答均分。又弟叔明在浙江买卖,娶彼处蔡氏,辛酉(正统六年)冬搬回,与前娶程氏欠睦。因此,将承祖仅遗田地一十六亩一分四厘六毫(按:据上下文数据应为六厘四毫)及续置北边基地取九十余步,拨与弟叔明同蔡氏收,造屋异爨及终天年之费,永为叔明已业。其余田地山塘屋宇住基器皿书轴、众存各处产业坟地火佃之类,并作四分外,有子侄奁仪置买田产,各自管业,不在阄内。今从分拨之后,照此永为定规。日后子孙毋许紊扰争论,如有此等,听从执此经官惩治以不孝论,仍以此文为据。今将各人所分田土字号布亩等项,逐一开具于后。

——明正统十一年岁在丙寅二月二十四日,立阄书人戴叔清、戴叔明;中见人戴孟恭、程以产、程以睦;代书人云溪程顺清

蔡氏源流

隆阜之有蔡氏也,永乐间十七世祖讳朗字叔明公在浙江湖州府德清县为木尚,娶彼处蔡氏讳妙宁为侧室,遂居于彼。正统六年冬带蔡氏并携其侄蔡起立原名蔡宗亮同归故里。是时,十七世伯祖讳和字叔清公适虑次子琳公年近四旬尚未有子,因命蔡氏之侄起立绍其后,命其名庆满嗣后。景琳公四旬有二孕育联芳庆椿庆萱两公,而叔清公又虑蔡氏无所出,复命庆满继蔡氏之后。于正统丙寅十一年叔清、叔明两祖分家,叔清公命将承祖仅遗田土一十六

亩一分六厘四毫及续置北边基地取九十余步，拨与蔡氏同庆满为营居异爨，又拨与财本衣服首饰器皿等物付庆满为治生计，及蔡氏生殁之需，是蔡氏无子而有子、起立无家而有家也。嗣后子孙蕃庶、事业兴隆，实叔清叔明两祖德泽之所及耳，蔡氏子孙应当究本探源，永思吾门之荫庇而不忘乎本矣。

——明正统十三年岁在戊寅中春月谷旦叔明公二十一世孙绎世用父端肃百拜谨书

从上录二文来看，明初徽州宗族社会视异姓入继、出继异姓为常事，非后世禁绝异姓入继、视出赘异姓为自绝于宗那般严格。稍有欠缺的是，该谱即为私修，限于精力，局部处似乎欠缺精准的考证。主要表现在两大方面：一是《戴氏源流图》起自黄帝终至戴寿，世次一百一十一，图后附纂修者按语："按此图自微子以上载在典籍非出无稽繇，宋公以至发兴五十一世则编于宋孝建之三年，发兴以降又十世而及至德为唐贞观十二年所订。厥后氏族谱牒重于天下，人知详复尔。"语虽凿凿有据，殊可疑，未脱谱牒追远冒附之流弊；二是此谱世系三世戴庐、戴睿、戴处、戴虔均为戴奢子，与前谱所言为戴安子径相矛盾，中间多出戴奢一世。《新安名族志》也言"隆阜，在邑南三十里。忠恭公之子曰奢始迁于此"。[①] 在颇重世次渊源的宗族社会里，谱牒公修质量相较之私修而言为高，且程荣秀所撰《戴氏重修统宗谱序》明言"徽宣饶杭睦湖等郡诸邑，皆忠恭公（按：戴安）四子庐、处、睿、虔四支子孙分派"。[②] 该序文写就于至元己卯(1339)年，时间上早于该谱和《新安名族志》的编撰，应较为可信。如此，似以前谱为准。此矛盾说明了在追溯先世的问题上难免有错，何况穷追原始，定会弊病丛生。

---

① (明)戴廷明、程尚宽等撰修，朱万曙、王平等点校：《新安名族志》，合肥：黄山书社，2004 年，第 463 页。

② (清)戴鸿儒纂修：《绩溪东关戴氏宗谱》卷首《戴氏重修统宗谱序》，光绪十五年(1889)崇礼堂木活字本。

3.《新安程氏诸谱会通》(书名据书签题)

(明)程孟纂修,民国间彝本堂蓝丝栏抄本。每半页十五行,行二十四字。蓝口,四周双边,双鱼尾。不分卷。一册(一函)。

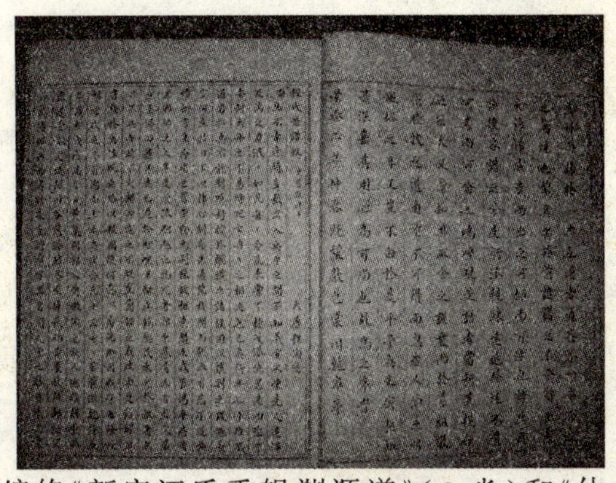

程孟,又名孟孙,字文实,号槐濒,洪武八年(1375)八月十五日生,成化元年(1465)四月二十五日卒。安徽歙县人。诚朴好学,尤致力于家谱,除纂修此会通谱外,还编修《新安汪氏重辑渊源谱》(八卷)和《休宁芳干程氏续谱》(不分卷),辑修《世忠事实源流录》(十卷)、《明良庆会录》(三卷),校勘并重新刊刻《黄山小录》一卷,著有《槐濒集》。[①]

谱载程氏之先本于高阳颛顼帝,至西周时有伯符者受封于程,子孙遂以国为姓,伯符为程姓始祖。国除之后有程婴者因立赵孤(赵武)有功,被封为忠节诚信侯。西汉时有程玄以儒学入相袭封广平,东汉末有程普从孙权破曹操,封为都亭侯。历世仕宦显荣,族派繁衍,盛于江北。传至第四十五世程元谭于东晋大兴二年(319),由广平太守假节守新安,有德于民,任职届满郡民请留不得去。卒后,东晋元帝赐其子孙田宅于歙之黄(篁)墩。元潭传十三世为程灵洗,谥忠壮,率乡勇御梁侯景之乱,晚年佐陈。程灵洗生育二十二子,其中有散居邻郡者,有播迁江北者,但居本郡者为多。再传十三世至程沄、程淘等八兄弟最为兴盛。程沄仕唐检校御史中丞都使,程淘仕唐检校祭酒。八房子嗣又支分派衍,著为新安大姓,“有为宰相枢密者,

---

① (明)戴廷明、程尚宽等撰,朱万曙、王平等点校:《新安名族志》,合肥:黄山书社,2004年,第20页。

有为御史大夫者，有为尚书学士及状元者，有以学道鸣于时者，有以资产雄乡邑者，布列郡之名乡大村几数十处”。[①]

程氏史上先后既为江北、江南巨姓，其谱牒渊源也比较久远。据此谱所载《累代编修总谱人名》知，西汉时程玄劝上用阀阅，于是大考姓望，并自陈图牒，袭封广平，此为程氏修谱之始。汉元、成帝时，程泰编续谱系。晋咸宁(275—280)中，程延再次编续谱系，内有“三世不修谱便为小人之诫”语。唐昭宗(889—904)时程淘又重辑族谱。宋绍圣(1094—1098)中，程祁广泛搜集各支谱书，列为三十卷，名曰《程氏世谱》。新安程姓自程灵洗生子二十二人起，就已“支嫡蕃衍，黄(篁)墩称为江左甲族”，[②]至唐时已蔓延徽郡并延及郡外，成为江南望族。宋中叶以后，谱牒私修兴起，新安程氏虽支分派衍而谱牒不坠，故景德程祁能够大集谱书，作《程氏世谱》。历宋元至明中叶，新安程氏各支修谱盛行，但历时久远又各自为谱，所以“各派自续事例不同，多有讹误”。[③] 因之，歙邑槐塘人程孟于宣德三年、八年、正统九年、十三年、景泰元年，遍访绩溪仁里、休宁汊口、率滨、芳干、婺源城东、城西、龙首山、环溪、彰睦、香田、株村、港源、龙陂、祁门善和、浮梁兴田、锦里等各派，会通诸谱，相互参考其得失，纂修成《新安程氏诸谱会通》。谱于景泰元年(1450)八月动工修纂并刻板，次年六月总谱粗成，并邀请棠樾鲍斋先生校正。“书成(按：总谱)，士林诸君子大加赏叹，凡程氏子孙，无间远近，各求一帙，以究观先世勋名德业之盛，于是各以其宗谱质之，文文实实，遂得参互考订而有以成其会通之谱焉”，[④]随后刻印已会通诸谱及修定刊刻之误字，延至景泰三年(1452)九月竣工，前后历时三年。“总本并各派计字三十余万”，[⑤]可知景泰三年(1452)所修成的会通谱分为前后两大部，前部是总谱，后部是各族支谱。其中总谱为各族支谱所共有，共刻印一百四十

① 《程氏会通谱序》，景泰二年(1451)歙邑棠川鲍宁撰。

② 《新安程氏诸谱会通谱图》。

③ 《累代编修总谱人名》。

④ 《程氏会通谱序》，景泰二年(1451)歙邑棠川鲍宁撰。

⑤ 《会谱刊谱记》。

部，以数字编号发各支收领。

该会通谱本是民国年间歙县程氏彝本堂的抄本，依据景泰会通谱第六十七号休宁率滨族裔程存新收领的总谱谱本誊抄。谱纸事前印刻好版心、鱼尾、边框及栏格，誊抄人氏不详，谱本字体行楷，字迹隽秀，因而，此谱虽是民国间的抄本，无论从版本质量角度还是从保存的文献价值角度来看，均显得极为珍贵。此谱一册，所载内容分前后两大部分。前半部分以文献为主，不分卷，依次为：景泰二年（1451）歙邑棠川鲍宁序、唐程淘序、宋程祁序、槐塘谱序（作者不详），至顺癸酉（1333）婺源龙首山谱序，至正壬寅（1362）休宁率溪谱序，洪武十年（1377）汪睿的歙大程村谱序，新安程氏诸谱会通目录1份，[①]会谱刊谱记2篇，告祭会族文1篇，散谱字号1份，编谱凡例14条，地图2幅（程氏古今所居郡国图和新安六邑程氏所居图），集谱图序1篇，谱例1篇，书文爵辨1篇，原文、原姓、程国、程氏得姓、郡望、迁居郡地等共6篇，累代编续总谱人名1份，闻望甥婿11人（朱松、朱槔、朱柽、鲍同仁、徐尊生、吴牧、郑玉、鲍频、鲍景曾、汪仲裕、供试）及史籍所载程姓的相关名人事迹大略和制诰勅道、爵谥、庙食（祚德庙、世忠庙）等。后半部分为世系谱图，分《程氏世谱》和《新安程氏诸谱会通》两部，各自独立编排卷次，共十四卷。前者八卷，谱图起自黄帝，世系以周初伯符受封程国为始祖，下至第四十五世程元谭。后者六卷，世次自第四十五世程元谭起，至第七十五世止。谱例均按朝代作谱图，每朝一图，图后附主要谱主的传记、赞文。

程氏乃徽州大族，宋元明各代程氏都修宗谱，散居各地的支派也修有支谱。故而谱本林立，较有名者要算宋鄱阳都官程祁所修的《程氏世谱》、明处士程孟修撰的《新安程氏诸谱会通》和大学士程敏政主修的《新安程氏统宗世谱》。因时代久远，宋谱原本已不存，明本统宗谱虽是程氏谱中之巨著，但世系方面

---

① 目录中详列会通谱、不通谱及未会谱的族支名称，涉及族派共31支。所谓会通即会诸谱以疏通世系源流，“会者会其源，万殊而归于一本也；通者通其派，一本而达之万殊也”（鲍宁序文），凡各族支谱所载世系源流与之吻合者称会通谱，反之称不通谱。故程孟在目录中详列族支名称。

多有错讹，为时人所诟病。应该说程孟所修的会通谱无论在家族文献的收录还是在宗族世系的考证方面，均有较高的价值。如程祁所修的《程氏世谱》就因程孟的搜寻而收录谱中。这一重要的原版典籍文献，目前收藏于安徽省博物馆，其中《程氏世谱》八卷残缺不全；而谱牒存藏量最大的上海图书馆仅收藏该谱首一卷末一卷；国家图书馆藏虽有该谱清抄本《程氏世谱》三册和明刻本《程氏世谱》一册，但均作善本收藏，借阅不便。此谱完整地抄录了明程孟所修的会通谱的内容，弥补了上述馆藏谱本的不全和借阅不便的缺陷，故作为质量上乘的稀见抄本谱牒叙录于本书。再者，此谱本所蕴涵的信息也颇为丰沛。如宋代以降修谱多法欧苏谱体，五世一图，但宋程祁所修《程氏世谱》却按朝代作图，程孟在编修会通谱时，总谱部分一依祁谱，未作改动。其在《编谱凡例》的第一、二条作了中说明：

——今所编总谱凡十四卷，前八卷，标以《程氏世谱》，盖依祁公所立之名也，后六卷标以《新安程氏诸谱会通》，盖自元谭公始来新安，而其间世次名目各派所传多有不同者，今会而同之，故以立名。大率列世次列图一依祁谱为正。

——列图当以小宗法及欧阳公集谱图为例，而前祁公不以世次为规，但随朝代之修短以立图，凡一朝为一图，今不欲改为目。总谱后各派所续一依小宗法，五世为一图，满五世后复起，但于前图末注云后图接，标以次第；后图首接前图末起，旁注云接前图或某公下某后，次第而列，庶几易于寻检。

每朝一图，因而世系或三世一图，或八世一图，故此谱所存八卷的《程氏世谱》一依祁谱，较多地保存了宋谱的成分，对我们认识并研究宋代家谱纂修有较大的价值。

谱本刊刻过程及其刻工、刻资等细节问题，它谱多有忽略，但此谱《会谱刊谱记》记录了此事，有益于我们对徽谱刊刻问题作进一步探讨。《记》云：

刊字景泰元年八月，以各支所付工食银货均俵各匠领揽去，刊约一百二十余板，次年邀请谥斋鲍先生校正。

总本文字行实，弟文祥写样。工匠同邑王坑仇文聪、文质、文义兄弟六，并仇村黄士宁弟侄三，髦田方正共十人锯板，二膳夫，一起手于次年二月至六月半，总本粗成。其后对各派节次续刊。

时议刊字，供膳食者每青笑银壹两，刊字三千六百；其领板并样去刊者，每两刊二千。今扣刊过，总本并各派计字三十余万，供膳而刊并凿空者近二千，工至三年九月方毕。

由上述知，明程孟所修会通谱的刊刻出自徽州仇姓、黄姓名匠之手，刊刻薪资分供膳和承包两种不等，谱本总计三十余万字，刊刻出错并凿空修正不足二千字，全部工程历时三年竣工。

一般族谱多绘祖墓图，山川地理图则谱牒中所稀见，此谱却有《程氏古今所居郡国图》和《新安六邑程氏所居图》2幅，系程孟实地勘察并参考郡志绘制而成，为迄今所见家谱中有作此类图之最早者，有一定的历史地理学的研究价值。尤需一提的是，此谱涉及的谱法理论成分较多，《集谱图序》、《谱例》、《书文爵辨》等篇均有表述，于徽州谱学理论研究有益，兹抄录于后：

集谱图序

自唐末之乱，士族亡其家谱，今虽显族名家多失其世次，谱学由是废绝，而唐之遗族往往有藏其旧谱者，时得见之。而谱皆无图，岂其亡之，亦前世简而未备欤。因采太史公《史记·表》、郑玄《诗谱·略》，依其上下旁行，作为谱图，上自高祖下止玄孙而别自为世，使别为世者上承其祖为玄孙，下系其孙为高祖，几世再别而九族之亲备。推而上下之，则知源流之所自；旁而行之，则见子孙之多少。夫唯多与久，其势比分，此物之常理也。凡玄孙别而自为世者，各系其子孙，则同出祖而下别其亲疏，如此则子孙虽多而不乱，世传虽远而无穷。此谱图之法也。

谱例

姓氏之出，其来也远，故其上世多亡不见。谱图之法断自可见之世，即为高祖下至五世玄孙而别自为世。如此世久则子孙多矣，官爵功行载于谱者不繁其繁，宜有远近亲疏之限。凡远者疏者略之，近者亲者详之，此人之常情也。玄孙既自为世，则各详其亲，各承其所出，是详者不繁而略者不遗也。凡诸房子孙各纪其当纪者，使谱图互见。亲疏有伦宜视此谱为例而审求之。

书名爵辨

古之修谱者将以纪实传远，采本求源使后人知所自出。今之修谱者尚之虚辞溢美夸炫阀阅，俾后人疑其所自来。何俗薄世降而人才之不古哉！今观诸家之谱，昔之缺年代、行第、名爵者，今妄为之增；昔之属本宗子孙而愚贱、残疾、流传者，今私为之损，甚者书绝、书迁、书出，奈何不念同本之义以罔后人如此哉。今夫仕者则实书其历仕名爵、封谥、行状、墓志、碑记，固其宜也，而未仕者称以朝列宣教、宣议、学士、提举，虚名伪爵以耀时夸世，是其僭也。善夫，紫阳朱夫子曰："叙谱者自己身以上称公，已身以下称郎。"斯古今书法不易之定论也。虽然仕者据其实而书之，而未仕者今也称公称郎，似亦僭分蹋等矣。夫以春秋列国诸侯皆称公，以至历代诸侯以下皆称公，而况其下者乎。是公亦尊称也，今编斯谱一守朱子之说，虚爵溢美削而不书，至于行实可信者纪之，可疑者缺之，已身而上书公，已身而下书郎。后之修谱者宜遵而书之，斯其所以守古训而纪其实，敦薄俗而永其传云。

4.《善和程氏支谱》（书名据书签题）

（清）程元翰、程继先等纂修。康熙二十一年（1682）刻本。每半页十一行，每行二十五字。白口，四周双边，双鱼尾。不分卷。一册（一函）。

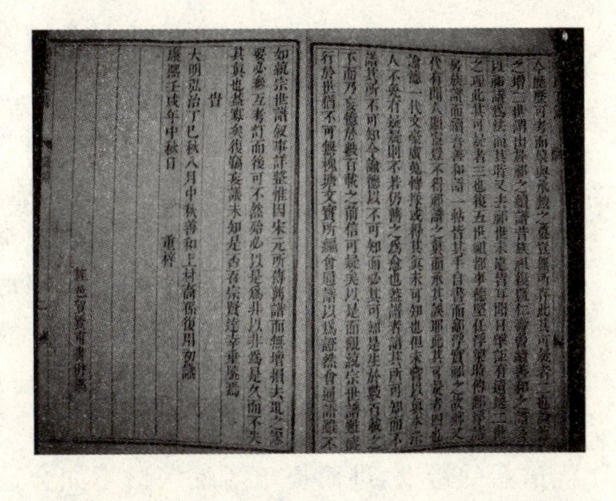

程元翰，字翰如，一字孟鹰，号钟麓，万历四十年(1612)生，安徽祁门人，弘光甲申(1640)选贡士；程继先，生年不详，字孔光，安徽祁门人，南京礼部儒士。

程氏是新安大姓，始祖程元谭，东晋大兴二年(319)出任新安郡守，因有惠政，郡民请留不得去，卒后，东晋元帝赐其子孙田宅于歙之黄(篁)墩。后子孙从黄(篁)墩外迁，蔓延新安全境，成新安望族。善和程氏一支是程元谭的第三十世孙程仲繁，转迁祁门善和，子嗣衍生而成。仲繁曾任唐检校户部尚书，为善和程氏始迁祖。检阅此谱，程仲繁第三子令洭生子三：承津、承海、承潜。承津任和州佥判，"寓严(州)诸派祖"；承潜生子贵用"传四世止"；唯承海一支瓜瓞绵绵。承海子四：贵恩、贵谦、贵实、贵忠，其中第三子贵实外迁失传，余三子裔脉顺畅，此谱世系主体即依此展开。故谱名是"善和程氏支谱"，谱序名则是"善和程氏承海派续谱序"。因入谱范围较窄，故未分卷，一册而定。此谱分三个部分，谱前有和州儒学学正程珄撰于康熙七年(1668)的谱序1篇，凡例9条，程复用弘治十年(1493)的谱辩1篇。正文载自元谭至仲繁的新安程氏世系谱图、善和程氏世系谱图。卷末载《重修宋省干公讳承海府君墓志铭》、《武状元事实》、《状元鸣凤公谢恩表》、程元翰的《续谱纪略》等文各1篇及领谱字号。

善和程氏一支素重谱牒的编修，"在宋贡补复公，及元明仁寿、弥寿诸公尝续程氏族谱，明天顺中子伦公亦有续谱"，"嘉靖间廉宪公编辑诸派，綮列成书，名《祁门善和程氏谱》"，[①]世系当清晰无误。该谱即是在参议考订嘉靖谱的基础上编次而成的，

① 《善和程氏承海派续谱序》，康熙七年(1668)程珄撰。

世次从第一世程仲繁起，至第二十八世止。其中自第五世起，谱系依“贵恩秩下吉派”、“贵恩秩下实派”、“贵忠秩下素派”、“贵谦秩下章派”、“承海美派”展开，编纂严谨，出家者书“出家”，据实不隐，前序、后跋均修谱当事人亲撰，故而确为信谱，唯谱本内个别处有后人用毛笔添注谱主事略，略显瑕疵。

该谱虽少录家族文献，有失简约，但收录了弘治丁巳年(1497)程复用写就的《程氏统宗世谱辩》一文，较有价值。该文从世系名讳、祖先坟茔、善和程氏旧谱及迁浮梁程氏族谱所录善和谱帖等四个方面，极辩程敏政主纂的统宗世谱所涉善和程氏谱系的错讹，进而提出了统宗谱不如会通谱的见解，于徽州谱学理论的研究有一定的参考价值，兹节录如下：

休宁倍郭谕德敏政编集程氏统宗世谱，述事击派一体欧苏谱之法，善莫加焉。但其中恐去取不公，增损失当，不能无议。各宗派别不暇一一辩论，姑以善和言之。善和之程谱载忠壮公十一世孙统帅沄生户部尚书仲繁，仲繁生五子。长御史令温生子承勋、承义、承弼、承谏、承嗣；次待制令滔生子承规、承坦、承训、承休、承晖；次中奉大夫令涯生子承津、承海、承潜；次朝散郎令汾生子三人；次令洙。宋元以来谱牒流传迄无更改，谕德乃于尚书之下递增熇与承勋二世，而替令温兄弟为尚书之曾孙，不知何为而？然考之承勋实为一府君之长子，焉有祖孙同字为行而孙又名祖之字，世岂有是理耶，此其可疑者一也；尚书五子以下之坟墓至于今历历可考，而熇与承勋之墓岂无所存，此其可疑者二也；谕德之增二世谓出于祁之续谱，昔族祖复及仁寿曾续善和之谱，多以祁谱为法，而其时又去祁世未远，皆耳闻目击，讵有遗逸二世之理，此其可疑者三也；复五世祖都事德坚任浮梁时，传鄱、浮诸房族谱而续吾善和谱一帖，皆其手自书，而鄱、浮实祁之故乡，又代有闻人显宦，岂不得祁谱之真而承其误耶，此其可疑者四也。谕德一代文豪，广搜博采，或得其真本未可知也，但未尝以真本示人，不免有疑，疑则不若仍旧之为愈也。盖谱者，谱其所可知而不谱其所不可知。今谕德以不可知而必其可知，是生于数百载之下而乃妄忆于数百载之前，信可疑矣。以是而观统宗世谱虽盛行于世，犹不可无槐塘文实所编会通谱以为证然。会通谱虽不如统宗世谱叙事详整，唯因宋元所传旧谱而无增损去取之谬。要必参互考订而后可，不然殆必以是为非，以非为是，久而不失其也，盖寡矣。复窃妄议，未知是否，吾宗贤达幸垂鉴焉。

——大明弘治丁巳秋八月中秋善和上村裔孙复用初识

5.《新安程氏续修宗谱》（书名据谱序题）

（清）程达纂修，嘉庆十五年（1810）抄本，不分卷。四册（一函）。

程达，字尊一，号特轩，邑庠生，安徽无为县人，余则不详。

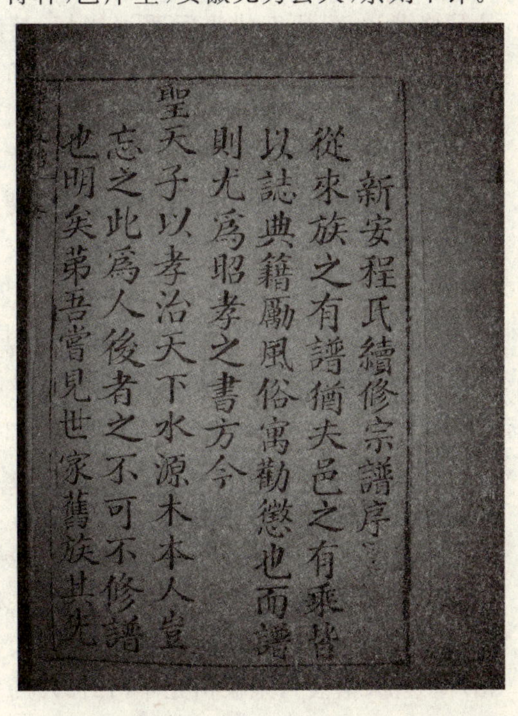

新安程氏續修宗譜序
從來族之有譜猶夫邑之有乘皆
以誌典籍勵風俗寓勸懲也而譜
則尤爲昭孝之書方今
聖天子以孝治天下水源木本人豈
忘之此爲人後者之不可不修譜
也明矣弟吾嘗見世家舊族其先

上谱述程元谭于东晋大兴二年（319）出任新安郡守，有德于民，任职届满郡民请留不得去，为新安程氏一世祖。传至第二十七世程珍素负文名，时高骈镇淮海，周宝镇浙西，均备礼延聘皆辞不就。程珍子十人，[①]在唐末动乱年代，或因平乱或因仕宦而显荣并分迁各地。如次子“沚，官吉州承议郎，始迁休邑新宅”；五子“沄，字仁功，黄巢之乱起兵保捍乡

① 程孟《新安程氏诸谱会通》及程敏政的《新安程氏统宗谱》记载程珍生子八人，此谱增清、渝二人。

里，授歙州都知兵马使东密岩将金紫光禄大夫兼御史上柱国”；六子“清，迁开化北源”；七子“渝，迁休宁闵口，号四门程，又云‘十万程氏’”；八子“湘，字云从，歙州牙将，分兵镇婺州，历检校工部尚书，迁婺源三溪”；九子“淘，字南金，唐嗣东密岩将检校国子祭酒，战守中辑修家谱”；十子“汾，字季友，为郡防驱使，天佑四年(907)由休宁方源复迁郡河西”。[1] 程汾为河西程氏始祖，该支传派最为繁盛，据谱末《河西祖汾公支各迁派名》所载，仅在徽郡六邑及迁旌德就达46个支派。其中长子彦赟生四子：长子延美迁居石屯岭；次子延长迁范坑；四子延坚居歙槐塘；三子延春支下在歙县境内始迁槐塘复迁罗祈至舍源再迁莆田，也有外迁松江、上海、无锡、旌德和无为黄雒等处，此谱纂修者程达即该支迁黄雒派裔孙。自程汾始迁河西四子分派至程达纂修此谱，已历五代宋元明清诸朝，其间唯有宋程璇纂修过河西宗谱，故黄雒派在世宗族长老迫切希望邑庠生程达纂修河西宗谱，但程达深知“其支派浩繁实未易言修统宗谱，唯是纂辑本支之世系及分迁等派可耳”。[2] 此谱世系即依程延春一房迁介塘、舍源、黄雒分派为主体展开，因程沚支下程希贵迁居无为州柴林桥与黄雒相邻共祠，此谱兼收该支源流世系；“汾祖以上仿各旧谱及统宗，自沚公汾公以下按等四派以纂续之”。[3] 谱成，宗族长老喜而名之《河西谱》，嘉定知县吴桓作序称之《新安程氏续修宗谱》，但程达有自知之明，“思汾公之裔或且有曰甲于新安，今之等派是直沧海之一粟耳……仅谓之分迁之支谱”，[4]故其抄本版心题《程氏支谱》。

谱分四册。首册载谱序、敕诰、墓铭、凡例等文献，后接谱图。依次为嘉庆庚午年(1810)嘉定知县吴桓序文，程达自序，唐程淘序文，宋绍圣二年(1095)程祁的《程氏世谱序文》，明景泰二年(1451)程孟的《会通谱后序》，大汉竟宁元年(公元前33)程泰的《谱表》，宋德祐元年(1275)《新安太守程元谭追封仲

---

① 《歙河西程氏分迁总谱图·新安黄墩始迁系图》。

② 《续修本支谱自序》，嘉庆十五年(1810)程达撰。

③ 《续修本支谱自序》，嘉庆十五年(1810)程达撰。

④ 《续修本支谱自序》，嘉庆十五年(1810)程达撰。

佑公诰》，明洪武三年（1370）《钦降徽州府春秋致祭世忠庙祝文》，《镇西将军忠壮公庙记》（年代不详），宋宝祐五年（1257）《忠烈显惠灵顺善应公诰》，宋德祐元年（1275）《惠懿夫人董氏（按：程灵洗妻）诰》和《忠护侯（按：程灵洗子程文季）诰》，元大德二年（1298）程坚、程克绍所撰《晋新安太守程公墓碑》，大德丁酉（1297）紫阳书院山长逢午所撰《复晋新安太守墓记》，明成化十八年（1482）程敏政所撰《新安太守公墓碑跋》，清康熙十六年（1677）程度渊所撰《黄（篁）墩墓祠记》，凡例 11 条，先祖像赞、墓图各 4 幅，祠图 1 幅，程氏老居新安歙州黄（篁）墩八景抄 1 份。谱图为《歙河西程氏分迁总谱图》和《新安程氏分迁支谱图纂》。前者有三个组成部分：广平开宗世系图（世系以伯符为一世祖至四十五世程元谭止），新安黄（篁）墩始迁系图（世次自一世祖程元谭至二十九世程仲繁等），程沚、程汾二支分迁世系（仅谱二十八世程沚、程汾祖孙三代世系）；后者分为程沚支下分迁派图（世次自三十一世端仁至第六十一世止）和歙河西程氏分迁支谱图纂之首卷自河西迁屯石岭派（世次自三十世至三十四世）。第二册至第四册，歙河西程氏分迁支谱图纂卷二至卷四，分为歙范川派、无为州江家桥派、歙罗祈派、歙槐塘派、无为州程家湾派、槐塘支居含山县派等，世系自程彦赟四子起至此谱纂修时所登记的谱丁止，共历三十代。每册前、后兼收与分迁支派相关的序、传等文献一至二篇，依次为清康熙十七年（1678）范川支郡北门裔孙程茂桢的《溯源录自序》，五十七世裔孙程秀田的《五十一世道相、极公质行传》，嘉庆庚午年（1810）孝廉胡峻时所撰的《大节孝程门江孺人赞》、国子监学正叶炎的《雒川程氏听读斋记》和端甫张仁定的《节孝高孺人记》以及明宣德三年（1428）程孟的《重修谱序》。第四册末附河西祖汾公支各迁派名 1 份，谱跋 1 篇，修谱名录 1 份。

此谱总体不分卷，但世系部分自河西程氏分迁支谱图后又分四卷，迁派明晰，世次清朗。世系录的内容失于简略，而世系考证却较为扎实，纂修者程达不敢冒然编修河西程氏宗谱，仅纂辑本支之世系及分迁等派，可知其据实修谱，重世系传承的考据，如上谱载程珍生子八人，此谱考证程珍实际生子十人，增补六子“清，迁开化北源”；七子“渝，迁休宁闵口，号四门程，又云十万程氏”；[①]除增补程清、程渝二人外，尚纠正不少程敏政的统宗谱系之讹，如第二十六世程干生子忠、惠、慈、和四人，“统宗只书忠、惠、慈，无和系，且讹维为潍于瑾之长子”。维是程和次子，“唐乾符中为海州盐铁使，讨黄巢失利迁德兴银城，维五世孙曰十一迁新建”，[②]瑾是程忠子，二人本属堂兄弟关系，但程敏政的统宗谱却将之颠倒为父子关系，此谱据“新建龙斗宗谱补正”。此类纠讹谱中尚有多处，可见敏政的统宗谱虽卷帙浩繁，但错讹百出，不仅当时就已为时人所诟，延至清仍然为程氏族人所不喜，故下谱（按：《仁里程敬爱堂世系谱》）纂修时，纂修者取舍可援以参考的诸旧谱时，也因“统宗谱偏据难信”[③]而将之排除在外。

河西始祖程汾为程珍第十子，谱末详载程汾裔孙在歙县、休宁、绩溪及旌德、无为等县的具体分迁派支达 51 处之多，此则资料对徽州宗族的变迁分布研究有益。此谱的另一亮点是首册收录的西汉程泰的《谱表》一文较为珍贵，于西汉时期谱学的研究有一定的价值，全文抄录于下：

> 西汉元帝竟宁元年戊子二月，诏司徒程泰编修姓望，泰乃自修家谱随表奉上。进臣泰言：臣等千载奇逢奉旨编修姓望，臣谨具宗谱诣阙拜表以闻。臣诚惶诚恐顿首顿首谨进。崔琳随进奏曰：蒙诏编修姓望，臣读《程氏世谱》感其门第宏大，三异之瑞载之前史，灿然可观。帝如是言，即封泰为广平郡侯。
>
> 大汉竟宁元年四月八日准行。

谱序在谱牒里是重要的文献，主要阐述修谱的宗旨、宗族概况和作序的由来，后修谱书一般均收录前谱重要的序文，以承续先世文翰，这就保存了一些重要的文献。新安程氏谱书序文，今天所见者最早是唐程淘的《程氏世谱序》，此谱也收录之。该序有别于一般谱书的序文内涵，详细阐述程淘修谱的动乱世

---

① 《歙河西程氏分迁总谱图·新安黄墩始迁系图》。
② 《歙河西程氏分迁总谱图·新安黄墩始迁系图》。
③ 《仁里程敬爱堂世系谱》卷首《自序》，道光九年(1829)程之隽撰。

事背景，序中涉及唐末黄巢起义、藩镇割据、徽州兵祸连连民不聊生、宗族社会聚众自卫的具体史事，于研究唐末五代史有较高的史料价值，也全文摘录如下：

淘生不幸，逢时多故，出入兵甲之间，不知义方永怀先人遗泽，及淘之身泯泯如此。每每念及未尝不枕戈涕泣，思见四海乂安，何太平之不易得，死亡冉冉之相迫也。已矣行年七十，位不过岩将，兵不能制邻，封控于纵横之诸侯。因以攘剽之残寇，长安何在指日下以掉心剑岭未通，望栈阁而饮血；有志不遂，抚楮何言，重念先世旧茔鞠为荆棘，故相东阁反成营场。平时邻里乡党之人半是枭狐魍魉之物，死者郊原暴骨，生者岩穴藏身，屋漏田芜，见鹿已游于町疃，军输兵饷驱民未免于租庸，无日不兵，无时不火，顾奔迫之不暇，岂简编之或收，由是谱牒旧书几于灰烬。既无路以报国，复何意以辱先，聊因战守之余，谩辑世次之序，自淘而上止忠壮公，凡十五世，世居黄(篁)墩。乾符五年岁在戊戌端午日，黄巢别部入黄(篁)墩，淘之族人逃难解散，贼众遂营本宅攻劫，川谷荡涤殆尽。至中秋初，巢收所部犯阙，于时，清跸无声銮旂失色，行幸万里，自同天宝之游，负乘九重，更甚贞元之僭。淘与兄沄思世故之殷，共谋存活之。其后大盗移国，方镇勤王，甫及一年，李克用、朱温收复长安，所在州县户口减耗，其会经巢贼所过则又甚焉。自从贼后山落老雅稍归乡社，兄沄遂谋于众曰："黄巢虽没，螯气未除，天未悔祸，饥馑荐臻，以沄度之不及息肩矣，一旦如有鸡犬之警，吾属凋瘵之余岂有噍类。"众泣曰："其将如之何？"沄曰："盖相与依山阻险以自安，无事则耕织以供伏腊，仓卒则修战具以相庇卫。今乡里虽残破，然诸君多少年一心可图也。"众皆许诺。于是共推沄为岩将，依东密山为寨，众不过四百余人。未及，草寇毕鹞、杨仙童、李重霸、孙端、查皋、陈儒、范珠相继而至，众或一二千，多或四五万。广启元年闰月三日，陈儒自黎阳引兵薄东密，自午及酉接战再四不克而去。时临近岩寨悉皆破亡，独沄率励乡里抚以尽道，故能得人之情，虽甚疲惫，战皆倍力。沄既拥众以谓所在皆为贼守俱非,人独立以待无所疑付,他郡贼兵皆相畏惮。景福二年,杨太守行密遣将田颓略地,列郡皆下,唯沄坚壁东密。颓遣人谕之曰:"太尉已受朝命,都督东南行营,今日颓来非贼也。"沄再拜对曰:"所以自保者,不欲以三百年太平民坐为贼掳尔。审如公言,吾复何求,司空可得见乎。"颓因单骑入岩,沄具军容甚整,颓曰:卿真将种耶。沄曰:司空见淮南太尉。幸为沄言,但得太尉府中一亲信人至,相与共事,钱氏在吴不足虑也。会杨太尉有孙儒之孽未果,从沄所请,即表陶仆射权知歙州;奏沄为歙州副兵马统帅检校御史中丞,依前东密岩将兼领马金岭防拓等事,以衙内都押衙程阵为副,由是兵声大振,降下富胙、黟山、容山、丁山等岩寨,戈甲旗物,于是始备。久之,沄以老乞解兵权,仍请以岩兵付程阵。俄而,本府以衙内副指挥使程言来领后事,沄归府病卒。月余,程言果与程障相凌,岩兵不辑,陶仆射大惧,盖歙州连接浙境,最倚东密以为藩阵故也。府恣议陶映言于仆射曰:"程沄久帅东密,人情所归,今其弟淘亦足谋略,可更以东密授之。"于是表淘为东密岩将。淘既至,众皆相悦。淘无他长,所守者先兄规略而已,每阅兵帐及户口版籍,见流亡者无算,所存不满二百户,每岁又纳租税及峙糗粮刍草之积,军需调发科率百出。因窃叹曰:后人逢时无虑体胖心佚,岂识向上辛苦如是耶?更有不(疑为"心"字误)怀厌满非上念乱之者,诚何人哉!故因辑家谱之次,聊书以示子孙云。

6.《绩溪仁里程敬爱堂世系谱》(书名据目录题)

(清)程绍邰、程盛浯、程嘉铭等纂修,道光九年(1829)刻本。每半页十六行,行三十二字。白口,四周双边,单鱼尾。二十七卷首三卷末三卷。六册(一函)。

程绍邰,字稷封,号颍原,邑庠生,乾隆辛丑年生,仁里始迁祖程瞻祖第十八世孙,安徽绩溪人;程盛浯,字问源,号栞巷,乾

隆己酉生，仁里始迁祖程瞻祖第十八世孙，安徽绩溪人；程嘉铭，又名绍星，字峄松，又字西文，号筠塘，监生，乾隆甲寅生。仁里始迁祖程瞻祖第十八世孙，安徽绩溪人。

前谱载程元谭后裔程珍子程汾在唐天佑四年（907）为郡防驱使，挈家于郡之河西，为河西程氏始祖。程汾长子彦赟生四子：延美迁屯石岭，延长迁范坑，延春迁罗祈，延坚迁槐塘。此谱所载与前谱同，所不同者，前谱是延春支下迁歙之介塘、舍源及无为黄雒的本支世系谱，此谱谱延坚支下迁绩溪仁里的世系。

程延坚，程元谭第三十世孙，因虑河西地隘易遭水患，于后周广顺二年（952）迁居槐塘，七传至程大圭，槐塘程氏开始隆兴。程大圭生子瑜、玘；程玘也生五子，其中长子程放生子二：元定、元凤，均先后科举入仕，槐塘程氏因之而声名大噪。程元凤，字申甫，“绍定二年（1229）进士，[1]历官少傅、右丞相，封吉国公，赠少师，谥文清”，[2]《宋史》卷四百十八有其传。其兄程元定，“字静甫，行百九，居正府下门，宋绍定元年（1228）乡贡进士，例授朝议郎”，[3]生子五：彰祖、荣祖、宏祖、瞻祖、辛祖。其中第四子瞻祖于宋度宗咸淳初年同兄宏祖、弟辛祖自槐塘迁居绩

---

① 《宋史》卷四百十八《程元凤传》谓之“绍定元年进士”。

② （明）戴廷明、程尚宽等撰修，朱万曙、王平等点校：《新安名族志》，合肥：黄山书社，2004 年，第 20 页。

③ 卷三《本系下》。

溪仁里。程宏祖为上门始迁祖,程辛祖元孙程福童转迁邑南。程瞻祖为仁里派始迁祖,传至曾孙程真保无后,取程辛祖元孙程善为嗣,时已元末明初。程善生子四:邹容、朝宗、子童、午童。其中第三子程子童五传至程万起,远迁海州;第四子程午童出继程善堂弟程永通为嗣;此谱世系主体即依程善长子邹容、次子朝宗两房支裔展开。

新安程氏有谱始自唐末程淘所修《程氏世谱》。两宋时期,各迁支谱书纷出,程珍子程汾一派的《河西宗谱》则由宋程璇所修。槐塘族支修谱起于何时谱未明载,从此谱所存旧序可推知最早有明永乐壬辰(1412)程鹤童的《槐塘本宗谱》、景泰二年(1451)程孟的《新安程氏诸谱会通》、弘治十三年(1500)程傅的《谱略》、万历丙戌年(1586)程嗣功的《续槐塘会通谱》、崇祯庚辰年(1640)程明哲的《源流考辩谱》、始自顺治壬辰(1652)终至康熙十二年(1673)修成的《显承堂程氏重修宗谱》。绩溪仁里族支修谱起于何时,已难确考,从程孟的会通谱所备注已会通诸谱名来看,绩溪仁里谱名列其中,说明至少在明景泰元年以前,绩溪仁里程氏已修有谱系。自会通谱出现后,求通求统的修谱之风盛行,故槐塘本宗自明至清修谱不断,上述诸谱便涉及绩溪仁里程氏先世源流,但仁里程氏族人认为:"修于槐即统于槐,非有专谱,则远近亲疏之序何由而别,且自重续宗谱(按:《显承堂程氏重修宗谱》)后又百数十年,支派益蕃,迁徙日重,年湮世远,将遐逖而难稽,专谱之修又曷可已乎。"[①]因此,仁里程氏族人亟亟于纂修本支谱系。嘉庆年间有族人程凤至、程准曾尝试修辑敬爱堂支谱,但编次未成而先后谢世;道光壬午(1822),族人程秋欲修支谱,但遭癸未(1823)水患,谱事又中止。道光六年(1826)族人再次谋议修谱,"于是广采故谱,遍搜旧章……标其义例,精其采择",[②]历时三年修成此谱。

此谱前有道光九年(1829)的新序 4 篇,目录 1 份,修谱名录 1 份,凡例 17 条。首卷(上)旧序 10 篇、附跋文 2 篇。首卷(中)宸翰 27 篇(主要是宋元明清历朝封赠程姓先祖的一些诰

---

① 卷首《自序》,道光九年(1829)直隶南皮知县程之隽撰。

② 卷首《自序》,道光九年(1829)直隶南皮知县程之隽撰。

勅)。首卷(下)传志16篇(其中主要是程婴、程元谭、程灵洗、程文季等程氏先祖的传记、墓志铭及世忠庙碑记)。卷一古系(自程氏得姓始祖伯符至程牧,程牧生子二,长子元标,次子元谭)。卷二本系上(自新安始祖程元谭至二十九世程彦赟)。卷三本系下(自槐塘始祖程延坚至三十九世程元定)。卷四统系上(自本里始迁一世祖程瞻祖至十世支祖)。卷五统系下(自本里转迁邑南派一世祖程辛祖至十世支祖)。卷六至卷二十七各支祖分系(自十世支祖至此谱纂修时所生谱丁),依次程振韶分系、程振芳分系、程振达分系、程振湟分系、程振乐分系、程振伦分系、程振原分系、程振烈分系、程振都分系、程振宏分系、程振让分系、程振周分系、程振华分系、程振荣分系、程振邦分系、程振安分系、程振钦分系、程万骕分系、程振诚分系、程振禹分系、程振惠分系、程天宁分系。卷末(上)墓图17幅(主要是程元谭及槐塘派迁祖、仁里派迁祖以下五世墓图),槐塘异派同源图(自程大圭下递至五世)。卷末(中)存旧篇(将一些旧谱上的主要内容摘录下来),卷末(下)杂录篇、领谱字号1份、告成祭文1篇、谱跋1篇。

此谱公修,谱局设总理、纂修、协修、分修、校对、缮录、经催等机构,经办人员多达56人,广搜博采,纂成是谱。从体例规范角度看,此谱十分考究。谱虽六册,但卷次达33卷,每册首页标注细目,入谱内容归类合理,统、分谱系明而不紊;卷末的领谱字号编排很有特色。公修谱牒多设领谱字号一项,以便于查考核对,杜绝混入冒宗的现象出现,其字号一般以数字或千字文起号编排,但此谱领谱字号的首字连贯起来却是一首精美的五言史诗,揭示了新安程姓及仁里程氏宗族迁徙的历程和原因,并寄予了宗族社会的美好愿望。抄录如下:

> 奠系原皇古,宗盟笃本支。篁墩初赐第,槐水继开基。仁里迁乔日,咸淳建号时。千年瓜瓞衍,奕世子孙宜。欲得彝伦叙,端从谱牒稽。新编刊玉叶,旧谊托金枝。厘订遵先矩,珍藏永孝思。前徽谁克嗣,幸有后人期。

从内容角度看,此谱不注重先世传记、行述、像赞的过多辑录,而是侧重世系的叙述,因"爰据本祠附主谱并核各家旧录之谱悉为补正”，故而世系录较为详细。谱主的生平事略浓缩其中，如“五世善公，一名永贞，又名善保，元至正庚寅(1350)二月初十生，性质直，家事优足，明洪武中以粮长事谪戍山海，永乐庚子(1420)六月十八卒，享年七十有一……子四：邹容、朝宗、子童、午童”。[1] 再如程元凤，“字申甫，号讷斋，行廿六，宋庆元庚申(1200)生，绍定二年(1229)进士，累迁参知政事，拜右丞相兼枢密院使，罢充醴泉观察使。度宗即位拜少傅右丞相，进封吉国公，咸淳己巳(1269)卒，赠少师，谥文清。著有《讷斋文集》、《经筵讲义》、《奏稿及内外制》”[2]等，诸如此类记载，谱中泛见，有较高的史料价值。尤需一提的是，此谱纂修时“广采故谱，遍搜旧章”，如“司徒谱越统宗而尊会通，明哲谱、显承堂谱复因之，皆取而资为考证”，[3]因此从旧谱旧章中辑录了不少文献，编入卷首的“宸翰”、“传志”，卷末的“存旧”、“杂录”等篇目里。如卷首的“宸翰”篇收录宋元明清历朝封赠程姓先祖的一些诰勅，内载“祚德庙”事较为详细，这些资料在其他程姓族谱里很少见到，颇为珍贵。如《中书门下牒》记载元丰四年(1081)宋神宗敕封春秋晋国程婴为诚信侯，并建庙祭祀。此牒全文如下：

程婴、公孙杵臼

牒奉敕赵氏之先始大于晋下宫之难，程婴、公孙杵臼以死脱孤儿复存赵宗，忠义著焉。自昔有功于世者罔不庙食，况国家胄绪之所出。婴、杵臼立孤续绝之德而常祀不载，良为阙典。朕命使者访其茔墓而得之于绛，宜即建祠，疏封侯爵，威灵如在，永食厥土。程婴宜特封成信侯，公孙杵臼宜特封忠信侯。牒至准敕。故牒。

元丰四年七月　日牒

所建享祠祠额，宋神宗赐名为“祚德”。此后，程婴、公孙杵臼不断受封，宣和七年(1125)四月二日，被封为“翊德真人”

---

① 卷四《统系上》。

② 卷末上《异派同源图》。

③ 卷首《自序》，道光九年(1829)直隶南皮知县程之隽撰。

(按:宣和末,崇奉道教,故封程婴为翊德真人,公孙杵臼也封为明善真人);绍兴十六年(1146)七月十日,封为"忠节成信侯",后又续封为"忠节成信孚佑侯"、"忠节成信孚佑广烈侯";绍兴二十五年(1155)又特封为"疆济公";庆元三年(1197)四月,进封为"忠翼疆济公";淳熙二年(1266),特封为"忠济王"。上述受封的诰勅均存于谱中。另,卷首(下)"传志"篇又收录《宋陆象山先生行在祚德庙始末记》一文,不仅详述了"祚德庙"的由来始末,而且揭示了"祚德庙"的"祀典掌于太常,岁差官行事作乐",可见"祚德庙"的祀典活动规格之高。其祭祀的乐章也收录于卷首的"宸翰"里,可能对音乐史研究有益,故录如下:

御降祚德庙乐章

迎神 凝安之曲 姑洗为宫

匿孤立后,惟义惟忠。昔者神考,追录乃功。祀典载加,进爵锡公。神兮降格,尚鉴褒崇。

初献 升降 同安之曲

庙宇更新,轮奂丰敞。神灵如在,英姿飒爽。执事进趋,降升俯仰。威仪翼翼,虔祈歆飨。

奠币 明安之曲

牲荐硕大,币致精纯。聿升祀事,兹用兼陈。箱筐既实,奠献惟寅。飨我至意,福禄来成。

疆济公位酌献 成安之曲

以身托孤,实惟死友。抚妪长之,若父若母。潜授于韩,克兴厥后。崇庙以献,德侈报厚。

英略公位酌献 成安之曲

立孤固难,死亦匪易。义轻一身,开先赵嗣。肃穆庙貌,烈有余气。式旋嘉荐,昭哉祀事。

启佐公位酌献 成安之曲

于皇时宋,永祚有基。始医覆护,抚而立之。敢忘昭答,牲分酒醽。灵其燕飨,益相本支。

亚献终 正安之曲

祕祕灵宇,神安且翔。三哲鼎峙,中荐嘉觞。凛若义气，千载弥光。猗其佑之，锡羡无疆。

送神 凝安之曲

礼乐云备，毕觞尔神。诩诩音送，软舆若闻。驾言归兮，灵斿（同“游”）结云。祚我千亿，介福来臻。

“存旧”篇摘录程孟的《新安程氏诸谱会通》、程嗣功的《槐塘续会通谱》、程明哲的《源流考辩谱》及《显承堂程氏重修宗谱》的谱序、谱辩等文，兼之卷首的新序、卷末的谱跋，便可知此谱的纂修思想是弃统宗、存会通、重专谱，即“迁祖以上则以司徒谱为经，以各谱为纬，而统宗之谬误自明；迁祖以下则宗显承堂谱，而续以鸣岐、淮石两公所修并增以现在支丁，而合族之昭穆以序”，[1]这一“弃统宗、存会通、重专谱”的修谱思想在清中叶当居主流地位，卷末的谱跋有明确阐述，有一定的徽州谱学理论的研究价值，故全文附录如下：

谱跋

我程氏祖牒唯淘公谱为最古，祁公谱次之，其后又有会通谱、统宗谱，又其后有续会通谱、显承堂谱。淘祈二谱今不可得，而会通、统宗则谱篁墩以下也。夫先世之名讳、行实、生卒、婚配、迁徙、冢墓，唯支谱得纪其详，又经子孙再四校雠，故舛脱之弊亦唯支谱为可免。若宗谱则以数千余年之远，数十余派之众而尽之于数十余卷之中，隘难悉登，即不得不从其简。而一谱之成，或历之十数年，或父子相继而始就。既非出自一人之手，且又格于异地，各派不能亲赴检正，故谱之遗漏谬误者往往不可胜数。此支谱所以不能不修也。矧我派自迁祖以来既成一宗，亦宜专修谱牒，以明尊祖、敬宗、收族之义，则又非徒详纪先世无所舛脱之为善也。谱既成，族人命缀数语于后，爰书此简末，以明修谱之意云。

——道光九年岁次己丑仲冬月上澣中戊寅恩科顺天乡试举人裔孙燮谨跋

① 卷首《自序》，道光九年（1829）直隶南皮知县程之隽撰。

此外，卷末“杂录”篇还收有（宋）《欧阳文忠公冀国公神道碑》、（唐）《李北海程长史文英公神道碑》、（宋）《文简公会里中泽谱序》、（明）《筠石公订正程氏屡代编修总谱得失序》、（明）《本里宗石泉公世谱总论》、（明）《克勤公与太守河汾王公文》、（明）《论世忠庙产书》、《篁墩程氏保墓公启》、（清）《辟伪录跋》、（明）《本里石泉公忠壮公墓议》等均较为珍贵。

7.《官源洪氏总谱》（书名据书签题）

（清）洪文陛、洪文诜纂修，乾隆年间刻本。每半页十一行，每行二十五字。白口，四周双边，单鱼尾。十八卷首二卷末二卷。二十二册（五函）。

洪文陛，字昌言，号东海，太学生，乾隆四年（1739）生，江西婺源人；洪文诜，字集和，乾隆六年（1741）生，处士，江西婺源人。

谱载徽州洪氏源流有二：一是敦煌洪氏、一是毗陵弘氏。官源洪氏源于毗陵弘氏，是春秋时卫国大夫弘演的后代。弘演裔传至唐代有名弘察者，仕职监察御史，避高宗太子李弘讳改弘为洪。洪察孙洪经纶于天宝六年（747）擢进士，官谏议大夫，德宗时任河北黜陟使，后迁宣歙观察使，其第三子洪全随父宦游。洪经纶乐徽邑风土，初家于徽之休宁黄石，后与子洪全迁婺源官源定居，为毗陵洪氏迁徽的一世祖。“继而子孙繁衍，分迁六邑及饶浙”,[1]传至是谱纂修时,世次已迁三十八代。

据此谱,新安官源洪氏纂修宗谱始于北宋神宗熙宁年间,元明时期各分迁族支纂修支谱多有,但总谱的纂修仅在嘉靖、天启年间洪垣及其子洪允温相继递修过,自此以后历二百多年未再复修。乾隆四十六年(1781)府县颁文检校谱牒字眼,官源宗基邀集各派在祖祠开局修辑,遂编撰成此谱。该谱首卷分上下两部分,上卷载有婺源儒学教谕吴文英的《官源洪氏总谱序》1篇,目录,各派新序40篇,各派旧序35篇(最早的是1071年王汝舟序文,最迟的是1624年洪允温序文,余多是嘉靖万历年间的谱序,内有湛若水、洪垣、程敏政等名人序作);下卷载姓原疑辩、原郡原祖、谱说各1篇,凡例10条,历代仕宦146人,诰敕22件,像赞12幅,官源沿革事迹1篇,杂著7篇,各派基图、祠图、墓图16幅,始祖祭田目录1篇,各派捐输数目(合计715.7两),领谱字号(该谱即虚字号第二簿祁门虎溪派收领)。卷一至卷十八,各分迁派支世系(每支世系图起首揭示始迁祖的迁出迁入地,世系编列于后)。卷末文献,也分上下两部分载录,上卷各派名贤、贞烈诗文及寿序,村景诗,婺源、祁门各支先祖赞传;下卷载休宁、绩溪、歙县、旌德等县各支派的先祖传、赞、寿序等文,各派墓图30幅,先祖行状4篇,墓志铭8篇,冒附谱籍的构讼案1件。

此谱公修,编撰较为严谨,无攀附冒引远追始祖的流弊,卷次、世系清晰,图、像赞、谱序、诗文、传记、诰敕等文献资料丰富,体现出公修谱牒的严谨和资料详实的特征。尤其值得我们珍视的是卷末洪懋森撰写的《义仆施德兴记》,全文如下:

> 我祖父居乍浦时有仆施德兴,嘉兴人也。性恬洁,好读书,算数小术尤敏捷。祖父爱之,配以婢不受,为之娶复辞。及我祖父殁,祖母挈家回徽,令德兴归宗不去,愿随扶梓归洪源。德兴素不习任负耕樵事,至是乃竭力为之,勤苦不懈,如是者有年。其婶母以夫死子幼,致书于我祖母,乞德兴归宗。我祖母感其意,予以资财遣之归。时吾父尚

---

[1] 卷首(上)《清源家乘序》,乾隆四十九年(1784)汪启绥撰。

幼，德兴拜别时持吾父泪涟涟，不忍舍去。既至嘉兴数月，谓其婶母曰：幸有弟可绍吾宗，吾既委身洪门，受其豢养恩。今主母双寡，千里归乡，小主人零丁孤苦，义不可离，恩不可绝。忘恩负义，德兴不忍为也。遂辞婶母，仍归洪源服勤如初。我父从师肄业，出入负笈。父郡试尝卧疾，延医侍药，夜不解衣；既弃儒业商邵北，德兴随侍木厂，涉江渡湖，挈资往来，不避艰险，簿籍交接，均资其佐理。及森生之岁，祖母以其小心谨慎召归，使专职提抱。至入塾始复令往邵北焉。德兴生平心慈好善，己有资辄与贫者，己有衣辄与寒者，弗惜也。我父施凡散及周穷恤急等事，必多方赞助之，见人有善必称诵不已。当我祖盛时，亲戚朋友不知几辈；及其殁也，各自散去。所不忘眷谊者，嘉兴表舅凌元功翁、胡祖母姨弟石佛寺日晖桥人上溪源程辰中翁二人。至于仆人，窃资以逃者有矣，挈家以行者有矣，孰有如德兴不愿受室，既去复来，勤劳一生，服役三世。忠心义事，有合于贤人君子之行者乎？年六十死于邵北，葬仙女乡李家桥，在金湾闸下一里。勒石志其墓曰徽州施德兴墓，岁拜扫焉。回并书其事存之，示不忘其义也。

洪懋森记

为仆立传并载入族谱，这在其他的族谱里实属罕见。这则资料也为等级森严的徽州主仆关系揭开了温情的一面，于徽州宗族的主仆关系和徽商研究有一定的价值。另，卷末附载的冒认族籍的诉讼案卷资料尤详，事起该谱纂修主事洪昌言认为歙南叶村山头岭洪正通兄弟三人冒附族籍，拒绝入谱。洪正通于乾隆四十八年(1783)九月十八日赴婺源县控告，至乾隆四十九年(1784)七月二十日止，历时近一年，双方争讼激烈频繁，原被告双方的历次诉文辩词、证人证据及县衙的批文、差役人等，一应辑录，完整地展现出洪正通兄弟与谱局总理洪昌言围绕入谱事所起诉讼的历程。

8.《左田黄氏宗派图》(书名据书签题)

(宋)黄天衢纂，康熙年间重刻本，每半页八行，每行十六字。黑口，四周双边，双鱼尾。不分卷。一册(一函)。

黄天衢，字时亨，号月山，宋哲宗元符年间(1098—1100)擢进士，官至新乡尹，新安黄氏始祖黄积第二十五世孙，安徽祁门人。

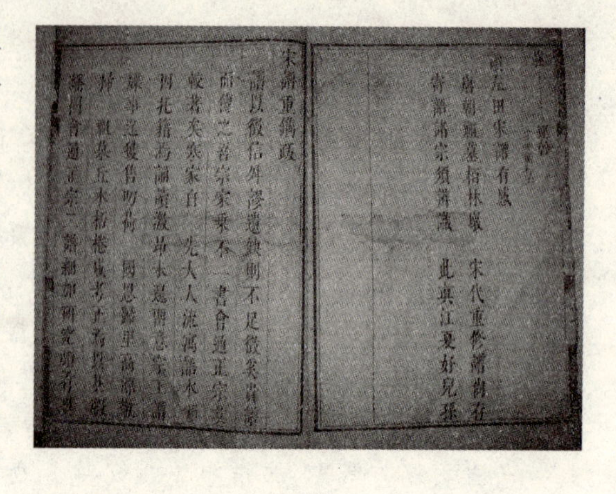
讀左田宋譜有感
唐朝瓶墓栢林塚 宋代重修譜尚存
寄語諸宗須辨識 此真江夏好兒孫

宋譜重鐫跋

谱载黄氏出于嬴姓，陆终之后受封于黄，子孙遂以国为氏。至东汉有黄香者，江夏安陆人，官至魏郡太守。香子琼、曾孙琬累世簪组而著于江夏。黄琬五世孙黄积于晋元帝时任新安太守，卒于任上，与夫人合葬郡西姚家墩。黄积子黄寻为父母守墓而居家于此，并改姚家墩为黄(篁)墩。新安黄氏自此始，后裔推黄积为一世祖。传十四世至黄仪，唐天宝年间出任绩溪县尉，后调青阳，再调祁门，择左田而居，为祁门左田黄氏始迁祖。由唐历宋，“历季既远，生齿益蕃……(以致)祖宗之名讳不知，遇于道而族人之伦叙不识”。[①] 黄积二十五世孙黄天衢遂于建炎初辑前人旧章作宗派图。该谱即是黄天衢所作宗派图的重镌本，依次载录《左田黄氏宗派图序》(建炎三年黄天衢撰)，《左田黄氏宗派图》(世次自一世祖黄积图至二十八世黄琰，图末附黄士埙的“读左图宋谱有感”诗1首)，《宋谱重镌跋》(黄士埙撰)。是谱图列其序，五世一图，以末一世复始，故一页九世。图左详注谱主名、字、行第、仕宦、德行、娶葬等内容，偶有记生年，不记卒年、子女。

据谱跋文知，黄积第四十六世孙黄士埙(浙江石门人，康熙十二年癸丑科进士，仕职翰林院编修)告假归徽敬扫祖墓，闲暇

① 《左田黄氏宗派图序》，建炎三年(1129)黄天衢撰。

时曾翻阅比较会通正宗二谱，[1]发现二谱有异同也有缺略，非信谱。遂刻意寻访先祖名贤所撰旧谱，并从左田霞坞大宗处寻得秘藏的宋谱，即黄天衢的《左田黄氏宗派图》，“读之兴感志一绝，因告霞坞宗公曰，此不可专秘，且恐日久而淹也，当照原本重镌，俾我同宗共珍之”。因此，重镌本除黄士埙的感诗和跋文外，余当是宋谱的成分无疑，在宋谱存世极罕见的今天，该谱弥足珍贵。虽然谱本水渍虫蛀较重，前序后跋微有残破，但谱帙总体完整，其中黄天衢的《左田黄氏宗派图序》对我们认识宋代私家修谱的思想有益，此录如下：

> 谱系之作何为也，所以教仁也。盖仁也者，人也。人之一身无尺寸之肤不爱也，至于祖宗之子孙，则亦祖宗之身也，而有不爱者？有各身其身而不知身祖宗之身以为身耳。谱也者，通宗族于一身，使之相亲相睦而无不爱者也。夫能通宗族于一身而无不爱，则由是。而中国□人，天下一家，特扩而大之矣。故曰谱系之作，所以教仁也。我黄氏自陆终之后受封于黄，子孙以国为氏。至春秋时，春申君歇相楚而封于吴；汉之时，颍川太守霸以治绩而振于淮阳，徵君宪以德量而闻于汝南，魏郡太守香、子琼、曾孙琬累叶缵组而著于江夏。此皆黄氏之支流。第世远谱残，而支系不及详也。若我新安之黄则琬之五世孙曰积仕晋为新安太守，子寻遂家歙之姚家墩，而新安之黄所由始。积之十四世孙曰仪仕唐为祁门尉，遂家邑东之左田，而新安之黄所由著。自是以来，世派昭昭，而可考者，则以我叔宏公尝因世乱荡析之余，而作数十世之家乘，故今得有所据，而宗盟不坠也。今视叔宏公之时何时也，历季既远而生齿益蕃，兵乱荐臻而播迁益众，及是时不有志叔宏公之志者以继之，则有入其庙而祖宗之名讳不知，遇于道而族人之伦叙不识者，其如同宗一体之义何？故因告老之余力，辑前人之旧章，而作宗派图，以昭示于将来也。盖图以联于

[1] 即明弘治十四年(1501)黄云苏编修的《新安黄氏会通谱》和明嘉靖四十三年(1564)黄瑜纂修的《新安左田黄氏正宗谱》。

上，使人有以知其原，注以详于下，使人有以考其实。自其统于上者而观之而亲疏一体远近一人，而同仁之公以溥；自其别于下者而观之，则由亲及疏由近及远而施仁之序以彰。不特此也。有爵者特书之，所以贵贵也；有德者特书之，所以尊贤也。亲亲之中而寓贵贵尊贤之典，则又仁之至而为义之书者也。使我族人得是图而览之，则将曰吾固祖宗之身也，彼近而为某支远而为某派，凡体祖宗之遗者，皆祖宗之身也，相亲相爱之情宁不油然而兴起乎。虽然作之于前则必述之于后，予今日固以扬叔宏公之余波也。嗣是而为巨汇者，又将不以今日为川泽乎。吁，斯图岂直仁一时而已哉！岂直仁一时而已哉！

时

建炎三年岁次乙酉秋八月哉生明　裔孙天衢顿首拜书。

9.《三田李氏重修宗谱》（书名据书签题）

（清）李光鋆倡修，李向荣等纂修。乾隆三十六年（1771）刻本。每半页十三行，每行二十二字。白口，四周单边，单鱼尾。四十八卷首一卷末一卷。五十册（十二函）。

李光鋆，字崑士，号龙崖，康熙己亥年（1719）生，太学生，安徽贵池人。李向荣，名实发，学名向荣，号庸夫，康熙丙戌年（1706）生，邑庠生，江西婺源人。

三田李氏出自唐宗室昭王之季子李祥。乾符三年（876）五月，李祥的次兄李佑卒于饶州任上，李祥治丧南奔，因避黄巢起义兵乱不能北返，改名京匿迹歙之黄（篁）墩，复居饶之昌水，乙卯（895）春迁浮梁界田。生子仲皋，仲皋生三子：德鹏、德鸾、德鸿，分居祁门新田、婺源严田、浮梁界田，故称三田李氏。德鹏孙李洞于大中祥符二年（1010）自新田迁婺东塔子山，次年迁理源并改理源为理田，为三田李氏理田派始迁祖。“自唐历五代宋元明，（三田李氏后裔）公卿接踵科甲联翩”，[①]成为徽郡望族之一。

据此谱载，三田李氏始有谱当推北宋初四世祖李贵懋所撰的世系年表墓状，北宋一朝未再修谱。嘉定十二年（1220），理田派裔孙李韶、李大冶欲修宗谱，“专书遍达三田诸宗……未有复者”。[②] 元及明初，各族支谱先后修撰。迨至明中叶，始修三田宗谱，“一修于明嘉靖中，再修于万历中”。[③] 此后至清乾隆朝又历一百五十余年，世次迁至四十五世，宗谱未再续修，“而移析散布几遍大江上下”。[④] 故李光鋆亟亟于倡修宗谱，专书遍告宗支，得到各支派的积极响应。乾隆三十年（1765）设谱局于理田宗祠内，乾隆三十六年（1771）谱竣刊梓。首卷载太子太傅礼部尚书沈德潜序和光禄大夫兵部尚书彭启丰序，各派谱序 18 篇，宗谱目录，征修三田李氏宗谱引，合议重修三田宗谱约言。卷一至卷二，三田总世系（世次一世至十五世）。卷三至卷五，新田、严田、界田总世系（世次十六至二十世）。卷六至卷三十六，各分迁派支世系（世次二十一至四十五世）。卷三十七，三田宗谱古序 55 篇，其中宋序 6 篇，元序 6 篇，雍正二年序文 2 篇，余为明序。卷三十八，三田各派古杂序（多是寿序、祭序、文集序）57 篇。卷三十九，先祖行状 38 篇。卷四十，各派旧传记（多是贞节、孝义传）44 篇。卷四十一，各派新传 43 篇。卷四十二，各派新序（多是寿序）及行状 36 篇。卷四十三，三田衣冠志及敕诰，辑录自宋至清历代的敕谕诰命和族裔中科举仕宦名录。卷四十四，李氏源流志 1 篇，始祖李京撰写的《大唐玉蝶草册附南徙事略》1 篇，先祖像赞 54 篇。卷四十五，散文、杂记 30 余篇，各派宅基图及里居景物诗文百余首。卷四十六，凭吊祭

---

① 卷首《三田李氏宗谱序》，乾隆三十三年（1768）沈德潜撰。

② 卷三十七《宋谱序》，嘉定十三年（1221）李韶撰。

③ 卷首《三田宗谱序》，乾隆三十六年（1771）李承祚撰。

④ 卷首《三田李氏宗谱序》，乾隆三十三年（1768）沈德潜撰。

文和墓志铭(被祭、铭的谱主均是理田派先祖),铭文中有一篇朱熹于庆元元年(1195)十一月撰写的《宋钟山先生李公墓志》。卷四十七至四十八,三田各派先祖墓图。卷末,凡例16条,诗词21首,征修谱费小引1篇,谱局司事芳名(计33人),各派领谱字号,补遗9篇(主要是浙江遂安慈峰派先人的传记、寿序、墓志铭),谱跋3篇,其中1篇记述李光鍌的倡修谱事之功。

该谱纂修历时七年,共五十卷,五十册,当是部帙较大的徽谱之一。卷帙虽浩繁但世次、迁派明朗,载事条理清晰,谱录文献甚丰,于徽州宗族问题研究颇有价值。此谱公修,主局、总理局、主文、倡修、赞修、校正、催征、书正、梓师等机构和人员齐整,谱本体例和内容繁而不紊,版本刊刻清朗。徽州宗族热衷谱事,公修谱本在在不少,此谱当是其中的完好之作,尤其收谱序、谱跋共80篇,实徽谱中少见,其中宋代的谱序6篇,元代的谱序6篇,明代的谱序48篇,余为清雍正和乾隆年间的谱序,陈定宇、吴澄、董其昌、洪垣、沈德潜、彭启丰等名人为李氏所作的谱序均收录其中。这些丰富的谱序文献不仅于徽州谱学研究有益,于中国的谱牒学研究也应有较大的价值。此外,卷首载“谱引”、“约言”、“合议”文3篇,对我们了解徽州宗族的修谱活动有一定参考价值,兹节录“合议”如下:

> 我李氏三田统谱自明万历续修以来,世远年淹,尚稽补辑,识者忧之,是以走引征修,旋复约期定议。既幸宗老英贤皆以此举断难延缓,三田如约辐辏齐集理田,公同妥议,以理田祠室堪为编治局所,议定来春清明前初八日准谒界田合祭始祖京公、二世祖仲皋公。凡列衣冠均祈齐赴……旋即开局理田宗祠,创制规模,其条件至期酌定,务悉详明,但刻板、装潢、物料、工食、资费悉照现今丁口计数,按派均敛,用办成书,先行知单,允期各族慷慨乐输,毋怀鄙吝,预充局用,共成久大良谟。凡任事人员各田确选举报贤能,务必才堪委任……议约者计开暂行条例于后:
>
> ——议各田公举贤能出乡会派劝捐,批簿交局,清晰无伪;
>
> ——议照丁敛费,各田各族预报丁口以便总记,按派

每丁出银三钱；

——议凡批捐乐输者赴局交银，随给挨号钤封图记收票为照，并列芳名于谱，永表仁孝，以劝后贤。

大清乾隆三十年岁次乙酉孟冬月　谷旦　三田公具

10.《甲椿李氏家谱》（书名据书签题）

（清）李氏族人修，乾隆四十七年（1782）木活字本。每半页九行，每行二十四字，白口，四周双边，单鱼尾。六卷首一卷末一卷。三册（一函）。

甲椿李氏一支源出于三田李氏中的严田派。前述始祖李京生伸皋，伸皋生子三：德鹏、德鸾、德鸿。其中次子德鸾迁居婺源严田，为严田派祖，又十传至李先锡，迁居歙县甲椿，为甲椿李氏始迁祖。先锡（1246—?），字鼎臣，精通经学，举人，任职徽州府教谕。此谱世系一世祖自李先锡始，世次迁至十七世。卷首有明隆庆二年（1568）李祖庆旧序、清顺治十五年（1658）李健世系渊源便览图说、乾隆四十七年（1782）李廷赵重修家谱序、凡例7条。卷一，一世至十世世系图。卷二至卷六，分记李志保、李志顺、李祖盛、李祖赞、李希炜、李希凉、李希炳等各房支世系图，世次自十一世至十七世。卷末载传记18篇、行状2篇、寿序5篇、图赞7篇，附录邑志1篇，载学林传、孝友传、义行传、质行传、烈女传共12人。

据此谱，甲椿李氏首次修谱始于明隆庆二年(1568)“故明野泉公”(按：即七世祖李祖庆，字衍之，别号野泉)手录，此为二修，是遵奉府县有关自行检校谱牒中有无不知检点敬避字眼的檄令[①]而重新考订加详，故《凡例》标注“凡所应敬避字句悉尊功令改正”。此谱奉始迁祖李先锡为一世祖，世次清晰，卷末文献较为丰富，所录文献最早者是宏治(按：即弘治，避清高宗讳改弘为宏)十六年(1503)胡德华撰写的《古洲先生九秩寿序》，最晚的是乾隆四十七年(1782)黄恩撰写的《太学生敛斋公暨元配查孺人传》，共记载家族44人史实，对研究明中叶至清中叶的徽州宗族社会史有一定的史料价值。徽州宗族聚族而居，作谱事以著世代纪昭穆，本是尊祖敬宗收族之举，但也是清理血缘以促血统纯洁之举措。该谱凡例重点强调后意，兹节录3条于下，对我们认识徽州谱法和宗族建设均有裨益。

——有继外姓为嗣者是谓自灭其宗，有出为外姓嗣者，是为自绝其祖，但于所继父母及本父母下据实直书，不复列图；其或由来已远，旧谱已登者则姑仍之。

——妇有改适者，虽有子但书取(娶)氏，不详其姓，亦与庙绝也；本宗下有迁徙不相闻者书失传，示慎也。

——吾族自先世以来，既不许招赘异姓，违者逐出族外，所以重人纪、厚风俗也，嗣当恪守前规，不得苟徇。

11.《古歙杲溪刘氏家谱》(书名据书签题)

(清)刘大彬、刘元龄纂修，康熙五十三年(1711)刻本。每半页九行，每行二十四字。白口，四周单边，单鱼尾。不分卷。一册(一函)。

刘大彬，字文若，顺治八年(1651)生，安徽歙县人，杲溪刘

---

① 乾隆二十九年(1764)和四十六年(1781)，全国先后有两次较大规模的族谱避讳之禁，尤其第二次大规模的避讳和禁毁影响更大，徽州府及下属各县纷纷发布告示要求各宗族自行检查并纠正族谱中的犯禁字词。关于这方面的情况可详见卞利《明清时期徽州族谱的纂修及刊刻等相关问题研究》一文，文载安徽大学徽学研究中心编《徽学》(第五卷)，安徽大学出版社，2008年6月。

氏始迁祖刘万三第十四世孙，太学生。刘元龄，字天士，号东园，顺治十七年(1660)生，安徽歙县人，杲溪刘氏始迁祖刘万三第十五世孙，太学生。

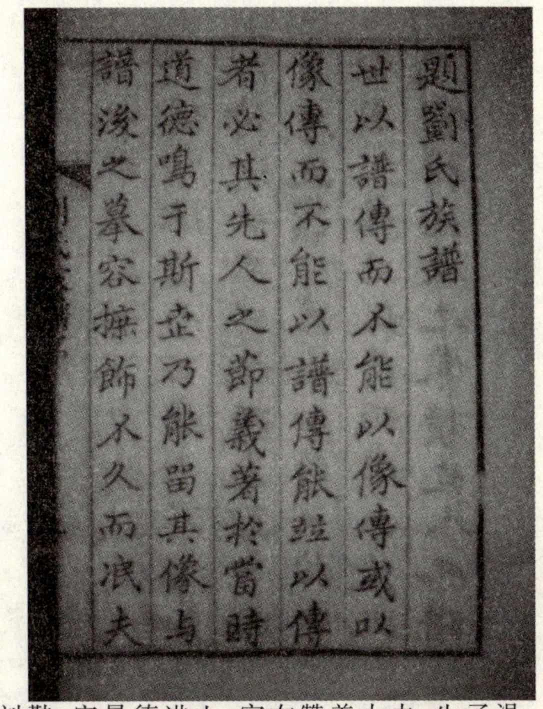
題劉氏族譜
世以譜傳而不能以像傳或以
像傳而不能以譜傳能兼以傳
者必其先人之節義著於當時
道德鳴于斯世乃能留其像与
譜後之摹容描飾不久而泯夫

谱载新安刘氏出自西汉中山靖王刘胜之后，西晋时广武侯刘琨护元帝迁江左，子孙居常州。后嗣由常迁杭再迁溧水，传二十一世至刘懃，宋景德进士，官右赞善大夫，生子湜、琦、玘。湜居宣，琦、玘迁泾川。刘琦，庆历六年(1046)进士，授侍御史，四传至刘八五，八五生子省一、万三。刘万三，号皋阳，南宋嘉定间任徽州府教授，爱其山水，遂迁居歙西向皋，为杲溪刘氏始迁祖。此谱谱系上溯刘懃，谱书依次载录自宋至清谱序13篇；徽宁世爵世庠世德记(简述一世刘懃至二十三世族中名人的仕宦、德行)；杲溪刘氏家谱凡例9条；古歙杲溪刘氏家谱本支图(世次自始迁祖刘万三起至十八世万兴止)；天启三年(1623)、崇祯三年(1630)的刘氏家谱后跋2篇；万历三十七年的议刻族谱引1篇、诗2首、赞1篇；崇祯三年的刘氏宁族纪源录1篇。

据此谱，刘氏素重谱牒，唐时有谱，宋神宗曾征问刘氏谱，侍御史刘琦“遂录以献，御题‘汉室中山胄，皇朝侍御家’”，[①]自此谱系不辍。宋时有陈康伯、蔡元定、文天祥均曾为之序，元至正甲申(1344)、明嘉靖乙酉(1549)、天启三年(1623)、崇祯三年

① 《附刻泾川东郭刘氏宗谱序》，康熙二十三年(1684)刘成名撰。

(1630)均有续修。该谱为康熙五十年(1711)复修,距崇祯年间所修之谱,已间隔"八十一载未之重修,今迁于外籍者,渐至迷而不问",[①]"于是(彬)搜摭见闻,殚思竭力,自万三公而下,积悉靡遗"。[②] 此谱私修,康熙五十三年刊刻,不受公修体例的羁绊,重历次谱序的载录,谱序中谱学理论丰富,于谱牒史的研究有一定的价值。其中文天祥为刘氏族谱所题写的序言里论及像与谱的关系,值得珍视,且该序言潜藏于族谱而未收录于《文山先生全集》中,特抄录如下:

题刘氏族谱

世以谱传而不能以像传,或以像传而不能以谱传。能并以传者,必其先人之节义著于当时,道德鸣于斯世,乃能留其像与谱。后之摹容摭饰不久而泯,夫何以故,岂其世不足术欤。刘氏谱像灿然,历千百世而不朽,盖以侍御公直节抗疏,忠显公抗节虏廷,凛凛在人心,昭昭于宇宙,固冠盛而彰美而传也。后之子孙瞻先人之像,读先人之谱,而不兴起于忠义者,非夫也。

吉州文天祥撰

12.《新安宋氏宗谱》(书名据书签题)

(民国)宋作霖、宋祚寰等修纂,民国六年(1917)敬德堂木活字本。每半页九行,行二十二字。白口,四周双边,单鱼尾。十四卷首二卷末一卷。十四册(三函)。

宋作霖,名锦华,字润之,号啸严,清例授登仕郎,咸丰辛亥(1851)三月生,安徽歙县人。宋祚寰,名金华,字咏南,号筱湖,清例授登仕郎,同治辛未(1871)九月二十八日生,安徽歙县人。

谱载宋氏出自商王帝乙的长子微子启,周成王二年(公元前1114)受封于宋以承汤祀,子孙以国为氏。自启递传六十世至宋云。宋云,原名威,号仲规,唐宣宗大中己巳(849)九月初

① 《重修家谱小序》,康熙五十年(1711)刘大彬撰。

② 《杲溪刘氏家谱序》,康熙五十年(1711)吴蔚起撰。

七生，唐懿宗时仕职护国将军，受命追剿黄巢起义有功，后因受诬罢官，与弟霈共居歙之黄（篁）墩并更名为云，为新安宋氏一世祖；旋被起用任洪州（今南昌）都督，卒藏于洪州。其子兴居洪州，隐而不仕，生子三：齐岳、齐邛、齐山。齐岳居京兆评兴里，齐山迁江西乐平粽埠。齐邛生五子：

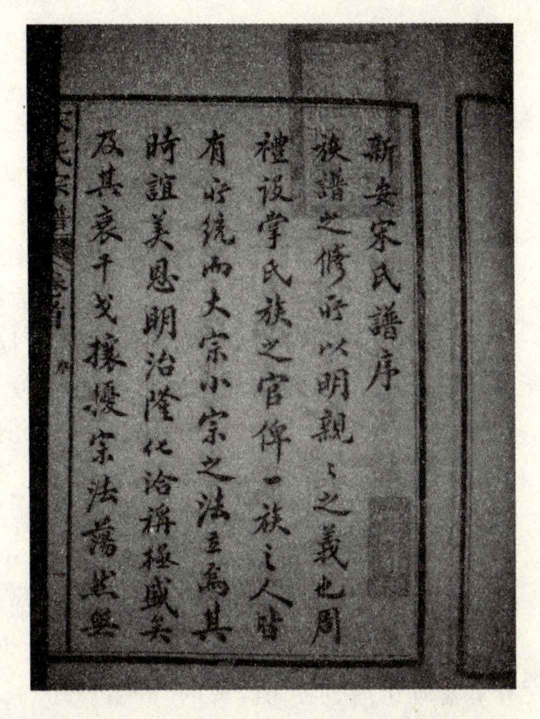
新安宋氏譜序
族譜之脩所以明親親之義也周
禮設掌氏族之官俾一族之人皆
有所統而大宗小宗之法立焉其
時誼美恩明治隆化洽稱極盛矣
及其衰干戈擾攘宗法蕩然無

仁、义、礼、智、信，其中“义公，字兴祖，号子柔，生梁均王龙德壬午(922)，重仁好义，崇德乐道，以武功著为婺州牧……父殁，殡于婺之仰田，兄弟五人庐于墓侧”。其后第四子宋智为浙江探访使迁严州，第五子宋信为开化令迁开化，长子宋仁迁歙县松木坊，次子宋义、季子宋礼终生结庐于父墓侧。[①] 其中季子宋礼一支迁徙如下：长子宋球，字仲道，配洪氏，生子元兴、元祖、湘；元兴迁池州、元祖迁宋村、湘迁休宁金竹；宋湘一支八传至十四世宋存又由金竹迁婺源花桥，再六传至二十世宋序又由花桥迁歙县石潭；宋序生子四，其第四子宋珊“讳世重，号斯齐，洪武戊申(1368)十一月十六子时生”，[②]“以石潭狭隘非久居之地……见梓里基址较宽，山川秀丽，乃择里之村头筑室居焉”，[③]为梓里宋氏始迁祖，时已明初。宋珊生四子，“长志忠、次志云、三志

---

① 卷二（俗集）《新安世系》。

② 卷十一（流集）《梓里珊翁公派世系》。

③ 卷一（遗集）《珊翁公纪略》。

道、四志友，云迁六安，友迁乐平，(志忠)志道共承父业居本里”，[①]“志忠公居梓里，字义生，洪武丙子(1396)八月二十二日辰生……生子二：定、富，定迁十一都吴家垄西垣”，[②]而宋富仍居梓里，两代单传，至宋思昭生子七人：亮、斌、朗、文、贤、福、儒。自此，新安宋氏梓里派族支开始隆兴。

自明历清，梓里宋氏文、商并举，并于明万历三十一年(1603)、清道光十年(1830)纂修宗谱。传至祚霍、祚宾、祚霖、祚寰等辈，时代已进入晚清民国时期，时局动荡，世事纷扰，尊卑有序、出入齿让的传统宗族社会受到较大的冲击。“宋氏自遭发乱，日就衰微，人心亦不近古”，[③]“怠惰不振甘自列于游民者亦不无其人”。[④] 于是祚霍、祚宾、祚霖、祚寰等人于光绪十年(1884)、民国六年(1917)两度纂修宗谱，期以“正人心厚风俗”，[⑤]“庶从此亲所当亲敬所当敬”。[⑥] 其中宋祚霖前后两度均参与编修。光绪十年(1884)所修之谱虽成但未刊梓，现藏国图的民国六年(1917)敬德堂木活字本《新安宋氏宗谱》，即是由宋祚霖总理谱局事务而修成的“世字号”谱本。

此谱分订十四本，以“故、家、遗、俗、芳、徽、远、善、政、流、风、世、泽、长”十四字定其次第，分十四卷，首二卷，末一卷。全谱所载内容及体例结构为：

卷首上(故集)：民国六年(1917)前任婺源县知事后调任陕西临潼县知事冯汝简序文1篇，目录1份，民国六年(1917)宋祚霖、宋祚寰的序文2篇，凡例10条，谱式规条12条，自宋至清的旧序13篇，新序2篇，谱说20首，源流考谱表2份，宗规16条，家训14则，诰勅2篇，迁派图1幅。

卷首下(家集)：列祖遗像并赞105幅，阳基图8幅并引附梓里八景诗暨严池山图，祠图并记屋图7幅。

---

① 卷一(遗集)《珊翁公纪略》。

② 卷十一(流集)《梓里珊翁公派世系》。

③ 卷首(故集)《序》，民国六年宋祚雨撰。

④ 卷首(故集)《序》，民国六年宋祚雨撰。

⑤ 卷首(故集)《序》，民国六年宋祚雨撰。

⑥ 卷首(故集)《序》，民国六年宋祚雨撰。

卷首至卷一(遗集):先祖列传31篇,附卷一续修列传行述杂文73篇。

卷之二至十四(自俗集至泽集):世系图。

卷之十四附卷末(泽集):各派失考并题辞1份,历代帝王年谱1份(自东周简王元年始,历述至中华民国丁巳年),契约文书6份。

卷之末(长集):列祖墓图并引记134幅,历代修谱名籍1份,领谱字号,行第诗1首,族谱跋文1篇。

从上述的内容及体例结构来看,此谱属于上乘谱作。究其因,此谱公修,谱局内总理、协理、会计、庶务、会宗、修辑、缮书、校阅、各派会修等组织机构完整。从卷末《历代修谱名籍》所载民国乙卯至丁巳年会修宗谱名录统计,各派议修人员有42人,在局执事义务编修人员达51人,而"领辛(薪)资者均未列名",可见整体上参与此次宗谱修撰人员至少有百人,人力资源极为雄厚。再者,梓里多山木可售,财力较为丰裕,"岁乙卯,本里思昭公祠得授扛榔坑木价,有议增殖田产者,有议分润子孙者,族之老成则主修谱为说。谓我里自始迁以来数百年矣,仍置谱学不讲,曷由溯世系之所自来,念族属之所由盛,俾人人敦敬宗睦族之谊,兴木本水源之思乎?肇修之举,此其时矣",[①]可见此次修谱经费来源之一便是宗族的山林出售木材所得,兼之各派的捐输,修谱经费当较为充裕。故而,所修之谱不仅内容丰富,版本质量也较高。稍有欠缺的是虽谓"统谱会修",但"所与修者只义公下由溯源之宋村分迁数派,礼公下由休之金竹分迁数派"[②]而已。由此可知,晚清民国时期,徽州宗族社会欲修全宗谱已是难事;另,"目录"说明卷末长集载有"领谱字号"、"行第诗",但此谱卷之末长集里缺此两项,可能遗页三张。

即便有此缺憾,全谱内容还是较为丰富。卷一续修列传行述杂文73篇多是晚清时期梓里派宋氏族人的传述,于研究晚清时期的徽州宗族社会问题有一定的史料性价值;卷首故集所录谱说20首,将朱熹、范仲淹、欧阳修、吕东莱、陶渊明、《南史》

---

① 卷末(长集)《新安宋氏族谱后跋》,民国六年李瑞撰。

② 卷首(故集)《序》,民国六年宋祚雨撰。

之懿传、苏询、王安石等历史名人和史著有关谱学的主张见解荟萃起来，具有较高的谱学理论史的研究价值。尤值一提的是该谱所载的宗规家训，洋洒万余言，极为详尽，给我们留下了较为宝贵的资料。“宗规”从父母、兄弟、夫妇、子孙、宗族、乡党、嫁娶、读书、仕宦、言行、衣服、饮食、田宅、殡葬、祭祀、族长等十六个方面，详述了族人所应遵循的行为准则；“家训”从敦孝悌、礼高年、恤孤寡、重贤能、别尊卑、别男女、慎婚姻、崇祀典、重坟墓、谨丧制、敦故旧、重国课、勤本业、戒争讼等十四个方面劝诫族人“敦伦慎行”。宗规家训是规范族人言行的准则，劝谕族人行善向上的诫条，传统宗族社会十分看重。过去一段时间曾被视作封建性的糟粕而遭唾弃，其实内中也不乏谆谆告诫的微言大义和敦睦友爱的处世信条，体现出彬彬礼让的传统美德，应该说有其健康合理的一面，于今天的和谐社会建设也有一定的借鉴意义，如《宋氏宗规·乡党》条文：

> 凡乡党之人朝夕相见，不是亲戚便是朋友，原无有不和者，只为坟墓田地、钱债往来及小儿争竞、牛畜相犯以致失欢，然须各各自反（省），毕竟自己有不是处，则忿争之气亦可冰释矣。

《宋氏家训·勤本业》条文：

> 凡子弟自成童后，相其材质，或读或耕，或技艺或商贾，必令各执一艺，隆其师傅，严其教训，以时课其勤惰，则志有定而心不放，庶名有所成。若过为姑息，任其征逐游荡、漫无执业，必至骄惰成性，纵恣妄为，结交匪类，酗酒赌博，荡产破家，以至饥寒迫体，冻馁难堪，势必越分妄为，流为下贱，刑辱丧身，贻笑乡党，玷祖羞宗，此虽子弟之不肖，然亦父母有以酿成之也。爱儿必劳，为父母者何可不闻斯言。

此谱在体例上也有新的变化。一是卷、集叠合，每集一册，便于分类查询；另，世系图的编纂依派分支，明晰不紊，世次清朗，“各派自始迁至二十余世或三十余世，分晰到底，绝不于五世图内附入他派……合观为统谱，分观为支谱，以便翻阅者人目了然”。[①] 二是女性入谱有了细微的变化。“女子未嫁而亡者，亦附其后，下注某公之女”，可见女子入谱的地位略有抬升；虽仍重视女性的操守贞节，“孝贞节烈，(无论)曾否请旌，入志并察序述，以昭奖励”，[②]但续修的列传行述杂文中仅有6篇是妇女节孝传。由此可窥探出，时至民国，女性守贞死节事已不再成为社会高度关注和颂扬的焦点。

13.《新安苏氏族谱》(书名据书签题)

(明)苏大纂修，清康熙年间据成化三年(1470)谱板重新刻印。每半页十三行，每行二十三字。白口，左右双边，单鱼尾。十五卷首一卷。一册(一函)。

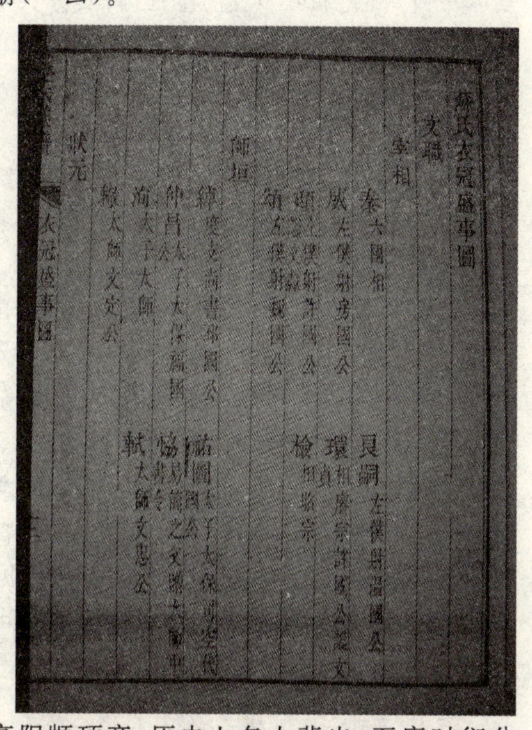

苏大，字景元，明宣德四年(1429)生，安徽休宁人，新安苏氏始祖苏易简第十八世孙，饱学擅文，著述有《东游集》、《纯翁集》、《瓮天集》，纂辑有《新安文梓》(15卷)、《皇明正音》(10卷)。《新安文献志》辑录其诗文十数首，卷首《新安先贤事略》(上)有其简传。

谱载苏氏出自高阳颛顼帝，历史上名人辈出，至唐时衍分出蜀、闽、眉三大派。蜀派始祖苏传素为避黄巢义军，随僖宗入蜀，子孙多留居为蜀派，其中有一裔孙名苏协者于宋初任职刑

---

① 卷末(长集)《新安宋氏族谱后跋》，民国六年李瑞撰。

② 卷首(故集)《丁巳会修谱式规条》。

部侍郎,徙居开封。苏协长子苏易简于太平兴国五年(980)科举中第,仕职参知政事,后因言获罪初贬南阳,继迁太平州,其长子苏寿天圣年间知歙州,苏易简遂随长子寿移居休宁,为新安苏氏始祖,九传至苏纯,苏纯生子三:文颖、文渊、文烈,自此分为三支。至此谱纂修时,世次已迁二十一代。

此谱虽谓《新安苏氏族谱》,但内容涉及蜀、闽、眉三大派,可谓之全国苏氏的概略谱。卷首依次载有庆历八年(1048)欧阳修撰写的苏易简赞文,洪武八年(1375)宋濂撰写的苏寿赞文,成化二年(1466)康永韶序,族谱凡例15条,姓氏族说,大宗小宗说。卷一,旧谱序文8篇。卷二,苏氏谱系总图(自高阳述至苏易简,附先祖小传)。卷三,新安苏氏族谱图(自一世祖苏易简述至十世祖苏纯,小传附后)。卷四至卷六,新安苏氏分支世系图。卷七,苏易简次子苏耆支图。卷八,闽建京口苏氏族谱序、图,苏颂六子支图,丞相魏国公小传。卷九,眉山苏氏族谱图,三苏小传并附三苏文。卷十,墓志铭3篇。卷十一至十三,行状、赞、诗、杂记。卷十四,序文11篇。卷十五,杂文5篇,苏氏族谱后序2篇。

此谱由苏大私修,所载不只新安苏氏的谱系和文献,涉及内容广博,如卷七至卷九所涉均新安郡外苏氏,卷十收录欧阳修为苏舜钦、苏洵撰写的墓志铭,卷十五杂文收录《苏氏宗派图》、《唐分三派之图》、《苏氏衣冠盛事图》、《苏秦列传》、《苏参政易简公来新安考》等,故纂修极为艰困,"积十余年六脱稿而后……苏氏文献于斯可征"。[①] 该谱系明谱清重刻本,国家图书馆尚存乾隆年间的木活字本一部。谱末页附《谱告》一则及谱告后附小字一行,揭示了私修谱牒的刊刻问题,兹录如下:

> 是谱一百七十页,后增四页,百七十四页。各宅出物绣梓完成,印刷楮墨各人自备,实苏氏之墨宝也。谨识。成化三年九月之吉。
>
> 族谱成化三年九月刊丛,从罗愿等新安志板。苏寿,参知政事易简公长子,自越州徙歙州,终水部郎中。增刊

① 卷十五《新安苏氏族谱后序》,苏大撰。

四板，苏守正后序一板云。

14.《新安琅琊王氏四房思茂公统宗谱》（书名据谱序题）

（清）王应瑞等纂修，嘉庆十年（1805）歙县王氏三庆堂木活字本。每半页十行，行十九字。白口，四周双边，单鱼尾。八卷末一卷，八册（二函）。

王应瑞，名长龄，字凤仪，册名应瑞。乾隆辛未（1751）生，邑庠生，安徽祁门人。

谱载王氏本姬姓，其先出自周灵王太子晋因以直谏见疏为齐民，时人号曰王家子，因以为氏。古今称盛者有两派：一自秦武侯长子元避乱迁今山东兖州府沂县，号曰琅琊王氏，其后盛于江左；一自秦武侯次子威九世孙霸迁今山西太原府阳曲县，号曰太原王氏，其后盛于李唐。两派后裔均徙入新安并衍成大族。今徽境内出于祁门者皆以王璧为始祖，实琅琊王氏之蔓延。故谱名题新安琅琊王氏，以别于太原王氏。该支世望名人有东晋王导，为琅琊王氏第二十九世。唐末黄巢事起并于乾宁间突入江左，王导第十九世孙王璧率婿郑传阻御，因功授检校兵部尚书加金紫光禄大夫，后出祁门令，遂由杭携家就祁门卜居邑西百里之苦竹港，为祁门王氏始祖，生子九皆显于南唐。其中第四子王思茂官任行军司马，敕封越州防御使。思茂生子二,长敬献迁浮北,次敬祥居栗里。敬祥为栗里始迁祖,后裔蕃昌分迁县市婺黟以及池饶安庆等处,皆栗里一脉所传,至该谱纂修时分迁已达五十七处。

据谱载,新安琅琊王氏谱牒之修始自宋端拱乙丑年(989),锓梓于元统乙亥年(1335),再修于洪武三十五年(1402)[①],刊刻于宣德二年(1427),正统四年(1439)又修。因详略不同,得失互有,故王宠于正德八年(1513)再次续修,历时二年而成。嘉靖庚申年(1560),彭泽籍后裔王之翰又会族公修。自嘉靖庚申年至是谱纂修时已历二百余载,房分年久,谱牒不无遗漏,王应瑞遂邀集宗族勉力纂修成该谱。谱分八卷末附世芬录一卷。卷一载:王应瑞嘉庆九年(1804)的谱序1篇,目录,思茂公秩下分迁地理图,栗里八景歌1首、图1幅、诗数十首,凡例17条,姓原郡望1篇,像赞、诰命3篇,旧序10篇,琅琊王氏世系官讳(自周灵王太子晋述至王璧,详注九子分迁)。卷二至卷八各分支世系(世次自一世王璧述至三十九世),依迁派为目分述:浮梁西源派、贵邑恭信派、祁西栗里派、石埭港坡里派、石邑邱村派、石邑七井山派、贵邑古社里派、石邑斗洪山派、栗里楼下派、石邑城西派、石邑柳梁派、石邑河南派、石邑力坝派、栗里三八公派、祁西棵树下派、石邑佛岭派、祁西合坑源派、婺邑齐村支派、石邑南冲支派、贵邑科田支派、贵邑雨坛冈派、贵邑港水支派、贵邑汇水支派等。卷末世芬录,依次载有:王祥卧冰孝顺事1篇,晋室封赐王览、王导的诏制文书4篇,周太子晋的行实2篇,王览、王导传2篇,先祖墓图5幅、墓志铭1篇,世谱序文8篇,先祖遗像5幅、行实2篇、传记5篇,合约文书3份,修谱名录19人,领谱字号等。

此谱虽属公修,但人力资源欠缺,谱本内容失于粗疏。名曰统宗谱,但预会修谱仅有十处,世系图局限于祁门、婺源、浮梁、贵池、石埭等处;卷四、卷六起首世系重又从一世祖王璧述起,这一编排方式的缘故王应瑞在卷四《一至十五世祖世系》后编加按语:"此非瑞矜奇立异也,因修举告竣,字号按定,难以移

① 即建文四年,靖难之役后明成祖朱棣废建文年号,改建文四年为洪武三十五年。

订，全中有偏……谱者普也，义切从补，重复何伤。”唯卷末世芬录所载文献稍有价值，其《厘谱序》文“今其党舆既多，伪本日增”，“自计斯谱一出，则彼之娇伪必喘，不其延也”，据此可知当时徽州宗族冒宗附祖纂刻伪谱事多风炽。尤其附载的合约文书对我们研究徽州宗族社会生活有较大的价值，如万历五年四月初一日十九都汪道明与王本瑁就坟山互界相争告官后《勘界合约文书》、《舜康二公义传》所附《舜康公祀例》及《志敏公传》所附《立约文书》等，其中两篇传文是王应瑞的叔祖和祖父传记，涉事颇详，如其祖父王志敏传里论及祖父事少，较多篇幅叙述王应瑞伯父吊祖痛泣、二伯父亡故伯母守贞、父及叔成人分家析居、弟过继二伯父承祧及为二伯母请旌表彰等事，附入传中的文书均是王应瑞家族立约文书，涉及标扫、祀田、请旌、差役、助学等事项费用的安排，并约定“永遵守照式，违者准不孝论”。这些本属王应瑞家事，但其值主修族谱之便将一门家事嵌入谱中以期永垂，倒为我们认识研究宗族社会生活提供了具体的材料。兹录《舜康公祀例》如下：

> 过年标扫众支众派，门户使费众议公贴。儒童考试入学众议给灯油租五十秤，儒童应试县考给银五钱、府考给银七钱、院考给银二两。舜康公祀原议文武儒童入学者，祀议迭年贴灯油五十秤。今侄应瑞幸入学，合众商议，租数肥瘦不一，递年祀内贴实谷二十五秤，其后有人入学，二人对分，三四人照人均分，其人已过不得再收。今凭亲议定，日后子孙照式凭此。
>
> ——乾隆四十二年十月廿日立

15.《上箬琅琊王氏重修家谱》（书名据目录题）

（清）王应仕等修，光绪二十一年（1895）祁门王氏正义堂木活字本。每半页十二行，行二十七字。白口，四周双边，单鱼尾。六卷。七册（一函）。

王应仕，又名玉茂，字子璋，号达斋，又号璧山，郡廪生。生于咸丰二年（1852）十一月二十六日。祁门王氏始祖王璧第三

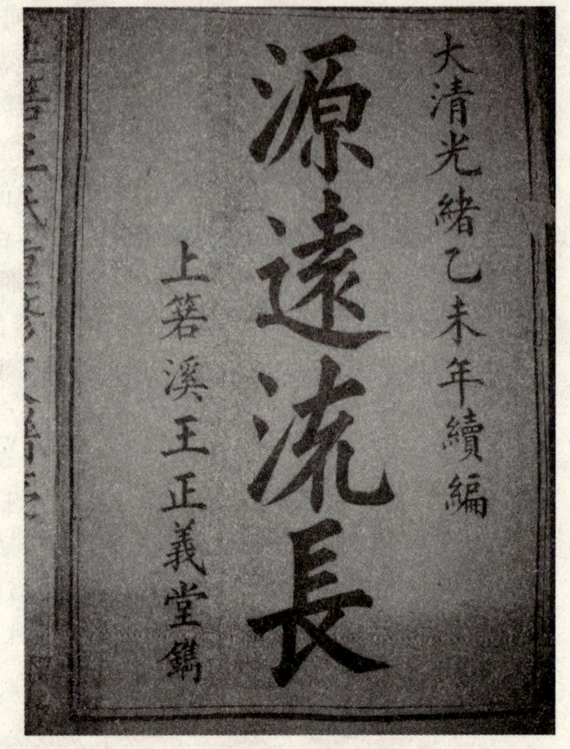

十二世孙，安徽祁门人。

谱载上箬王氏出自琅琊派迁徽始祖唐兵部尚书王璧第八子通议大夫王思谅之后，王思谅长子敬显析居山口，传十三代至王文保居箬溪。王文保生子三，其中季子王三九生子三：长子七五迁上箬，次子七六、季子胜三留居。王胜三也生子三：长寿卿、次麒卿、季麟卿，其中季子麟卿四传至王伯升回迁上箬，时已入明朝。初，王三九居下箬，建一本祠；其子七五迁上箬，建太和祠；寿卿五世孙王远宗外迁贵池良禾山，建衍庆祠；麟卿四世孙王伯升迁上箬后，建正义祠。故王三九后裔所建宗祠有四：正义祠、泰和祠、衍庆祠及一本祠，“祠虽各立，实为一家”。①

新安琅琊王氏自唐末王璧迁徽后，历五代宋元至明，子孙繁衍已成新安巨族，素重宗谱纂修。“吾谱自端拱而元统而宣德而正统而正德，以承以续以树世风者，未尝乏也”。② 但“迨自嘉靖庚申纂辑而后，支益渐蕃，派益渐衍，星罗棋布，难为统

① 卷一《续修家谱凡例》。

② 卷一《书续刻王氏统宗谱》，嘉靖庚申春三月上巳历溪诚心书于彭泽谱局。

同”,[1]故新安琅琊王氏始重支谱的纂修,即“各怀己见,各自支修”。[2] 清嘉庆庚申年(1800)王汉琮念统修不易,即与同居泰和祠及迁贵邑良禾山衍庆祠倡修三祠之支谱,为上箬王氏支谱的始修。此次为二修,“汇嘉庆庚申以后九十六年之事,将各支来稿考献征文综名复实,参以祠录稿本,质以父老传闻耳聆而目见者,纂辑成编缀于旧谱之后”,[3]而成此谱。谱分六卷七册。卷一序、目录、传略等,辑有新序2篇,目录,旧序12篇,辨琅琊太原同源异派及祁门县苦竹港婺源县武口分迁详略本末1篇,谱说1篇,凡例15条,所涉王祥、王览、王导、王璧等人的诏敕诰命9篇和传记6篇,墓图40幅,墓志铭、墓地侵复纪略、墓地税、王思谅秩裔分迁世系图考各1篇,像赞7则,始修及二修家谱修谱名录。卷二至卷六世系图,依次谱录:源流世系(上溯四十八代至周太子晋),本宗源流世系(一世祖自迁祁门始祖王璧起,世次延至三十七世,主要记述王七五派、王七六派、王胜三派、王伯皋派、王伯宽派、王伯昌派、王伯升派等各分支世系)。卷末附杂文和领谱字号,依次为正义祠支修世系图考辨1篇,寒谷公建榉根岭圆通庵碑铭1篇,重建田尾山孝思庵志1篇,月樵先生传1篇,谱记2篇,酭夫自序1篇,行派世系歌和各房领谱字号。

此谱公修,谱书体制较为规整,卷一除序文、凡例外,所辑录传略、诰制承袭旧谱,价值不大;新序2篇及凡例则透露出清中叶以后宗族社会的大宗族意识已趋淡薄,族人不再热衷于统宗世谱的纂修,即使小宗谱的纂修也非易事。此谱《凡例》第3条云:

> 若溪迁祖,明季谱牒俱注九世霸公……国朝续修特尊十四世文保公,盖以开基立业、发族分房,实由公始。公子三:长万一公下若履和祠,次三八公子早世,季三九公,我上箬正义祠、泰和祠及迁良禾山衍庆祠与所共下箬一本祠,皆公之后,祠虽各立,实为一家。理应合修成一小宗谱,但代远支蕃,人心涣散,以至各存己见,不能合一,故兹

① 卷一《上箬琅琊王氏重修支谱序》,大清光绪二十一年同人谨识。
② 卷一《上箬琅琊王氏重修支谱序》,大清光绪二十一年同人谨识。
③ 卷一《上箬琅琊王氏重修支谱序》,大清光绪二十一年同人谨识。

谱专修正义祠及泰和祠并衍庆祠三祠之支属一律兼收，如下箬麟卿公与建邑武罗公位下，均皆载明居址，他不旁及。

卷二至卷六的各派世次清晰，谱主传略较为详实，具有较高的寻根利用价值。卷末的杂文记录了族人援佛行善的事迹，于徽州宗族社会的公益事业研究有益，尤其附录的《王月樵传》（按：自镰，又名贵发，字月樵，迁祁始祖王壁第三十一世孙。生于乾隆三十二年丁亥三月十四，于咸丰三年癸丑三月廿四殁）不仅记录了该谱主热心文教的善事，而且文笔优美，思想境界较高，是一篇文史哲价值均较高的传文，兹录如下：

客有言于余曰：古所谓豪杰之士必有过人之行者，吾闻其语矣，未见其人也。盖有之而未之见乎，抑世无其人乎。余曰：否否。夫人莫不好名而趋利，既为名利所惑，行不足过人矣，乌得为豪杰。不观王月樵先生乎。先生讳自镰，字月樵，德配金氏孺人，生子一。先生三十六岁失偶，寿享八十八岁，不再娶，其义已见一斑矣，更即其行言之。先生虽处贫穷，心常泰然，务农食力，雅爱士林，每以岁入余资置有田产。病易箦时嘱其子曰：吾岂老悖不念子孙哉，子孙贤而多财则损其志，愚而多财则益其过。愿将予所积余资输洋蚨伍佰元入东山书院生息为士子乡试卷烛之资，尔其遵而行之，幸勿负吾志。无何事未行其子旋殁，先生之孙王君继卿独能绳其祖武，将鬻田输公，以成先人未成之志。或有代为身家计者，慨然曰：传家清白足矣，焉用此阿堵物为，况田为吾祖所留贻者也，违命不孝吾何安焉。竟鬻田得洋数入书院生息，并请立案一垂久远。继翁绰有乃祖风，乡党中群推重之……先生之捐资成美不及身而为，其淡乎名也，淡乎利也。淡乎名而名留身后，淡乎利而利溥乎士林……彼夫求名而名不彰，求利而利不就，辄鳃鳃然，曰：天竟何如，命竟何如。斯人也，非独先生所不取，抑徒令夫鬼笑。岂豪杰之士而有过人之行者若是耶。客乃蹶然而起曰：世有其人，是可以风矣。余心仪既久，遂为之传，以志景行。

——敕授文林郎拣选知县通家眷晚生汪肇镕顿首拜撰

16.《歙邑虹源王氏支谱》(书名据版心题)

(清)王得锦纂修,乾隆三十一年(1766)乌丝栏抄本,不分卷。白口,四周单边,单鱼尾。四册(一函)。

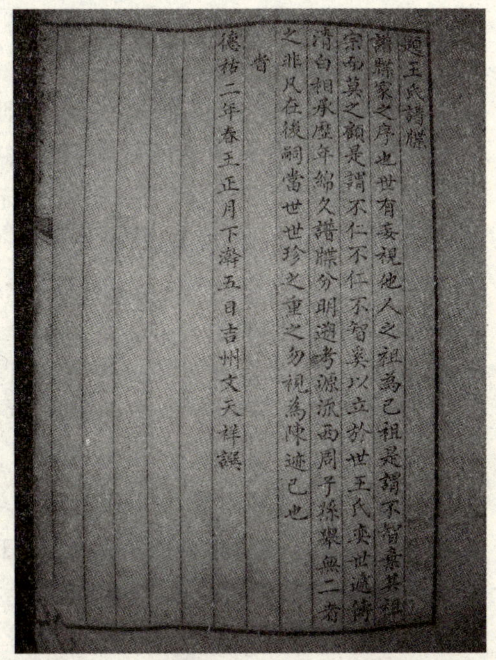
題王氏譜牒
譜牒家之序也世有妄視他人之祖為己祖是謂不智棄其祖
宗而莫之顧是謂不仁不仁不智奚以立於世王氏奕世遞傳
清白相承歷年綿久譜牒分明遡考源派西周子孫釐無二者
之非凡在後嗣當世世珍之重之勿視為陳迹已也
旹
德祐二年春王正月下澣五日吉州文天祥譔

王得锦,字肇标,号霞绮,武口王氏一世祖王希翔第三十世孙,安徽歙县人。余则不详。

前述王氏分为两大支,即太原王氏和琅琊王氏。虹源王氏出自太原王氏。长庆三年(823)王仲舒为观察使居洪州,卒于任上,夫人李氏携诸子寓居宣州。黄巢起事后,王仲舒孙王希翔为避乱徙歙之黄(篁)墩,旋又迁婺源武口,为武口王氏第一世祖。希翔生子延钊,延钊生十一子,长子未纪系,其余十子分为十支……虹源派乃第六子王仁裕支裔,十一传至王渊始迁常州,旋为徽州府教授。王渊生子四,长子及第二、三子仍归居常州,第四子王泰四留居于徽。泰四孙王千三以明经袭教授职,时值宋末,因兵燹之乱隐居于歙县虹源,为虹源始祖。

此谱交待王氏宗谱的修撰及虹源派支谱的纂修原始较为清晰。据所存的谱序知,观察使王仲舒于唐元和十二年(817)曾辑王氏谱系,嘉祐三年(1058)王汝舟作九族图谱,嘉定四年(1211)王炎晦作《王氏世系録》,所载倍详,故文天祥称赞“王氏奕世递传,清白相承,历年绵久,谱牒分明”。[①] 虹源派支谱始作于明弘治年间,嘉靖六年(1527)王静斋、王添熙、王用明三人又

① 《题王氏族谱》,德祐二年(1276)春王正月五日吉州文天祥撰。

续辑，隆庆二年(1568)因应武口宗谱的纂修，虹源派二十四世孙王诏再续支谱。天启年间族人也曾修谱，但“缺略尤多”。雍正四年(1726)休宁藤溪派宗贤又倡修统宗世谱，虹源派第二十九世孙王遇遂搜集族中所存谱图以及百年来未经入辑者，纂成支谱汇集于宗谱。此次宗谱修成分发各派时要求“周甲则修”，但王遇叮嘱其侄王得锦“虽循往例周甲重修而为期亦久，不无搜考之烦，苟能于三十年而一修支谱，则汇集自易”。[①] 此谱就是王得锦谨记其季父王遇的叮嘱，积极修撰而成。但时限已超过三十年，推究其因，编修者王得锦在序言中清晰地交待，“余以不才，饥驱南北，有志未逮；壬申秋特申遇公之言于族众，谓此其时也……然乃因事阻，又复蹉跎；倏忽于兹四十年矣，余切老迈而此志犹未能伸也。去冬倦游归里，值族弟鹤年亦归自虞山，计议及此，故敢欣然自任……阅数月而大略粗成，仍俟后贤再加考正”。因需再加考证，故此谱当是唯一的谱稿抄本。

谱本不分卷，以“元”、“亨”、“利”、“贞”四字分四册。元册卷首载谱序8篇(其中有文天祥德祐二年的序文、王仲舒元和十二年的旧叙)，王添伟自述训词1篇，王添伟遵奉遗训立给先茔合同诫约1篇，王茂贞墓志铭1篇，节孝贞烈妇女传5篇(其中有乾隆三十年沈德潜为王纯二元配潘氏所题的赞及序)。谱图世系自一世王希翔始，起首加有小字按语“历世相承，故自武口希翔公叙起，但纪本支世系，余未及录。唯于虹源始祖千三公以下始详叙之”。元册：第一世至二十五世；亨册、利册：第二十六世至三十世；贞册：第三十一世至三十五世。外迁者及迁居处各册图中均注明，谱主名下的行实大多较为详细。贞册遗空白页十数张，后王氏族人不断补缀抄录世系至第五十五世王欢喜、王鸿喜止，未注生年，其中第五十一至五十四世缺补，据第五十世“章实，乳名荣海，字诚斋，光绪辛丑年(1901)生”的记载推断，最后的补抄时间可能已是民国晚期，或是建国初期。

此谱除后补抄的世系部分外，整体蝇头小楷，字迹秀丽，是抄谱中的佳作。世系因详叙虹源一支，重要谱主的事略较为详

---

① 《歙西虹源王氏续辑支谱序》，乾隆二十九年(1764)三十世孙得锦撰。

悉，尤其注重女性贞烈节孝方面事迹叙述，如第二十九世邦重、则荣的世系录：

邦重……再（配）汪村汪庆惠公女……十八岁于归，念三岁夫亡守节。上事九旬之姑倍极孝养，下抚一月之子曲尽义方。乾隆十七年奏闻奉旨建坊旌表，进主节孝祠，春秋祭祀，事载大清一统志。

则荣娶岩镇叶应鸿公女，康熙十九年春闻夫死粤西，即绝粒十五日而卒。奉旨旌表建坊，事载大清一统志并江南通志。

所载文献中的传记部分也全是宣扬节孝的女性，这些资料于我们认识理学压抑下徽州妇女的悲惨生活有较大的史料价值。此外，谱序文献保存了唐宋明清时期的序文，于我们认识徽州谱牒史有一定的价值，其中嘉祐三年(1058)王汝舟所作的《九族图序》里记载了武口王氏数百口同爨共居的大家族情况及其分析的过程，对我们认识宋代的宗族社会颇有价值，兹录于下：

王氏世居千秋里王村，其远不可记。今吾宗之先自始祖六府君讳翔生一子，即高祖二府君讳延钊。始祖薨，吾高祖家于旧居之南。高祖妣詹氏、何氏，生子十人而外，一长不可记世纪。暨大宋庚申建隆元年，高祖殁，十人之中或存或亡，其子孙众多。是时天下初定，无干戈戍役之劳，为王氏亲者三百二十又六人，义不忍分而同居六十有五年。计产之税才七十有二贯，而金谷资用之费岁常有余。时里中独吾王氏为盛，尊卑义让灼灼如官府，过庭者必揖，趋阶者必恭，无扰郡邑不肃自严，贤宰刘公定具表旌其门闾，仁宗朝赐曰孝友信义之家。至于甲子天圣二年，以族大不可居，举户内产税公私积成三百四十有二贯，遂以众田析为十分，私产不与焉。是岁以其十分又支为三十三户。至今三十有五年，其在王村或迁他处者，凡五十余家，皆王氏之族。以税籍丁口计之，则又倍于当时。其间不能勤身立业以至于贫困而无资给亦有之矣。吾恐后之子孙既以渐远，则不记吾宗之先祖与其族派亲疏，因集成九族

图一本，庶几见者延知所始而不犯先祖之讳。呜呼！富贵贫贱在乎天，义与不义在乎人也。

——嘉祐三年岁次戊戌十月望日七世孙左承侍郎守国子监主簿知抚州崇仁县尉主管劝农营田公事汝舟谨序

17.《太原郡派新安婺南云川王氏世谱》（书名据谱序题）

（清）王氏族人修，同治五年（1876）稿本，不分卷。一册（一函）。作者不详，谱本虫蛀较为严重。

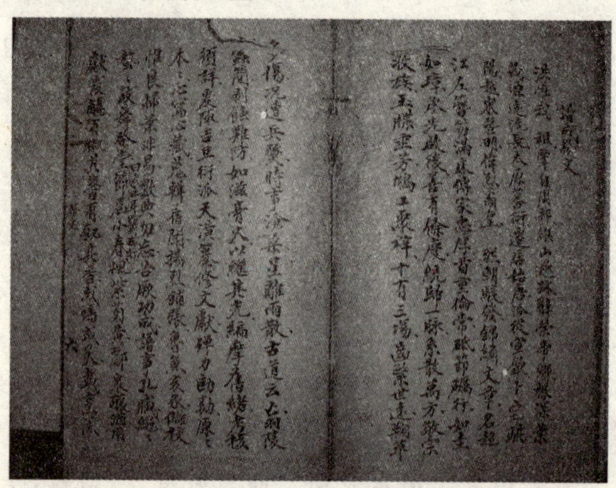

新安太原郡派王氏也是徽州大族之一。始祖王仲舒长庆三年（823）为观察使居洪州，卒于任上，夫人李氏携诸子寓居宣州蝉联塘。黄巢起事后，诸孙聚众避地于歙之篁墩，历传七世后，“族绪繁茂，度地不足以容众，乃始解散”。[①] 起初主要迁派有四：“希寿公，行大二，一名云，迁婺南中云；希羽公迁歙县泽富；希翰公，一名瑜，迁婺源弘高镇；希翔公，迁婺源武口”。[②] 其后，迁中云支派“子孙蕃衍日盛……或登科甲或取优贡，盖方兴而未艾也”，故宋宣和庚子年（1120）云川九世孙蕲州司法王度始修宗谱，至清中叶已“经修十有三回”，[③] 此为第十四次续修，距离上次纂修“又阅五十三载”。[④]

---

① 《太原郡派徽婺云川王氏世谱原叙》，宋宣和庚子岁云川九世孙蕲州司法度撰。

② 《太原郡派世系》，裔孙在文撰。

③ 《丙寅修谱祭文》。

④ 《丙寅修谱祭文》。

现国图典藏谱本是该次修谱的稿本,不分卷,内容分谱序、世系、杂文三大部分。卷首誊录旧序4篇,依次为《太原王氏统宗谱序》(建炎二年秋八月,京兆史浩谨撰),《王氏统宗谱原叙》(大宋德祐二年文天祥撰),《太原王氏统宗谱序》(唐元和十二年王仲舒撰),《太原郡派徽婺云川王氏世谱原叙》(宋宣和二年王度撰)。序后附录王氏主要郡望文1篇(琅琊郡、太原郡、河南郡、宣州蝉联塘、歙州篁墩、婺南中云)。世系分祖源世系(自一世祖晋至十八世元、威分迁琅琊和太原)、太原郡派世系(自一世祖王威至四十五世王希寿)、本宗世系(自一世祖王云至三十五世芸祥、宝祥;宝祥,乳名钧生,字叔芳,同治丁卯年正月廿七日生)共三部分。卷末杂文,主要有王母程孺人哀辞1篇、丙寅修谱祭文1篇、联文(对联)十数首(分谱戏联文、内堂联文及贺喜联文三类)、谱成祭文1篇、谶意文1篇。

此稿本在世系图后和杂文后尚留有不少空白页,可能有诸多内容未及誊录,就现有的内容看尚不能反映出同治五年(1876)所修之谱的全貌。本宗世系也未全部囊括云川王氏各支,纂修者在世系图前交待:"云公四世皆一叶,五世蕃为三支,六世分为十房,七世后散迁甚众,其迁而不归者容后搜辑,其现在入谱者,源流世系皎若列眉。"就已录的本宗世系来看确实明朗,谱主事略也较丰,但不著迁派;祖源世系和太原郡派世系,未脱谱牒攀附冒引的流弊,纂修者也明晰此弊病,持着怀疑的态度录入谱书,故在世系图后附论:

> 黄河五见三伏而入中国,其断续之迹杳不可寻,世系之远者亦然……顾前谱流传已久,先民必有所据,更历数百载后何从复论其是非。诗曰:不衍不忘,率由旧章。

稿本一般是谱牒的底稿,所录内容不一定全部刊印,常常遗有难得的材料。如宗族修谱前和谱成后均要祭祀祖先,有的宗族还延戏酬祖,宣读祭文告慰祖灵。新谱修成印发后,一般情况下母版和旧谱均要烧毁,但谱牒家乘毕竟是前人先祖修成,故焚化毁弃时多作谶避灾,以慰先灵族人。此类祭文和谶文在一般刊印出来的谱牒里难得见到,此稿本却将之保存下来,于我们研究宗族修谱祭祀活动有一定的价值。兹节录如下：

丙寅修谱祭文

传其信不载其疑，观堂构之聿新，光于前必裕于后。至若耕田凿井东作西成，或则扬州骑鹤贸易谋生，或作庑下操觚佣工为业，虽各擅所长，自艺殊而习异，而统归一脉，本共贯而同流。唯是稽寻旧典经修十有三回，缙（同“翻”）续新编又阅五十三载。支繁派远，搜辑维艰，雨散星离，聚合非易。青灯修史，最怜贞烈之幽魂；断碣摹糊，恐失名贤之实迹；况住居窎远，难免凋零流落他乡……爰此陬吉，用祷在天之灵，遍告同人，共商择能而使，对祖宗而沥胆，合大小以铭心。源源本本，勿存疏忽之思，是是非非，毋执迂僻之见；至于遽金选料，筮日鸠工，别风淮雨，敢辞扫叶之艰难；亥豕鲁鱼，莫惜校雠之辛苦。但愿人文并茂，和气致祥……燕翼远派，咸济济以从公，大宗小宗，共跄跄而入庙。

谱成祭文

敬宗收族，玉牒垂芳；鸠工聚梓，十有三场；支繁世远，鞠草多伤，况遭兵燹，时事沧桑，星散雨离，古道云亡；羽陵蠹简，剥蚀难防，如滋膏火，以继其光；编摩旧绪，考核须详；爰陬吉旦，衍派天潢；纂修文献，殚力勖勷；原原本本，心写心藏；搜辑旧闻，杨烈铺张；鲁鱼亥豕，校雠惟良；扫叶非易，数典勿忘；告厥功成，谱事孔臧；绳绳蛰蛰，鼓舞登堂；曰来曰耳，罗列成行；节居小春，枫紫菊黄；郦泉酿酒，用献霞觞，有椒其馨，有余其香；或燔或炙，载烹羔羊；洁兹簠盛，酌彼琼浆；祖灵不远，来格来尝；佑我后人，而寿而康；锡（赐）之百福，介福无疆。于戏尚飨。

谶意文

今江南徽州府婺源县丹阳乡云腾里中云上社阖族信士等，窃以续修宗谱告厥功成，检阅旧编，合当焚化。聚菁华于东壁玉轴连云，校世系于西堂牙签压架，若不理繁革故去旧从新……（多谶语，此不录）封玉箧而珍藏新牒，前修之科斗全销，制锦函而收贮琳琅，昔日之鱼龙悉化……谨述谶意，上达圣聪，无任虔衷，统于慈鉴。

18.《汪氏重修家乘》（书名据书签题）

（明）汪奎等纂修，正德间木活字本。每半页十四行，行三十字。白口，四周单边，单鱼尾。三十四卷首一卷末一卷。四册（一函）。

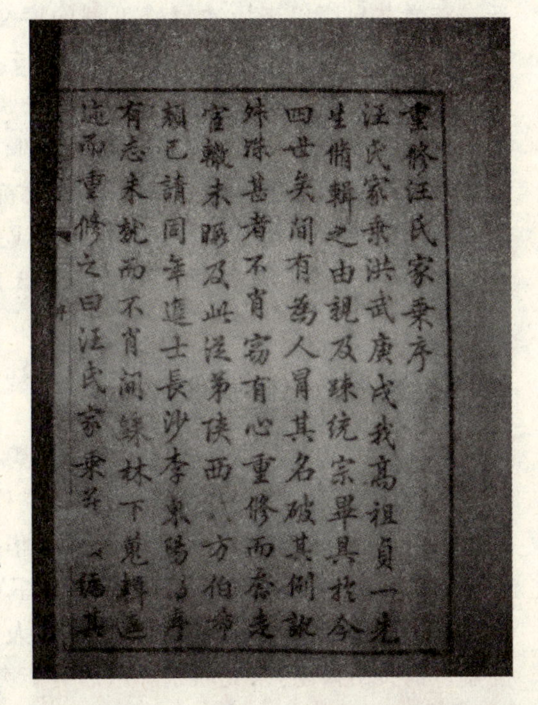
重修汪氏家乘序
汪氏家乘洪武庚戌我高祖貞一先
生脩輯之由親及疏統宗畢具於今
四世矣間有為人冒其名破其例設
外殊甚者不肖竊有心重修而奔走
宦轍未暇及此從弟陝西方伯常
類已請同年進士長沙李東陽序
有志未就而不肖閒綠林下蒐輯遺
逸而重修之曰汪氏家乘

汪奎，谱名孟奎，字文灿，号炯轩，成化二年（1466）进士，历仕秀水知县、夔州通判、成都知府、广西左布政使、都察院右副都御史巡抚贵州，江西婺源人，新安汪氏显祖汪华第三十二代孙。《明史》卷一百八十、《江南通志》卷一百四十七、《大清一统志》卷七十九均载有其传。

谱载汪本姬姓，原祖鲁成公黑肱次子出生时，手中有“汪”字纹，遂名姬汪，后子孙便以汪为姓。传三十一世为汉龙骧将军汪文和，建安二年（197）授会稽令，渡江居始新，为江南汪氏一世祖。后嗣“或新都而筑室，或宣歙以开家”，[①]蔓衍成新安大族，故徽州俗谚“十室九汪”。历史上望姓巨族素重谱牒，据此谱，新安汪姓的世谱

① 卷首《重修谱序》，唐开元五年（717）汪芬撰。

始自五世孙晋淮安侯汪旭“尝治旧谱，记其所出”；[①]唐贞观年间越国公汪华奉诏修谱以呈，开元五年（717）汪芬续修；唐末五季动乱，谱系犹存；天禧三年（1019）婺源鳙溪老人汪仔整理动乱之遗谱，绍兴末年、咸淳辛未（1271）汪克一、汪瑜先后修辑，“昭穆粲然，宗支可考”；泰定元年（1324）汪德馨重编；洪武庚戌（1370）仲鲁公再修，“由亲及疏，统宗毕具”；[②]自仲鲁公至汪奎已历四世，“间有为人冒其名，破其例，讹舛殊甚者”，[③]故汪奎于正德戊辰（1508）重修世谱，即该谱。

该谱即为汪氏统宗世谱，重大宗谱法，详世次源流支派分迁。首卷载自唐以来历次撰修世谱的序文 7 篇及庆源、宣城、鳙溪、龙溪、回岭、唐模、大畈等分支谱序 7 篇，汪氏统宗家乘凡例 8 条。卷一，汪氏家乘世系本始图（世次自一世鲁颍川祖姬汪述至四十九世汪琦）。卷二至卷三十四，汪氏家乘世系图（世次自四十九世延至第八十一世），每卷卷首有谱引概述主要谱主的仕宦、德行、子嗣迁居，后图世系，“或一派为一图，或一处为一图”。末卷，汪氏世乘录，载记文 5 篇，祭文 6 篇，诗文 38 首。

此谱卷二至卷三十四谱系的展开以汪华八子为纲，八子后裔的支派繁衍为目，世次清晰，尤明迁居。谱载支派达 165 个，汪氏在徽郡六邑及迁郡外的支派流徙，基本网罗殆尽，脉络明而不紊，有着较显著的宗族衍变史的研究价值和宗族寻根的利用价值。如卷十二《登源分涪川派》载汪华第二子“灿，字云遇，唐左卫勋府，后历宣德郎霍王府户曹参军”，“改授重庆府费州涪川令，二子曰巍曰崇，随任居涪。有徽人宦于蜀者，云其子孙甚盛。惜关山修阻，未克联宗。厥后有能穷岁月甘跋涉或宦于涪，会录补之以成全璧，斯也幸甚”。另，卷首收录的唐宋元的谱序，有一定的谱牒学研究价值。卷末的世乘录共收文 49 篇，内有苏辙、朱熹、罗愿、程敏政等知名学者的文辞，于徽州汪姓宗族研究有较高的史料价值。

---

① 卷首《重修汪氏家谱序》，绍兴二十七年（1157）王克一撰。

② 卷首《重修汪氏家乘序》，正德三年（1508）汪奎撰。

③ 卷首《重修汪氏家乘序》，正德三年（1508）汪奎撰。

19.《汪氏世守谱》（书名据书签题）

（清）汪国徘、汪度纂修，乾隆三十七年（1772）刻本。每半页十四行，每行三十字。白口，四周双边，单鱼尾。十卷首一卷。四册（一函）。

汪国徘，又名上荫，字慎思，安徽绩溪人，处士；汪度，原名仕宏，字左仪，号禄野，安徽歙县人，邑庠生。

前述汪文和为江南汪姓始祖，文和十传至汪叔举任南齐大司马，迁绩溪登源汪村，为新安汪姓始迁祖，墓葬登源；再五传至越国公汪华，为新安汪姓显祖，墓葬歙北云岚桥，其父母墓仍附葬在登源汪叔举墓旁。汪华生子八人，分处四方，最少者曰汪俊。汪俊第三子汪处忠独留登源祖里，生子二人，长太微，次太象，后裔皆居登源之汪村、周村、梧村，世守司马祖墓。唐末进士汪登明（汪太象五世孙）“应歙州刺史之征贤以谋拒巢寇事，平谒云岚墓，思此间祭扫未可，独无近处之人，遂筑室（歙北）清流而家焉”。[①] 自此，绩溪登源司马祖墓、歙之云岚越国公祖墓均由汪处忠一支后裔世守祭扫，承办祀事。该谱即是汪处忠一支谱系，故曰世守谱。

新安汪氏族大支繁，谱作林立。据是谱，汪处忠一支族谱始自北宋真宗咸平年间（998—1003）汪思仁所撰之谱，政和戊戌（1118）汪授需复辑，元大德年间（1134—1139）汪霖保续修，

① 卷首《序》，乾隆三十七年（1772）程景伊撰。

“迄今三百余年矣，生齿日繁，支派日盛，而修之愈不易也”，[1]故谱载本次修谱名氏多达 70 人，历数月而成。谱分 10 卷，卷首载重修族谱倡议，宝鼎图，领谱字号，先祖像赞 11 幅，木本水源图 7 幅，先祖墓图 17 幅，序文 8 篇，目录。卷一，旧序 12 篇（除唐汪芬序、明隆庆三年汪湘的统宗谱序外，余均是梧村、周村、清流汪氏在宋元明时期所修的支谱序），告庙文 1 篇，凡例 12 条。卷二，司马墓字号祭文 4 篇。卷三，原始、原姓、谱论、周鲁叙系、姓氏论各 1 篇，郡望辩文 4 篇，晋淮安侯汪旭上谱表及唐越国公汪华上谱表各 1 篇。卷四，汪氏渊流图系（自得姓始祖颍川侯汪叙至四十世汪叔举）。卷五，渊源图（自汪叔举至四十六世汪处忠）。卷六，登源汪村世系图。卷七，登源周村及外迁各支世系图。卷八，登源梧村世系图。卷九，歙北清流世系图。卷十，铭序 1 篇，领谱总号，修谱名氏。

该谱公修，人力资源雄厚，谱作质量上乘。其中卷首的木本水源地图绘有淮水、泗水、颍水、济水、阳城山、少宝山、东蒙山、中阳山、箕山等山川水系及韩、郑、许、陈、宋、楚、蔡等古郡国的地理方位，图涉今河北、山东、河南、湖北、安徽、江苏等区域，具有较高的历史地理学研究价值；卷二的祭文 4 篇均是汪道昆于万历十八年(1590)、万历二十年(1592)、万历二十一年(1593)、万历二十九年(1601)所写，内容涉及谒墓、标祭祀典、墓田购置及租税管理等，于汪道昆的宗法思想和徽州宗族祭祀仪典研究有益；卷五的渊源图后的先祖小传颇详，尤四十四世汪华传后附《五祖年谱》、《五祖奉籍归唐表》、唐宋元明历朝封敕文诰及罗愿、范成大、程敏政、汪华裔孙撰述的墓记、祠记、庙记、祭文和颂赞诗文等，资料极丰，记录了汪华由人而神的历程，于汪华信仰研究颇具价值。谱序在一部谱牒作品中占有重要的地位，其内容一般包括修谱的原因、宗族的迁移简历、修谱的困难等，但更多的是谈论修谱的意义和作用，作序者的谱学思想在序文里能得到集中的体现。此谱卷首所收录 8 篇序文，较之于一般徽谱而言，数量上并不算多，但修谱者汪度所撰的序文《世守谱序（集古）》颇具特色，该文从朱熹、宋濂、汪道昆、

① 卷首《铭序》，乾隆三十七年(1772)汪铭撰。

汪湘等族内外名人为汪氏谱牒所作的序文中，摘取相关辞章，串联成一篇新序，故称“集古”，宗法思想、谱学思想均颇为浓厚。现节录序文首尾如下，以窥其貌：

新安风俗近古，多聚族而居（郡志）。有千年之墓、千丁之族、千人之祠，三者久而弗替，谱之为功居多。且十室九汪（汪灏谱序），族之贵盛非他族之可伦比（朱子汪氏谱序），是谱牒信而可征宜无如新安，新安右族宜无如汪氏（李维祯汪氏谱序）。我汪之谱旧矣，昉于晋著于唐二表足征，载之天府（汪道昆序）……朝廷崇治本遵王化，亦寓于斯矣。孰不当守此百世之家范，以脉络此世族，而永荷君亲之甄，陶化育于无疆耶（节集汪嘉宾叙）。第予生也少，纂述非我能事，言之无文，不能信于四方（汪道昆序），是不免耳（汪湘序）。虽然以族显身不若以族重身，以族重身不若以身显族（歙氏族志）。汪氏子孙修身慎行宣昭令闻于法周公之志者，上也；善守先训不为匪类以辱先者，次也（宋濂汪氏谱序）。吾宗秉之勿失，余小子何言（汪道昆序）。

——大清乾隆三十七年岁次壬辰中秋月清流族八十五世裔孙度谨序

20.《新安商山吴氏宗祠谱传》（书名据版心题）

（明）吴应迁辑，（清）吴凝吉续辑，康熙二十一年（1682）刻本。每半页十行，行二十字。白口，四周单边，无鱼尾。一卷。一册（一函）。

吴应迁，字安倩，号周虚，隆庆壬申（1572）七月二十一日生，崇祯甲申（1644）二月十八日卒，安徽休宁人，以学行署邑庠学训，著述甚广，精修家乘撰谱传。吴凝吉，吴应迁孙，安徽休宁人，余则不详。

吴姓“始于黄帝，十四世而至泰伯。泰伯以父公亶古父欲立季历以传昌，遂逊历以逃吴。及武王定天下，封其后于吴，使

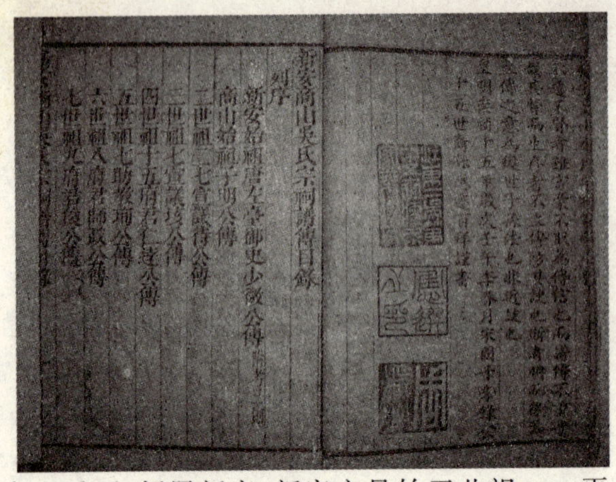

世奉泰伯之祀……后世遂以国为姓”，[①]祀泰伯“为一世祖。传至三十一世曰芮泰，时为鄱阳令，得民心，号曰‘鄱君’，生子四……（第）三子浅封便项侯，食一千石，析居新安，新安之吴始于此祖……再传之六十一世曰少微，字仲材，号邃谷，由歙析居休宁西二里石舌山麓”。[②] 吴少微以文行知名，仕唐为左台监察御史，新安之吴姓自此始兴。商山又名上山，在休宁西南四十里，吴少微后裔中有吴子明者始迁于此，为商山吴氏始迁祖。八传至吴舜选，官至奉议郎。舜选长子吴俯，乾道二年（1166）进士，官至国录；次子吴儆，绍兴二十七年（1157）进士，官至广南西路安抚。兄弟二人均有名太学，世称“眉山三苏，江东二吴”，于是吴一本二支并著邑谱（按：《新安名族志》）。明末兵燹之余，商山吴氏谱策散失，吴应迁欲修宗谱，拟定谱牒共十一则（后述）。然而，吴应迁只完成了谱传一则的修撰便辞世，尚余十则未竟。故此谱传刊世时，族人感叹：“今谱牒未梓而此传先刊，后之览者勿谓详此略彼焉，其全集之成尚有深望于诸君子者，是又贤子孙事也。”[③]全谱虽未竟业，但《谱传·跋》记录了吴应迁拟定的宗谱纲目，可使我们探知晚明时期徽州族谱的体例结构，有着较高的谱学理论价值。此录如下：

---

① （明）戴廷明、程尚宽等撰，朱万曙、王平等点校：《新安名族志》，合肥：黄山书社，2004年，第366页。

② （明）戴廷明、程尚宽等撰，朱万曙、王平等点校：《新安名族志》，合肥：黄山书社，2004年，第384～385页。

③ 《曾伯祖周虚公家谱传跋》，康熙二十一年（1682）吴良璧跋。

曾伯祖周虚公家谱传跋

谱传者家周虚公修，商山吴氏宗祠谱十一则之一也。初公之修宗谱也，书法典慎，义例严明，上述祖德，下启后昆，可谓备矣。其十一则云者：曰谱序，根谱牒之来也；曰谱原，著族氏之自也；曰谱系，图大小之宗也；曰谱支，详流派之出也；曰谱考，校伪舛之谬也；曰谱行，序昭穆之次也；曰谱茔，志祖墓之图也；曰谱祠，申祭祀之典也；曰谱表，明事实之纪也；曰谱文，汇名公之赞也；曰谱传，则此则是已，自唐迄明彰彰可考，直而无谀，信而有征。公自注曰传者传也，可法……经营二十年而后成……此则原载宗祠谱内，故题之曰商山吴氏宗祠谱传。

——大清康熙二十一年岁次壬戌七月既望宋国子学录公十八世裔再从孙良璧顿首拜跋

康熙二十一年(1682)，吴应迁孙吴凝吉等续辑谱传并刊刻问世。此则原拟载宗祠谱内，故题之曰《商山吴氏宗祠谱传》。卷首存有崇祯十五年(1642)金声的序文(此序残破较为严重，不见标题)、康熙十五年(1676)许默的序文、崇祯十五年吴应迁的谱传小引；主体部分有列传48篇、贞节7篇、附录2篇，共57篇，由吴应迁纂辑；后附录7篇传、墓志铭等，由清初吴应迁孙辈辑补；卷末附谱传、跋文8篇。

此谱传所载内容较为详实，吴应迁引志校文，订正先迹，每事复实，阅廿载修成。吴应迁在传后自述，“自始祖至十五世传俱属旧谱所载，其中有差讹处皆已改正，间有应迁所增入者与上文低二字。其唐御史宋国录二传及诸附录等语又皆应迁所采集而来者，或出自郡志，或见于各谱，或族刻所传，一一有据，非臆说也”。故许默序文赞誉“诸传言简而理无余，旨大而词不织，非一代信史乎哉”。为先祖立传是徽州谱牒的重要组成部分，目的是为了激励后世子孙。吴应迁在《宗祠谱传小引》也交待：

传，必其人修身齐家有光前裕后之哲，履历立行有激劝可慕之风，不可使其泯没不传。然而有名位者易以显，无名位者易以湮，不有传焉，孰从而征之？微显阐幽斯为要矣，有忠信不泯者，有孝行幽微者，有贞节不渝者，有义勇捐躯者，有文德兼优者，有友爱恭睦者，有仗义周贫者，有创业开基者，有奋志成家者，有淡泊明志者。人之立身，有一于此，谱所必传，以为可为后世子孙法也；其有行一不义、践一非礼，皆不得而立传焉；其贤者虽贫困不遗，不贤者虽富豪不取，为传信也。而谱传不重乎哉。其贤而生存者不立传，防其谀也。斯者明而后知立传之意为后世子孙法也，非近谀也。

综考其他的徽州族谱，传述行状多为声名显达和忠贞节烈者而作，选择性较强，家族史实的连贯性较弱。但此谱传不仅谱主世次前后相因，时间前后相继，内容前后相承，而且所载内容较为丰富，尤其揭示族人谋商事迹颇多。如《十六世祖崇二府君仲清公传附阄书序》及《十七世祖尚二府君归隐公传》揭示了徽州宗族一个家庭的析分和产业的配置、徽商经营的艰辛和财富的累积过程。

十六世祖崇二府君仲清公传附阄书序

按："崇二府君"即吴音寿，字仲清，洪武戊午四月二十日戌时生，正统戊辰十二月十九日午时卒，享年七十有一

仲清公阄书序曰：尝闻久蛰者必振，寒尽则春回，理之常也。吾家自国录公而后，数世皆安耕稼守丘墓乐安分，克谨诗礼之传。迨至吾祖值元运倾颓陵迁谷变，干戈相仍，家事渐凌替……余时年将弱冠，克自树立，亦思缵承绪业，东驰西骛，励志经营，未尝少懈。幸托祖宗之佑，田庐视昔有加，屋宇更新撤弊，仓廪不虚伏腊，粗足可谓无负平生之志矣。余有四子：长益宗，次悌宗、瑶宗、仁宗。长子不幸早世，喜有二孙，今颇卓立可慰。目前今年逾六十，颇倦于勤，奈以食指日繁，公私从倥，莫得少休。于是俾三子二孙各爨分任家事，一以息他日之争端，二以遂晚年之间逸。兹将承祖产业并续置田地、山塘、屋宇及家财器用等物项，尽行从公登答，立作文、行、忠、信四阄，与各人拈阄

为定永远承业。由今而后，凡吾子孙思前人成业之艰难，谨守而勉励之，实吾至幸，援笔直书。

内分田租各三百四十二秤；右将前项承祖田地山塘除众存未分外，将田租数并系兄弟叔侄肥瘦相兼，登答立作文、行、忠、信一样阄书四本，各执一本，子孙永远照依阄书管业。其存众田地、山塘、火儿屋地及刷出未分田土，并作四分均分，其各处贮水塘贮水救禾，毋得将养鱼为由阻当。所有契文田土相连众存未分，其契一时拾寻不及，日后将出不再行用，只照依阄书为定。今恐无凭，立此再批为照。

十七世祖尚二府君归隐公传附归隐卷序

尚二府君讳悌宗，字士恺，别号归隐，崇二府君次子也……既长伯兄早世，崇二公年且迈。家既丰饶，内外烦剧。府君拮据经营，以箕裘为己任。北而齐鲁燕赵，南而江淮吴越，足迹殆遍而……永乐壬辰十月二十五日酉时生，弘治乙卯十月二十六日卒，享年八十有四(传)。

君少至四方，商旅湖嘉间，星霜二十年矣(归隐卷序)。

夫士恺者，壮年挟乌倮氏术遨游湖海间，故北而齐鲁燕赵，南而江淮吴越，足迹殆遍，一时名士大夫皆与内交，故资益以赢，家益以裕，闻见益以广(题归隐卷后)。

徽人商旅四方，江浙是其重点营商地。他们不仅商贾有道，而且营商之绩效与时局密切关联。《二十二世先伯父易十七守和公传》就记录了徽商抗倭事迹：

伯父易十七公，讳元经，字宗理，和斋府君长子，因号守和。弱冠从祖父客下沙、徙嘉定，受计然策服贾，略无外好。当岛夷内讧，郡邑戒严，乃习武备。一军官御倭有功，善杨家枪，伯父师之，尽得其枪法。生业当时，扩充择地，得罗店而濒海多盗，盗有严姓者行劫掠无顾忌。一日来访，伯父以武艺示之。后各镇被劫，唯此地不犯……初伯父习武，大父弗之悦也，由是喜，谓罗店亦既有功，本乡亦已得名矣。

此外，徽商在致富后也乐善好施，长于经营地方文化。如

《二十二世季父易卅三怡园公传附四皓图序附青浦遗迹》就记载了吴元绶独资修建青浦城隍庙事：

季父易卅三公，讳元绶，字宗礼，号怡园，和斋府君四子……仗义轻财，是以族之讼于公庭者，或批送于季父，质于乡约者，辄推评于季父……松之青浦县治，明季所添设也。邑事草创，城隍无庙，怡园公独力输赀并建不涉一人。迄于今，庙貌巍然，堂构焕然，岁时之祭祀而瞻仰者莫不啧啧然，邑人佩公之德奕世不忘。今虽复新，犹能刊版重立公之讳于西庑以记之。传所未载，非遗之也，公之好义，不择地而施，不待知而行，家族有所未悉也。康熙壬寅献客游青浦，诸父老因指谓予曰：是庙也，君家先人善迹也。亲亲而仁民，行义而好施，非近世富贵人所能也。因晋谒神得睹重立之版，是敢为记于谱传之末。

综之，通览《谱传》，不仅谱主事迹前后相因，而且所载内容颇丰，涉及宗族建设、商贾经营、倭寇侵扰、仕宦文集等政治、经济、文化、社会诸方面，确属一部商山吴氏宗族发展的信史。此外，谱传还录有朱熹、程敏政、许国等历史名人的信、诗、记等文。因之，其史料价值颇高。为完整地展示该谱传内容，现将吴应迁的57篇谱传和清初续辑的7篇谱传名目详列如下：

列序48篇：

新安始祖唐左台御史少微公传附考三则；商山始祖子明公传；二世祖二七宣议待公传；三世祖七宣议垓公传；四世祖十五府君仁达公传；五世祖七助教珣公传；六世祖八府君师政公传；七世祖九府君俊公传；八世祖五二奉议舜选公传；九世祖九府君国录公传附郡志附考三则；九世十五安抚文肃公传附郡志附考三则；十世百七军判世赏公传；十世祖百十讲书府君月轩公传附郡志；十一世祖堂长府君兰皋公传附郡志；十二世元七理学名儒义夫公传附考跋疏祭文；十二世祖元九府君监岳公传；十三世祖仁十六府君存礼公传；十四世祖正三府君观仪公传；十五世祖荣一府君德新公传附述；十六世崇一仲升公传；十六世祖崇二府君仲清公传附阄书序附喜客赞；十七世祖尚二府君归

隐公传附归隐卷序诗附家训座右箴；十八世祖谦五府君朴巷公传；十九世祖和十一府君麦山公传；二十世祖敬十六府君得愚公传；二十世敬二十六赧轩公传；二十世敬五十一讷公传；二十一世宗九克照公传；二十二世肖春公传；二十一世宗十五静泉公传；二十一世祖宗十七府君和斋公传附宗祠记附上府志；二十一世从宗二十三世溪公传附子养朝公传；二十一世从宗三九南斋公传；二十一世从宗四六敬斋公传；二十一世宗四九草汀公传；二十一世宗五四恒所公传；二十一世宗六六益所公传；二十二世伯父易十七守和公传；二十二世易十八云楼公传；二十二世先考易廿三见和公传；二十二世叔父易廿九养心公传；二十二世季父易卅三怡园公传附四皓图序附青浦遗迹；二十二世从叔易六八初阳公传；二十二世从叔易八七濂水公传；二十三世伯兄简十二静宇公传；二十三世从兄简十三斗垣公传；二十三世从兄简十六孝廉韦明公传；二十三世从弟简四七兑甫公传；白石先生传附弟世泰传。

贞节7篇：

文护妻程氏传；棠妻张氏传；元绰妻程氏传；从兄应金妻程氏传；应楷妻程氏传；应鼎妻汪氏传；应铉妻戴氏传。

附录2篇：

新安学训周虚吴公传(张清议)；明故学训周虚吴公偕元配程孺人墓志铭(吴调元)。

后附录7篇：

清故节妇吴母程孺人墓表(姜埰)；明故儒士生初吴公偕元配节妇程孺人墓志铭(沈鼎)；清故处士虚白吴公行状(陆之祺)；清故处士虚白吴公墓志铭(许默)；明故孝子幼全吴子传(许默)；清故从弟仲菲传(吴献吉)；清故孝妇程氏传(吴旋吉)。

21.《吴氏家传》(书名据书签题)

(清)吴光国校,乾隆三十七年(1772)刻本。每半页十行,每行十九字。白口,四周单边,双鱼尾。不分卷。二册(一函)。

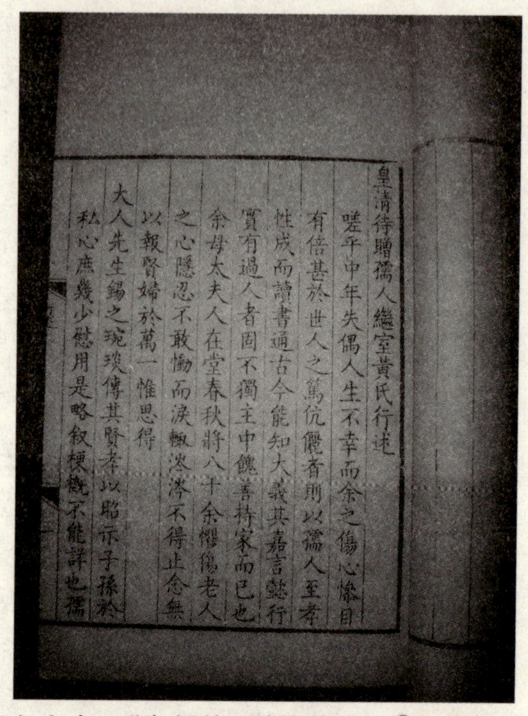
皇清待贈孺人繼室黃氏行述
嗟乎中年失偶人生不幸而余之傷心慘目
有倍甚於世人之篤伉儷者則以孺人至孝
性成而讀書通古今能知大義其嘉言懿行
實有過人者固不獨主中饋善持家而已也
余母太夫人在堂春秋將八十余懼傷老人
之心隱忍不敢慟而淚[illegible]涔涔不得止念無
以報賢婦於萬一惟思得
大人先生錫之琬琰傳其賢孝以昭示子孫於
私心庶幾少慰用是略敘梗概不能詳也孺

吴光国,新安吴氏始兴祖吴少微第三十九世孙,安徽歙县人,余则不详。

新安吴氏自唐左台御史吴少微后始兴,吴少微二十六传至吴仕仁者迁歙西传桂里,又七传至吴一初,时已明末。一初,太学生,娶郑氏,续配方氏,天启年间“客固安,与其令守城,城破死之”。[①] 一初子旷(方氏出),“字阒旅,别号前僧”,[②]邑庠生,娶唐氏,迁邑西岩镇。吴旷生子四:长子吴苑,“字楞香(号鳞潭)……壬戌(1682)进士,选为庶吉士”,[③]康熙三十一年(1692)擢为国子监祭酒;次子吴蔚,“字接霞,号蒿园”,[④]善诗文,性至孝,事迹载县志;三子吴荃,“字剑宜,别字息庐”,[⑤]善诗文,工书法;四子吴崧,邑庠生。吴苑生子四:瞻泰、瞻基、瞻澳、瞻原。次子瞻基,字卫猗,号漪堂,康熙十七年(1678)四月十三日生,

---

① 《中大夫国子监祭酒吴君神道碑》潘来撰。

② 《吴前僧先生传》黄宗羲撰。

③ 《中大夫国子监祭酒吴君神道碑》潘来撰。

④ 《吴文学小传》,歙志。

⑤ 《剑宜吴公家传》胡作梅撰。

歙县人，翰林院庶吉士，娶黄氏，续配黄氏。吴瞻基生子中衡、文举。吴中衡，字殷南，康熙三十四年(1695)九月初六生，歙县人，贡生，习书经。[①]

该家传即是歙县岩镇吴氏吴旷父子孙一门重要事迹行状的汇编。首册载录《剑宜吴公家传》(胡作梅撰)，《皇清待赠孺人继室黄氏行述》(吴瞻基撰)，《清故儒林郎吏部考授州同知青涯四弟圹志》(吴瞻基撰)，《吴瞻基、吴中衡履历》。第二册，《吴母唐太淑人传》(韩菼撰)，《吴前僧先生传》(黄宗羲撰)，《中大夫国子监祭酒吴君神道碑》(潘耒撰)，《祭酒吴公家传》，《大司成吴公振兴国学记》，《大司成吴公陪祀紫阳书院记》，《崇祀乡贤录》，《徵言启》，《吴文学小传》等。

据首册末页载吴光国的附言知，乾隆三十七年(1772)春，有吴中徐友竹者从姑苏坊间购得吴旷的文集板和家乘板馈赠光国，吴光国悲喜交集，校对文集，补其缺页，印而行之，成此家传。是故，此传资料颇为珍贵，是我们洞悉清初徽州宗族社会一个家庭生活状况的绝好材料。如《皇清待赠孺人继室黄氏行述》一文，洋洒万余言，内载有黄氏祖黄国琦、父黄六鸿在山西抵御李自成义军及城破后合家死难事、黄氏相夫教子事、夫妇自京返乡的归途旅历事、子出继事、寓居苏州遣长子归新安就试童子试事、黄氏产后九日亡故事等。该文是吴瞻基为悼念亡妻黄氏而撰写的，叙事跨明末清初，夫述妻事，字字见情见真。该《家传》记吴苑事尤详。吴苑生于明崇祯十一年(1638)，卒于清康熙三十九年(1700)，享年六十三岁。少颖异，博通今古，康熙壬戌进士，选翰林院庶吉士，授检讨，擢国子祭酒，著有《北黟山人集》。事传载《江南通志》卷一百四十七《人物志》，本《家传》录其事更多，其中《祭酒吴公家传》涉及元明清科举题名碑事，有一定的史料价值，兹节录于下：

> 国朝开科丙戌亭具在，其后有十八科阙焉。鳞潭昌言于朝，凡进士见官京师或子若孙在朝列者捐金伐石，众论翕然，趋恐后居……延按明进士自永乐至崇祯凡七十八

---

① 《吴瞻基、吴中衡履历》。

科，唯五十余碑存，掘诸土中得宣德庚戌、成化甲辰，鳞潭色喜……已而历科各尽出，而永乐首科复于启圣祠堧得之，盖有明一代之制科斑斑可考云。一日获元题名三，一为正泰国子贡试名，记蒙古色目汉人各有正副榜；一为至正十一年进士题名，记蒙古色目列三甲，状元为朵列图，汉人南人列三甲，状元为文允中，据此则知榜眼探花元代所无；一为至正丙午国子中选题名，记蒙古赐正六品色目从六品汉人正七品，皆有正副榜。鳞潭曰，此也一代之典故，为文纪之。

——翰林院检讨楚黄金德嘉撰

22.《石潭吴氏叙伦祠宗谱》（书名据版心题）

（清）吴绍周纂，光绪二十年（1894）木活字本。每半页十行，行二十五字。白口，四周单边，单鱼尾。十二卷。十二册（三函）。

吴绍周，号维新，字子修，又字郁文。生于道光丙申（1836）六月初七日。同治四年（1865）补行咸丰庚申科试，入歙县学第二十五名。安徽歙县人。

石潭在歙西二十里。谱载唐左台御史吴少微十世孙吴靖于后周世宗显德二年乙卯（955）与弟竦由休宁同迁歙西，分居孝悌乡富饶（旧名玉泉）；再六传至吴唯又于南宋建炎四年庚戌（1130）由富饶挈家迁居石潭，三代单传至“琼公，生子四人，各分支派，族滋大焉”。[1] 其中吴琼长子应元，字季微，一作季徵，生于孝宗淳熙元年(1174)甲午八月初二日，卒于理宗宝祐元年(1253)癸丑二月初三日，寿八十，生子三人：淑、渊、沂。长子淑无后失传，而仲子渊、季子沂则裔脉昌盛。明嘉靖中叶，朝廷允许民间构祠祀祖，吴应元第十二世孙吴泽(字克和，号南山，谱载世次第九十二)于“嘉靖甲寅(1554)创建叙伦祠宇，隆庆丁卯(1567)告厥成功，始兴祀典”，[2] 尊吴应元为叙伦堂始祖。自吴应元起至此谱纂修，历时七百余年，世次已迁二十六代，石潭吴氏瓜绵瓞衍，支派繁多。谱序载以前“小宗虽皆各有谱牒而宗祠未遑汇集”，[3]据此可知，自明中叶叙伦堂祠构建以至清光绪年间，三百六十余年，石潭吴氏应元一支未统修宗谱。因而，“兹首事各公虑历世久远或难搜辑，爰愿捐资汇各支谱都为一册，集其大成”。[4] 于是吴绍周“始充此任，虽年过五十而精力犹盛，穷支派之源委，必历悬崖险路曲径鸟兽出没之所而不惮其劳……谱牒粗成”，[5]故称《石潭吴氏叙伦祠宗谱》。

该谱以十二地支分卷成 12 册。子卷卷首载光绪二十年(1894)周之冕的序文 1 篇，先祖像 3 幅，石潭地理全图 1 幅，捐资名录 1 份，领谱总目 1 份，光绪二十年(1894)吴绍周的跋文 1 篇，余至亥卷皆为世系图传内容。谱共刊梓 30 部，谱本印刷装帧质量较高，版心下端朱笔题领藏字号，国图典藏该谱是律字号关童派六分屯溪柏城、位起二人所领藏的谱本。

该谱特色较为鲜明。书签题“吴氏叙伦堂宗谱”，版心题“石潭吴氏叙伦堂宗谱”，以十二地支分卷，图传分开。卷子、丑、寅、卯、辰为世系图，世次首自第六十一世吴少微始，吴少微前的世次不载，可见谱牒攀附滥引的流弊已为纂修者所摒弃；自第八十一世起，世系专述吴应元的后嗣裔孙，世系主体按八

① 子卷《石潭吴氏叙伦祠宗谱序》，光绪二十年(1894)周之冕撰。
② 未卷《世系录》。
③ 子卷《石潭吴氏叙伦祠宗谱序》，光绪二十年(1894)周之冕撰。
④ 子卷《石潭吴氏叙伦祠宗谱序》，光绪二十年(1894)周之冕撰。
⑤ 子卷《跋》，光绪甲午年(1894)吴绍周撰。

十六世福童派、八十九世关童派、义童派、善童派、贵童派、寿童派、真童派、新童派等各支展开，延至第一百零六世善金、善政、善有、善泰、善宝、善庆止；谱主名下仅记小传的卷次及页码、出继、迁址等内容。卷巳、午、未、申、酉、戌、亥为历世谱主小传，记载各谱主的字号、德行、生卒、葬所、婚配、子嗣等事略行状。按图索传，极易查找。各谱主均有小传，虽详略不一，但避免了它谱有图无传的缺陷。

如第一百零三世吴绍增、吴绍始的世系小传：

> 绍增，名连寿，正恒三子。其为人也，躬耕乐道朴实忠诚，为乡人排难解纷咸敬信焉。尤精堪舆之道，井潭塘坞茂政公墓，其所扦也。生于道光辛丑四月初九申时，卒于光绪辛卯九月初七日。
>
> 绍始，正昆子，生于道光己亥九月十九午时，咸丰辛酉年贼掳未回，招魂与娶方氏同葬于上源，以绍隆子位来入继为子。

不仅各谱主均有小传，且谱传前后连贯，纪年时间跨度较长。如撇去吴少微至吴琼的二十世次外，仅自叙伦堂宗祠始祖吴应元起，至第一百零六世善金止，前后历时也有七百余年，对宗族的衍变和人口史及宗族社会生活的研究有一定的价值。稍感缺憾的是该谱未载家族文献和以前所修族谱的序文。

23.《吴氏族谱》(书名据版心题)

(清)吴锡维、吴锡纯纂修，光绪二十六年(1900)歙县吴氏叙伦堂活字本。每半页十二行，行二十九字。白口，四周双边，单鱼尾。不分卷。一册(一函)。

吴锡维，字翰卿，号菘畦。处士，道光十一年(1831)六月生，安徽歙县人。吴锡纯，字理卿，号少原，又号蔗泉，历仕泰和、广昌、清江等县知县，兼理临江府知府补授安义县知县，调授乐平县知县，道光十三年(1833)九月生，安徽歙县人。

谱载吴氏出于黄帝后裔，姬姓，受姓始祖为西周太王古公亶父长子泰伯。泰伯因知父意传位于三弟季历，遂与二弟仲雍一同远奔避让，周武王封其子嗣于吴，后裔以国为姓。传六十

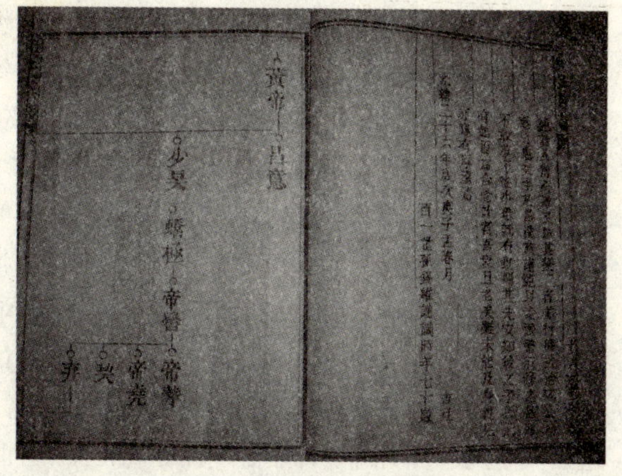

世至吴义方“讲学新安歙州，因爱新安之胜，遂迁居焉”。[①] 再传九世至吴光，官宣议郎，唐懿宗咸通元年（860）自休宁迁居歙之溪南（又称丰溪），是为丰溪始祖。丰溪派又九传至吴一之迁昌溪，为昌溪派始祖。一之，“又名益之，讳德芝，字元举，号若兰。宋绍兴间纳赋临安，泊舟深渡，登凤池山，见昌源山水萦回，遂寻而至沧溪，遇方老名兴者得太湖坵之吉壤，因卜兆焉”。[②] 吴一之去世后，其次子吴愿玉庐墓以居，更名沧溪为“昌溪”。该谱版心虽题“吴氏族谱”，实际是新安吴氏昌溪太湖一支族谱。

新安吴氏有谱始自唐左台御史吴少微所录家牒，其子吴巩后曾插《叙》其中，《叙》言“吾家君居官之暇，则索诸谱书，考诸事实，参诸经史，自泰伯得姓始，一昭一穆，编辑了然。衍至家君凡六十一世，遂成谱帙三本，一伯父太微公收，一家君收，一叔父宝维公收”。[③] 后因子孙繁衍散居六邑，族大支繁，谱作林立，各谱其族，各宗其祖，以致出现了丰溪派修谱时仅有“自玉公（按：吴愿玉）相传四世犹与溪南有行列可序，其后遂无焉”的情况。故清顺治年间昌溪族人疾呼“族谱之当亟修也”。[④]

据谱知，昌溪支谱一修于顺治丙申年（1656），再修于乾隆三十年（1765），同治年间欲修未果，此为三修。谱本不分卷，内

---

① 《吴氏封国世系之图》第六十世《义方公传》；按此谱所载义方公应为新安吴氏始祖，它谱则认为義方公次子唐左台御史吴少微刺史新安，为新安吴氏始祖。《新安名族志》“歙县茆田吴”持吴少微始祖说，但该志所著录“休宁凤山东村吴”又持吴浅始祖说。

② 《吴氏封国世系之图》第七十七世《一支公传》。

③ 《叙》，六十二代裔孙唐中书舍人鞏书。

④ 《歙南昌溪吴氏谱序》，大清顺治丙申岁吴之麟撰。

容分前谱序和后世系两部分。序文10篇，依次为《新安吴氏谱序》（唐左台监察御史少微撰）、《叙》（唐中书舍人吴巩撰）、《歙西溪南谱序》（宋咸淳元年程元凤撰）、《歙西溪南吴氏谱序》（元至治元年吴嵩高撰）、《歙南昌溪吴氏谱序》（清顺治十三年吴之麟撰）、《昌溪吴氏太湖支谱序》（清乾隆三十年吴绶诏撰）、《新安昌溪吴氏太湖支谱序》（同治十三年周长森撰）、《序》（光绪二十四年吴锡纯撰）、《序》（光绪二十六年吴锡维撰）。世系分三个部分，依次为黄帝至太王古公亶父；吴氏封国世系之图，自第一世泰伯、仲雍起至九十五世吴兆培；吴兆培第六房支派吴钟超后裔世系，自九十六世至一百零四世。该世系五世一图，先图后传。谱主生平事略详于传，而图仅载世次、谱主名、出继、幼殇和外迁地等内容。

此谱不载家族文献，仅重世次的著录，究其因，谱序说得较为明白：因距上次修谱已逾一百二十余年，纂修者吴锡纯忧惧谱牒不存将难以考明昭穆亲疏，遂力主修成昌溪太湖支谱，目的是让族人明世次昭穆，起敬宗收族之效。虽谓三修，但并非昌溪太湖族支全谱。因咸同兵燹，昌溪谱牒之藏于各家者已多散佚无存，再加上“昌溪族谱支派繁多合修则难，不敢草率从事而望之于后人，而自钟超公以下，虽支分派衍及时分修尚易为力”，[①]故此谱除承袭前谱内容外，所增修部分也仅是九十六世吴钟超的后嗣世系，余则未录。原谱本“遵旧式长尺五广半之，分遗有服之亲”，[②]谱帙宽大，不便携带和保存，故吴锡维将之压幅添修成小本（现在所藏的谱本）又重新发给族人。该谱本虽不著家族文献，家族史料性的价值似有欠缺，但从纂修者吴锡维的序文和领谱引言里，透露出了晚清时期徽州宗族社会修谱的艰难和宗族宗法意识淡薄的倾向已然出现，以致宗族长老急于以谱普及宗法，并希望随身携带，先前宗族社会所顾虑并严禁擅自涂改族谱的规矩已退居其次。兹将吴锡维序文和引言著录于下，以资学人参考：

---

① 《序》，光绪二十四年吴锡纯撰。

② 《序》，光绪二十六年吴锡维撰。

序

吾村谱牒废修百二十余年，而自兵燹后各支所传旧本尤多散佚，即钟超公支亦仅存抄本。三弟锡纯惧谱牒之不存昭穆亲疏将无以考也，谨将钟超公支排列成册，遵旧式长尺五广半之，分遗有服之亲。事成予嘉之，而犹有虑焉者。世之治乱兴衰循环递嬗，今时处承平，居者易于收藏，即仕宦他乡经商异地携之行箧亦自不难，倘不幸而时逢多难则南北东西流离转徙，简帙大而不可怀藏，又恐如昔之谱牒荡然无复存也，予因添修小本再排印二百部分给兄弟子姓，其余存荫斋公匣中，异日生男因时给发，俾行者易于携挈，居者易于收藏。纯计其常而维又防其变，二者并行，庶或治或乱，两无所虑矣。至于昌溪族谱，纯以支派繁衍，修之甚难，不敢草率从事。然既有以开其先，安知后之子孙无有起而为合修计者。吾老矣，虽未能及身亲见，亦窃有厚望焉。

——光绪二十六年岁次庚子孟春月百一世孙锡维谨识，时年七十岁

领谱引言（按：题名系作者附加）

分修钟超公支族谱业已告成，分给有服之亲，生存者各一本，如有遗漏错误各自更正。敬请收藏，庶后之人不致数典而忘祖。且欲观是谱者而敬宗睦族之念油然以生，亦亲亲之道也。所有分给子姓之名书列于左（共九十二人）。

24.《黟北吴氏族谱》（书名据书签题）

（民国）吴美棣、吴美熙等纂修，民国十五年（1926）木活字本。每半页八行，行十八字。白口，四周双边，单鱼尾。不分卷。一册（一函）。

吴美棣，字吉人，附贡生，安徽黟县人；吴美熙，字在章，安徽黟县人。

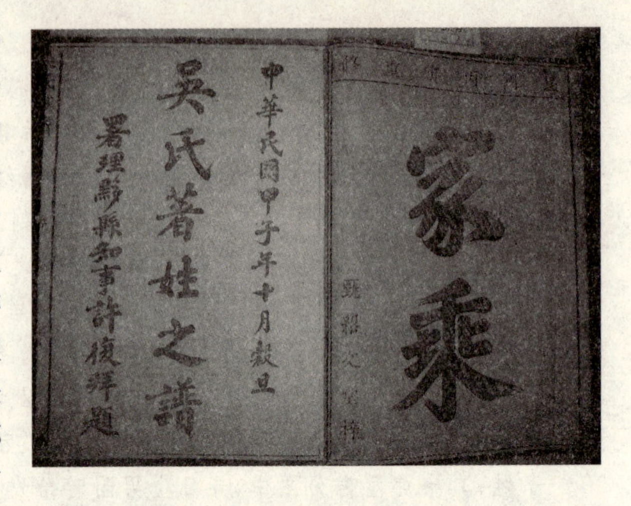

谱载新安吴氏自唐左台监察御史吴少微迁居休宁石舌山，嗣后人文蔚起，历代簪缨，世称望族。子孙迁徙蔓延徽郡六邑，直至有远迁陕西、四川、山东、幽州者，其中黟北吴氏出自第八十二世吴子伦。吴子伦迁休北高桥，“生子曰琳，孙曰辉，曾孙曰念三、曰一、曰八、曰九。念三公生子曰四、曰六、曰十四、曰小八又名昂公。昂公八世孙曰都，迁黟县北乡十都溪头。都公有二子，曰象曰牛。象公子曰寄保，孙曰社宝、社护，迁徙难稽；牛公生四子，长京保、次汪保、三胜得、四闻得”，[①]“明天顺七年(1463)，公率四子闻得采办林木于塔上，因与张受安公联姻，遂居之”。[②]闻得生二子：长仕霖，迁黄坑口下股；次仕荣，居塔上。自此分为两支，“派虽各别，庆吊相通，合力建祠，不忘祖德”，[③]该谱世系主体即是依此两支展开。

自吴牛始迁塔上至此谱纂修，时间已历四百余年，黟北吴氏胤嗣益繁，派别支分，居处各异，而宗谱纂修情况却很不理想。首次纂修宗谱“出于崇祯之甲午年，为高桥碯溪等八大支所修。予派出自高桥，自牛公于明天顺七年迁居塔上，迄今四百有余岁矣，惜未有继起而增修之者”。[④] 故而吴美棣虽年近七旬，“窃恐昭穆不分，尊卑失序，宗法不讲，嫡庶莫明，势不至昧祖宗所自出等亲亲如陌路也……于是告知父老率诸同志，考世

① 《黟北吴氏族谱源流》。
② 《黟北吴氏族谱图系总卷》。
③ 《吴氏族谱序》，中华民国甲子岁(1924)吴美熙撰。
④ 《吴氏族谱跋》，中华民国甲子年(1924)吴美奂撰。

系,溯渊源,搜真派,锄假冒……瘁心经年,幸成斯谱”。[1] 谱于1926年刊印,不分卷,共有三个组成部分:卷首有“民国丙寅重修家乘”字样及黟县知事许复的“吴氏著姓之谱”题额,民国十三年(1924)吴士恺、吴美熙、吴德鑫的谱序3篇,目录1份,吴氏族谱源流1篇,像赞4幅,凡例12条;卷中世系图,依次为吴氏历世渊源、吴氏族谱图系;卷末通礼宗法,祠堂祀位图,牛公祖墓图,宗族礼服图,吴氏历代祖茔,民国十三年吴美奂、胡赞元的跋文2篇。

此谱体例虽较为全面,但内容却较单薄。不仅家族文献绝少记载,就是世系图也仅列名,名下注仕宦、迁处,无谱主事略行状,失于简略。其历世渊源图自第一世泰伯、仲雍、季历起,至九十五世吴牛、吴象止,其中吴少微位列第六十二世,而其他的吴氏族谱却将之列为第六十一世,此为谱牒追溯源流而攀附冒引的流弊体现,不足信;唯世次较为清晰,览者了如指掌。该谱通篇强调昭穆尊卑嫡庶的宗法观念,“窃恐昭穆不分,尊卑失序,宗法不讲,嫡庶莫明,势不至昧祖宗所自出等亲亲如陌路也”,从另一个侧面证实了民国时期,时局动荡世事纷乱对传统宗族社会的冲击,以致宗法观念淡薄,“尊卑之礼日益衰,嫡庶之义日渐驰,物议纷集,鼠入难防。若置宗谱不修,宗法不讲,恐不免与人谈昭穆曰吾不知也,问其所自出曰吾未闻也。噫,诚可惧矣”。[2] 故而,宗族修谱仅注重昭穆世次,而家族文献的辑录传承已隐退不闻。稍有价值的是该谱强调“士农工商咸敦亲睦之谊,智愚不肖共泯欺诈之心”的宗族让德精神,于当今和谐社会建设进程中仍然存活着的族谱修撰活动有一定的裨益;另外,该谱的凡例于我们认识民国时期宗族修谱活动和修谱原则有一定的价值,兹录于下:

吴氏族谱凡例

第一条:谱之为言普也,族谱者合吾族而溥录之谓也;

① 《黟北吴氏族谱叙》,中华民国甲子年(1924)吴士恺撰。
② 《吴氏族谱序》,中华民国甲子(1924)吴美熙撰。

兹本族祠纪载历世丁簿而普录之,庶遗漏可免耳。

第二条:吴姓出自黄帝,历后稷古公泰伯至周章封为吴国伯,始别姬为吴。兹刻悉依古谱纪系,以为万世渊源之本。

第三条:本族发祥肇自牛公,故尊牛公为一世祖。

第四条:谱分二派,总卷图明一脉之传,分支图辨亲疏之别。

第五条:图系分每世为每卷及载某公某房,便稽考者一览而知。

第六条:世系下某人无嗣,立本宗某人子为后,即将继子直书继人之下;唯一子双祧当并书之,另注兼祧二字,以为之别;如无子又无继,理合书一止字。

第七条:二派后裔无论远徙近居,其子孙有未载入祖祠丁簿者,概置不录,以防诈伪者混入。

第八条:凡右(按:即"有"字)功名者悉载官职于名下,非分贵贱,盖不没其显扬之意也。

第九条:昔有谱叙仍于古谱存之,兹谱不录。

第十条:谱载某公房某裔孙收执者,愿其世世慎守,切勿视为牟髦(按:此谱为吴尚权三房裔孙吴光远祀会收执)。

第十一条:本族族训首严乱宗之条,兹刻细加参订,严为辨别;自明迄今,虽历四百余年,其源洁流清,洵免真赝淆乱之诮。

第十二条:族谱修后凡我族人须敦和睦之谊,毋怀欺诈之心,庶让德家风永远弗替;兹谱虽明世次,实防混珠;倘后世子孙或将谱遗失或变卖他人致开冒认之门,则又吾侪所深虑焉,后之有志增修者,务查本家珍藏真谱,合验永杜鼠入之弊为幸。

25.《许氏族谱》(书名据版心题)

(清)许大定纂修,康熙六十一年(1722)年间木活字本。每半页九行,每行二十四字。白口,四周双边,单鱼尾。不分卷。

四册（一函）。2003年国家图书馆曾影印出版该谱。

许大定，字禹清，新安许氏始迁祖许儒第三十三世孙，江苏江阴人，先后仕宦山东兖州府同知分巡济宁道和湖广、湖北驿盐粮储道。

许氏得姓由来，族谱多援引王安石所撰的《许氏世谱序》加以说明。此谱亦然。谱载许氏出自周武王封炎帝后裔于许，子孙以国为氏，原郡汝南，郡望高阳，世有名人。至唐时有右相许敬宗，敬宗曾孙许远，死安史之乱，以忠节名世。许远六传至许儒，耻朱温篡唐，迁歙避乱而隐居于篁墩，为新安许氏一世祖，后嗣迁徙不定，十五世孙许世芳自休宁东阁迁孚潭，为孚潭许氏始迁祖，是谱世系即以孚潭支派为主。谱分4册。第一册载序文17篇、书法3幅、凡例17条、传记16篇、行状8篇、墓志铭11篇、州据省札各1篇；第二至四册世系图表、辩、论、考等，依次是许氏春秋世系表、许氏自秦许猗迄唐许望世系表、许远至许儒六世辩、许儒一世祖论、世系图（一世许儒至十五世许世芳仅注迁处，自十六世至三十五世详谱孚潭世次）、新安同族门第考。

据此谱，新安许氏有谱始自宋嘉祐丙申年（1056）许元编修《祖宗世次图》，王安石为之作序；南宋、元、明多有续修；但“许氏宗谱自有明嘉靖十八年（1539）修刊之后，历今一百七十余载，子姓播迁，不相闻问，先人名讳多不能记”，[1]于是许大定详搜旧籍，“凡出孚潭者悉载于乘，政事之余，细加编辑……阅八载而告成”。[2] 定本学人，广搜博摭，耗时又久，故该谱当属质量

① 《重修孚潭许氏宗谱引》，康熙五十四年（1715）许大定撰。

② 《家谱序》，康熙六十一年（1722）许大定撰。

上乘的私修谱作，虽世次局限乎潭一派，但入谱的文献采摘面广，王安石、吕祖谦、欧阳修、岳飞、胡三省、汪思、陈定宇等历史名人为许氏宗族所撰的谱序、传记、行状、书法等收入谱中，颇为珍贵，有较高的文学、史学价值；尤其收录了宋嘉定八年(1215)十月的《省札》和咸淳九年(1273)二月的《增助义田州据》，记载了许文蔚以己田五十亩倡立义田以赡宗族及许昺以己田二百亩增助义田事，对研究宋代徽州宗族制度和义田制度，颇具价值，故附录于文末：

省札

奉议郎秘书省兼著作郎庄文府教授兼权兵部郎官许文蔚状右。

文蔚业儒时，七口之家有田一亩半，自缘贫甚，因亦怜人之贫。一日因侍考妣自叹惜外，因说本族居此今三百年仅数十家，皆缘贫困迁移之故，他日或有显达自给之外，当随多逐少相与存活，庶几不至似此萧条。考妣皆是其说。自后虽极蹭蹬而此念不忘，后来叨预上舍，方得议亲得系，捉钱五百千收赎旧产，并前亦止有田四十余亩，自给未足。自海陵县丞方才收拾俸余，恐费用易尽，有辜前志，遂将前来学禄户所有田产、山园、池塘一应物业及屋宇器用，尽逊与侄安仁，自将俸余所有收买得田百余亩。又以丧葬与夫逐日食用收拾苗耕供用，犹未暇及周急之事。自嘉定五年蒙恩收置前列，自后累年所收可以备退食之费，前时之意可以渐偿。又以欲归未能，今年为见旱蝗，此念遂切。又以年暮迩年被病，此念尤勤。今欲以俸余所置之产，先拾些小以与侄安仁及出嫁侄女与姊妹之子外，将五十亩准备将来守祖考妣及考妣守墓之人，余尽以效义庄之名，择人为主守解税亩外，尽周族人无税产者之急。虽有此志，而归计未遂。切恐迟迟，欲以委寄族人，恐无与任事者。欲以申县道乞施行，胥吏必以为不切置之不问。再三思念，计无从出。因念向来范文正公义庄田产约束，若不经取旨，未必悠久至今。近年范尚书又尝取旨，当可悠久不坏。

文蔚人微事渺，不敢效此。若得令部省札下本州行下本县，事当可成，亦可藉以为久计，而文蔚一生之意遂可不辜。乞札下徽州次第行下本县，且唤上侄安仁等，当官责领上件，逐项分拨付与田产；当令乡司推割税亩随产入户输解外，责令佃户标书义产去处付人耕种。成就日于义庄交秤，其余义田合有约束事件，容文蔚一面与义户商议，推择一公当族人为义者相共商议，斟酌事件可为久计者，立约申本州县乞主盟施行。伏候指挥。

右已札下。徽州从所乞事理施行，并札下户部照会外，今札付兵部许郎官照会。准此。

嘉定八年十月　日

增助义田州据

使司。据休宁县官讲大著兵部郎官许爵状。

先伯兵部在超日嘉定八年尝援范文正公义田事例，状申部省拨田置立义庄赡茔以周贫族，以卫先垄。蒙部省从申札下户部、本州、本官，赖以维持至今。惜历年滋久，族人生齿日烦，每岁所收租谷除输官赋外，支给不多。爵慨念先世惠族之意，与范文正公虽同，而视文正义田十未及一，今愿以爵户下田二百余亩计租谷二千四百秤，拨入义庄添助周济族人之贫者。若不经使府陈乞施行，恐未能垂远。兹幸际召使判府吏部侍郎先生镇抚此邦，加惠元元，仁声蔼著，必蒙推爱民之念，使先世爱族之意传之悠久。特赐主盟谨录白省札具状控投，陈乞备给以据，容并省札刻石，义照据，仍乞备申省部照会事状。奉判府吏部台判许郎官荣官之后，推其有余，以济不足，此谊已古。许爵辛勤自立，而乃继郎官之盛心尤可嘉，尚送给仍申并帖县照应。除别施行须至行遣。

右给据付官讲大著兵部郎官许爵收执为照。

咸淳九年二月　日

26.《绩溪南关惇叙堂宗谱》(书名据目录题)

(清)许道宣、许文源等纂修,光绪十五年(1889)木活字本。每半页十行,行二十四字,白口,四周双边,单鱼尾。十卷。十册(三函)。

许文源,谱名积善,字思泉,一字子昌,庠名文源,邑庠生。咸丰辛亥(1851)六月初十生,安徽绩溪人;许道宣,庠名德贵,官名元辉,字日暄,邑武生,道光癸巳(1833)四月十三生,安徽绩溪人。

前谱载王安石序文述"唐亡,(许)远孙儒不义朱梁,自雍州入于江南,终身不出焉",未明晰迁居何处。此谱述许儒隐居歙之篁墩,为新安许氏始迁祖。许儒长子知稠"仕南唐参德化军事,沈毅有信……自篁墩迁居歙北昉源,改号许村";再四传至六世祖"琦公,字天生,号攀云,宋太庙斋郎,由歙北昉源始迁华阳驲,今之绩溪,为本宗及邑东十三都水村等派始迁之祖"。许琦三传至第九世"训公,行九三,字子桂,宋孝宗淳熙初进士……生子二:润、澜",其中长子许润由华阳驲迁南关。许润六传至第十六世"(许)斗保,名德仁,字民裕,建造宗祠(按:即惇叙堂),生元至正辛巳(1341)四月初十,殁明洪武丁巳(1377)三月二十九日,娶元学士余宗益公女……生子二:添荫、增荫。长子添荫,名中甫,字孟才,生洪武己酉(1369)十月初八,殁永乐戊戌(1418)九月十六……生子四:文寿、文福、文富、文泗。福继太外祖余洪二公,子孙改姓余氏"。[①] 该谱卷二至卷六是大宗

① 卷二《大宗世系图》。

世系图的各分支谱图，即以此四子为派展开，故许、余二姓同谱，谱以许斗保所创建的惇叙堂名之。异姓同谱，在徽州谱牒中罕见，卷首的周赟序文给予了解读，“新安俗重谱系，曷为二姓而同谱……明许、余之为一姓而……谱不可分，愈以见新安之重谱系而犹秉礼也”。[①]

新安许氏有谱始自宋嘉祐丙申(1056)两浙荆湖制置发运使许元纂修，南宋、明清多有续修。而绩溪南关惇叙堂宗谱由许伯夔始修于明隆庆时期，清乾隆乙酉(1765)许荣续修，道光十二年(1832)许振纲、许振捷又修，可谓谱系延绵不辍。但咸同兵燹却使道光谱稿毁失，且“兵难中流离失所则有无由查考者”，[②]故兵难后族中耆老急欲整修谱事，经庠生许文源、武生许道宣等人全力搜辑家族文献、核查各支世系，“自光绪八年经始至今七易寒暑”，[③]耗精费时终纂修成此谱。谱分10卷，卷一载有光绪十四年(1888)的周赟序文、许文源序文及自宋至清的历代旧序共12篇，诰命18篇，目录1份，谱例，旧谱例；阳基图2幅，十景诗10首，游南关题绩溪十景序1篇，像赞40幅。卷二至卷七世系图，依次为原姓，原族，新安许氏各支迁居析派源流(附本派分迁和本祠南关分迁)，本支图，大宗世系图(世系依文寿派、文福派、文富派、文泗派、文齐派为序展开)。卷八家训，家礼，家政，家法，旧家规，世家，杂著3篇，史传27篇，行状4篇，序8篇，诗歌词22首，书启3篇。卷九祠堂图4幅(附祠堂记及祭文、享例)，联匾9，墓图68幅。卷十墓志铭6篇，记8篇，烈女传22篇，排行，领谱字号，领谱字式，冬至会谱例，生生谱式，祠堂神主牌位，宗祠规约，宗祠祀产，杂说6篇，补遗，谱跋3篇。

从上述所记来看，此谱内容极为丰富，故纂修者自誉“凡谱所应有靡所不有；至十景诸诗，尤称杰作，洵足为系牒增辉”。[④]从今天我们研究的角度看，十景诸诗的价值尚在其次，谱本内

---

① 卷一《惇叙堂谱序》，光绪十四年(1888)宛陵周赟撰。

② 卷一《重修族谱自序》，光绪十四年(1888)许文源撰。

③ 卷一《重修族谱自序》，光绪十四年(1888)许文源撰。

④ 卷一《重修族谱自序》，光绪十四年(1888)许文源撰。

容所承载的谱学、史学和民俗学价值尤重。体现如下：

其一，此谱体例规范，卷帙较丰，世系清朗，当是晚清时期的上等谱作。如此谱谱例共有 10 则：一世系、二小传、三书法、四笔削、五遗像、六祠墓、七传序、八殇灵、九编次、十续稿，其可贵之处在于它非一般谱牒凡例的纲要样式，不仅交待笔法和修谱规则，并且阐述运用此笔法的原委，表述极为详尽。如“小传”详述世系录的内容次序：

> 系名大书，其后分注生殁娶葬子女，谓之小传，或称年表，然与《史记》以年为表而横列入世者体例迥殊，当称小传为是。首别名或官名，次字号，次出身官阶，次功德以八字十六字为率，次生年，次殁葬，次娶氏之名字生殁葬，次子，次女……

“书法”一则首条又细述谱丁名号的登录原则，并对咸同兵燹中遇难族人的叙谱笔法作了详尽的介绍：

> 世系大书直书其名，而不必称公，谱之正例也。间有于始迁祖书号称公者，盖谱系以始祖为主，自上下衍故书名；木主祝版以裔孙为主，自下上推故书号称公……其因保卫乡里与贼战死，则书拒匪阵亡；为贼牵掳不屈被杀，则书遇匪殉难；避贼逃窜、饥寒交迫死于道路，则书殁于兵灾或书殁于兵难；兵年被匪掳去未回，则书遇匪被掳；妇女遇匪不辱因而被杀，则书遇匪殉节或书殉难；仳离失所莫知所终，则书兵年失散。至有书法不能备载，各从其类而书，以意会之，可也。

该类表述于我们研读同期其他的徽州族谱关于兵祸的记载有较大帮助。另外，新谱凡例后又附有旧凡例 10 则，表述也十分周密，如首则：“谱书与国史无异，但史录一国之事，善恶具见，谱存一族之事，书善不书恶，为亲者讳也；善有可纪，褒录不遗，凡以扬先美示后劝也”。可见，凡例不仅确定了“书善不书恶”的修谱原则，也确定了谱牒的内容架构及具体的修谱准则。《宗谱》在此方面表述极为详细，不仅徽州族谱的凡例内容于此可以知其概略，而且具有很高的谱牒学研究价值。

其二，此谱精于考证，力求所述之事准确有据，史事准确性较高。如卷二“原族”就自秦末隐居不仕的许猗以来，两汉魏晋时期许氏名人史迹内容，依据《汉书》、《后汉书》、《魏书》、《晋书》等史籍详加考证，不泛泛而云；世系、谱主事略、迁徙等问题，如有疑问则于世系图前或谱主所在世系图后，附文辨析，考证颇详，有较高的史料价值。如六世祖许琦“始迁华阳驲，今之绩溪县”，附文辨析，既有考证绩溪建县之由来，又有文字训诂之辨别。文云：

按县志梁大同元年析歙之华阳镇置良安县，唐武德中罢，大历元年初析歙之华阳镇置绩溪县，是绩溪之名始于唐而华阳镇即绩溪之古名。琦公迁于宋时，当直书始迁绩溪县。或曰华阳镇乃称华阳驲者，意未必置绩溪。以前即有驿站之制，驿因地名有华阳驿之称尚未可知。按驲、驿义别，世每以驲为驿之省，文既不书绩溪县又不书华阳镇，而以驿代镇，以驲混驿，此掉弄书法一误而再误也，至隆庆时又添续今之绩溪县云云。由是推之，琦公初迁断从县始，今每谓上代居十三都，此必由琦公后而迁居焉……今依隆庆谱存之而辩论焉，以备考核。

其三，谱载传述诗文较丰，谱主事略较为详实，其史料价值较高。此谱载有史传 27 篇，行状 4 篇，序 8 篇，诗歌词 22 首，墓志铭 6 篇，记 8 篇，烈女传记 22 篇，谱序跋文 15 篇，诰命 18 篇，许氏文翰不仅由此可窥一斑，而且于我们研究宗族社会史有较高的史料价值。尤值一提的是该谱收录诸多名人为许氏先祖所作的传、记行状有较高的史料价值，如《宋司封员外郎许公逖行状》，即出自宋代著名文学家欧阳修之手。文载许逖奉旨：

出知兴元府，大修山河堰，堰水旧灌民田四万余顷，世传汉萧何所为。君行坏堰，顾其属曰：酂侯方佐汉取天下，乃暇为此以灌其农，古之圣贤，有利人无不为也，今吾岂惮一时之劳，而废古人万世之利。乃率工徒躬治木石，石坠伤其左足，君益不懈。堰成，岁谷大丰，得嘉禾十二茎以献。迁尚书主客员外郎、京西转运使，徙荆湖南路。荆湖南接溪洞诸蛮，岁出为州县患，君曰："鸟兽尚可驯，况蛮亦人乎！"乃召其酋长，谕以祸福，诸蛮皆以君言为可信。迄三岁，不以蛮事闻朝廷，君罢来朝，真宗面称其能。

这段文字为许逖治水和促进民族融合事迹提供了第一手资料。此外，世系图中晚清时期的谱丁名下小传也较为细实，尤记咸同兵燹事详。如卷五文富派许天祯房世系图第三十世"道宝，生嘉庆己未(1799)十月十三日丑时，同治壬戌(1862)正月初八遇匪殉难，年六十四"；"道以，咸丰庚申(1860)拒匪阵亡，娶程氏遇匪殉难"；三十一世"景，生嘉庆乙亥(1815)，咸丰辛酉(1861)遇匪被掳"。此类记载谱中泛见，于我们研究咸同兵燹对徽州宗族社会的冲击有较大的史料价值。

其四，此谱载宗族规范、制度、祠产等内容极丰，于徽州宗族的建设问题研究价值极高。如卷八载家训：明伦理、孝父母、敬祖宗、重事儒、正闺门、睦宗族、务正业、早完粮、息争讼、杜邪风、禁溺女；家礼：冠礼、婚礼、丧礼、祭礼、庆礼；家政：理财之人、祭祀之用、营造之用、养老之用、助学之用、救荒之用；家法：男妇逐出永不归宗、暂革祠胙逐出改过取保归宗、不革不逐停胙改业复胙终身不改死则贬入幼殇主例、笞责跪香、跪香；旧家规：明正伦理、敦笃恩义、崇重礼教、严谨训诲、敬老慈幼、交结姻戚、奉公守法、整饬宗祠、经理祭田、遵守家规。卷九载有祠堂图 4 幅附祠堂记及祭文、享例。卷十载有宗祠规约：一家称呼(许余一家)、同姓不婚、妄行过继、配合女殇、发给丁票、静净宗祠、悬挂匾额、进主毁主、公众标挂、与祭礼生、颁胙饮胙、朗读祝版、拜祖留飡、主行事务、管理祠堂、鸣祠品理、选充祠差、认真收租、笃厚根枝。宗祠祀产附四墓户祀产、振叙堂祀产、敦睦堂祀产，产业涉及山塘田地字号及四至，租谷税粮金额款项等。

上述的宗规、族约、家法、家训等内容均极为详细，对宗族建设与管理的方方面面均作了细致的规定，不仅规条的刚性凸显，而且条文间劝谕族人谨守宗族规章的殷殷之情也颇为浓厚。如《旧家规·遵守家规》云：

且家规训戒，此盖切于民生日用之常，将以示吾族人世守而行之者也。苟不体悉遵守，宁不托之空言乎。凡我同族之人于前数条各宜熟玩详审，以相劝勉，互相告诫，同归于为善，以挽回太古之淳风、陶成仁厚之善俗。今日之族属虽蕃，庶几有周之成规也已。

此条文为附录的旧家规十则之末，殷殷之情溢于言表。旧家规十则成文于明正德十三年(1518)，由“子敬公四世孙钦拜手谨书”，[①]后续谱牒予以收录。至本次《宗谱》纂修，因动荡的时局对宗族社会产生了较大的冲击，其中异姓过继问题尤为突出，《宗祠规约·妄行过继》规定：

异姓过继，例之所禁也。本祠许余一家，继之正理也。我祠向不准外甥继舅氏，近有无知妇女欲图继立外甥，妄援上世，藉口不知上世文福公之嗣余与近世他姓之继舅者异。近世是合杂姓为一姓，我祠是分一姓为两姓，并无异姓入祠乱宗。至兵后族中继立往往糊涂妄继，有抛亲继疏志在继产，有跨祧远房为兼祧，有一继两家为兼祧，今理世系概删改之。间有以兵后人丁稀少从权办理者，皆不甚越礼，如提起殇丁以继孙之类。此后殇丁亦不准提。凡抛亲继疏、抛长继次、一子继两家、跨祧远房皆不准。至他祠入继，各家世次错讹不同，不得入继，恐颠倒尊卑。唯水村与本祠最亲，世数明白，如昭穆相当、年齿相符准其过继，必议拟其人于宗祠功劳如何，不准滥继。

此条文不仅指出了兵难后异姓过继的各种现象，而且分析了近世异姓过继与先世文富公嗣余的本质区别，劝诫族人不得妄行过继。正因为许、余是“分一姓为两姓”，但又同谱共祠，宗族的建设既重要又复杂。“我祠既有两姓而又同出一姓，必定规约以昭世守”，[②]所以此谱收存的宗族规章更加周致绵密，并且晓之以理，动之以情，劝戒结合，为一般的徽州族谱所少见，可谓徽州宗族建设方面的珍品文献，于我们认识、研究徽州宗族的建设问题均有极高的史料价值。

---

① 卷八《旧家规》。

② 卷十《宗祠规约》。

其五，此谱不仅详载宗族文献，而且注重民间风俗的辑录，如卷十《杂说》引文所言，“传序记铭各随例类，以表彰列祖之文章行实。而有迥殊于文章行实无例类可附，则又非委巷俚言，只是先人之事迹有不可抹煞者，另撰一则谓之杂说，亦犹诸子之杂编、诗人之杂咏，皆谱牒中所当志载也”。一些民俗活动在徽州曾经普遍存在，如徽州世家大族都设有“文会”组织，但有关“文会”组织及其活动的记载在族谱里很少见到，《杂说》却记载了《和尚坞四姓文会》：

> 和尚坞有古刹，余、许、汪、方四姓安灯，塑有文昌帝君像。每年四月(初)八聚集衣冠祭文昌帝君，礼毕饮酌，插花传唱以为令。有文会田产给生童膏火灯油会课花红奖赏。兵后古刹倾颓，无僧人住持，文会田失落无稽，或云为四姓中知者占为已业。

“文会”组织在徽州曾经盛行，“其成员多由当地有名望人士或称之精英阶层组成”，具有“教化和裁判的功能”，[①]即“各村自为文会，以名教相砥砺，乡有争竞，始则鸣族，不能决，则诉于文会，听约束焉”。[②] 从此谱所录《和尚坞四姓文会》内容看，兵难过后的徽州“文会”组织已经风光不再，至少在遭受战乱冲击较重的宗族社区，其教化和裁判功能应受到了严重削弱。

一些在当地曾经风行但兵乱后又难以为继的民俗活动，该谱也予以记录，如卷十《杂说》所记载的韩、高、朱、刘、戴、许、余、方、汪九姓驱车以驱逐瘟疫的活动，不仅是一种民间信仰活动，也是一种民间的文化娱乐活动。它在今天的徽州地区已不见其踪。

此谱关注民俗活动的记载，除集中于《杂说》一目外，在宗族规章里也有反映。如《家训》设《杜邪风》、《禁溺女》等规条，对民间的一些恶俗习惯给予纠正。诸如此类反映里居生活的民俗文献资料，是该谱文献收录的一大特色，不仅具有较高的民俗学研究价值，而且对于徽州社会文化史的研究，也极具

---

① 卞利：《明清徽州社会研究》，安徽大学出版社，2004 年，第 95 页。

② （民国）《歙事闲谭》卷十八《歙风俗礼教考》。

价值。

27.《新安许氏宗谱》(书名据版心题)

(清)许德辉、许德文等修,光绪十七年(1891)先贤堂木活字本。每半页十行,行二十四字。白口,四周双边,单鱼尾。四卷首一卷末一卷。二册(一函)。

许德文,名成林,字诞敷,邑庠生,道光九年(1829)生;许德辉,名蔚林,字锦霞,国学生,道光二十一年(1841)生;江西婺源人。

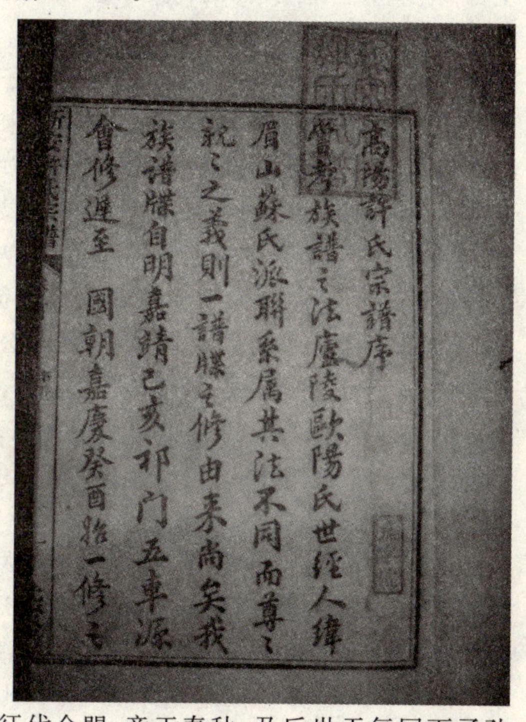
新安許氏宗譜

高陽許氏宗譜序

嘗考族譜之法廬陵歐陽氏世經人緯

眉山蘇氏派聯系屬其法不同而尊尊

親親之義則一譜牒之修由來尚矣我

族譜牒自明嘉靖己亥祁门五車源

會修遡至 國朝嘉慶癸酉始一修之

王安石考证许氏“伯夷神农之后也,佐尧舜有大功,赐姓曰姜,其后见经者四国,曰申……曰吕……曰齐……曰许,春秋所书齐侯许男是也。周衰,许男尝从大侯征伐会盟,竟于春秋,及后世无复国而子孙以其封为姓……许氏爵邑于周,子孙播散四方,有纪者代不乏焉,至昌邑始大著,闻于汝南,其后有高阳者为最盛。然高阳之族不见其所始,有据者仕魏,历校尉郡守,生允为镇西将军,允三子皆仕司马晋……(至唐时有许敬宗)始以公开郡于高阳,与其孙令伯以文称当世。天宝之乱,敬宗有孙曰远与张巡以睢阳抗贼……唐亡,远孙儒不义朱梁,自雍州入于江南,终身不出焉”。[1] 新安许氏各族谱牒均承此说,以许儒为新安许氏始迁祖。

---

① 卷首《许氏世谱序》,王安石撰。

谱载许儒生知稠、知柔、知善、知节四子，其中知节世系不可考。长子知稠生子规，许规生遂、逖、迥三子，三子后裔在徽境内繁衍流徙，“曰遂，遂子俞居黟之黄陂；曰逖，逖子元，元孙透居绩溪之云川；曰迥，迥元孙宾居歙之许村；居黄陂者曰德迁祁之桑坑、曰道迁休之东阁”；[①]次子知柔迁鄱阳明口，仕宦南唐吏部尚书，生子五：承杰、承悦、承达、承节、承信，世居鄱阳，其中次子承悦七传至许江冲于南宋孝宗淳熙年间“自鄱阳明口迁西乡许村，厥后星罗棋布支分派别”；[②]三子知善的“长子碧显、次子碧文，由宣歙迁于婺源峡溪，时则北宋之初也”。[③] 此许儒三子后裔在徽州境内迁徙之梗概，至明嘉靖时已形成“祁门十三支派、休宁四支派、绩溪三支派、歙十三支派、婺三支派，瓜绵瓞衍，散处于六邑，骎骎乎日新月盛，卓然为新安望族矣”。[④] 而婺源境内许氏以许江冲一支苗裔繁衍迁徙最为隆兴和频繁，“传至九世曰仲泾公由许村迁清华，石岭公家子德胜公由石岭迁方坑，次孙售公又由方坑迁高奢，第三孙旸良公子曰双祖公者由方坑迁珠源，迨至十七世留爵公由高奢迁枧田，十九世廷春公又迁于清华”，[⑤]以致后世裔孙诘问“纷纷迁徙，轻去其乡，不知何故”。[⑥]

该谱世系就是以许江冲的裔孙在婺源境内移析形成的支派为主体展开的。卷首载有光绪十七年(1891)许德辉、许德文和许德安合撰的序文、嘉庆十八年(1813)清畹余克的序文和嘉靖十八年(1539)方塘汪思的序文，新旧凡例 3 份，目录 1 份。卷一旧序、传记、墓志铭等文献，主要有许氏世谱序(王安石)、续订许氏名贤源流善行事要(朱熹)、修谱记(朱齐璃)、采访宗

---

① 卷首《新安许氏会修谱序》，嘉靖十八年(1539)方塘汪思撰。

② 卷首《高阳许氏宗谱序》，光绪十七年(1891)廿六世裔孙德辉、德文、德安撰。

③ 卷四《理村派世系》。

④ 卷首《新安许氏会修谱序》，嘉靖十八年(1539)方塘汪思撰。

⑤ 卷首《高阳许氏宗谱序》，光绪十七年(1891)廿六世裔孙德辉、德文、德安撰。

⑥ 卷首《高阳许氏宗谱序》，光绪十七年(1891)廿六世裔孙德辉、德文、德安撰。

派记(许纯)、族谱序(佚名)、重修族谱序(宣城许章)、编修世谱序(许昌孙)、祖宗世次图序(许元)、许氏族谱序(解缙)、唐赠荆州大都督睢阳太守远公传(韩愈)、许氏开宗源流世次序(许昭治),此外有墓志铭2篇、著存祠记1篇、传记5篇、寿序1篇。卷二基图3幅、像图17幅并赞、墓图18幅。卷三至卷四世系图,依次为高阳开宗世谱总图(自第一世许猗述至四十三世止,其中第七世许据、第十九世许敬宗、第二十四世许儒、第三十一世许江冲),始迁婺源许氏族谱世系总图(世系自第一世江冲至第十世德胜),方坑派世系(世次自第十世德胜至二十七世昭宝),珠源派世系(自十二世双祖述至二十八世),枧田派世系(自十七世留爵图至三十一世),清华派世系(自十九世廷春图至二十八世),高奢派世系(第十一世旸售述至二十世),理村派世系(世次自第十四世元九至三十世)。卷末领谱字号(国图所藏此谱即廉字号谱本,为理村派裔孙顺成收领),旧后序跋2篇(嘉靖己亥许嘉沂序和嘉庆十八年程士庙跋),新跋1篇(末页残破,作者不知)。

新安许氏有谱始自宋嘉祐丙申年(1056)许元编修《祖宗世次图》,王安石为之作序,考证许氏受姓由来和史上名宦事迹。从该谱存留旧序来看,南宋、元、明多有续修,朱熹、解缙均曾为许氏族谱作序。但合族宗谱的纂修始自明嘉靖己亥(1539)会修,嘉庆癸酉(1813)续修之,此为三修,距前谱已有七十九年。然而嘉靖谱涉及徽郡内许氏各支,后两谱仅图婺源境内许江冲的裔孙支派。从谱存的序文来看,嘉靖谱所存文献较为丰富,“所垂则有祁门记、东阁记、采访宗派记、编修世谱序、请立义田状、增助义田州据、大圹记……它如睢阳宝迹之见于韩文、王荆公之谱序志铭、安定胡公之传、欧阳文忠公之状记、朱文公之续订许氏源流……名贤纪载,炳若日星”。[1] 徽州宗族修谱多着意有关宗族先贤名达事迹和遗墨的传承积累,这也是谱牒文献的价值所在,然此谱却将许氏宗族的部分文献去除,较为遗憾。“如祁门记、东阁记、孚潭族谱序、孝子俞公传、请立义田状、艮斋铭、增助义田州据……望云思亲序、许节妇墓志铭、孝女割股

① 卷首《新安许氏会修谱序》,嘉靖十八年(1539)方塘汪思撰。

传、友仁先生大圹记、许缌干传等篇，皆有明嘉靖间祁东五车源会修所领合字谱内所载者，以其属于他邑他族，故悉删之”。[1]此举反映出晚清时期，徽州宗族社会里的大宗族意识已趋淡薄，时人重视的是各自始迁祖支下的血缘关系，故而对同祖不同宗的先贤文墨多所去除。所幸上述两谱存留此谱所删去的部分文献，如《请立义田状》、《增助义田州据》等，在一定程度上可以弥补此缺憾。

此谱的文献价值虽稍有折扣，但王安石所作的《许氏世谱序》确是一篇力作，考述许氏的由来、许据以后的世次传承和史上名人、仕宦事迹，似无后世谱牒的为追溯原始而滥引冒附的流弊，应较为可信。其中记载有许规重诺行义做出非常人所能为的轶事一则，颇为有趣，且事涉池州，对研究五代及宋初江南宣歙池区域的民风民俗有一定的价值。现节录于下：

许规公轶事（题目为编著者所拟）

唐亡，远孙儒不义朱梁，自雍州入于江南，终身不出焉。儒生稠，沉毅有信，仕江南李氏参德化军事。稠生规，好道家言，不以事自混。尝羁旅宣歙间，闻旁舍呻呼，就之。曰："我某郡人也，察君长者，余且死，愿以骸骨属君。"因指橐中黄金十斤曰："以是交长者。"规许诺敬负其骨千里并黄金至死者家，大惊，愧之，因请献金如儿言以为许君寿，规不顾竟去，于是闻者滋以规为长者。卒藏池州。后以子故赠大理评事，生遂、逖、迥三子（附世系图规公小传：尝羁旅宣歙间，卒赠大理评事，乐善好施，建桥青阳，至今名高阳桥，有祠在九华山，娶夏氏合葬池州颜村，子三：遂、逖、迥）。

此外，该谱世系图的编修较为理想，依迁派的先后次序图录各支世系，明朗不紊，稽查方便，图系中晚清时期的谱主名下小传内容较丰，于晚清时期的宗族社会史研究有一定的价值。需要强调的是，《凡例》是纂修谱牒的法则条文，修谱前议定并

---

① 卷首《凡例》。

存于谱中,是我们认识修撰者的纂修思想和所修之谱系内容的重要文献,一般情况下一谱一份凡例,但此谱将明嘉靖谱、清嘉庆谱和新修光绪谱的谱例汇聚一起,似是它谱所稀见。此举不仅传承了凡例的历史文本,也便于我们比较认识历史上不同时期的修谱规则,兹全文抄录如下:

明嘉靖己亥祁东五车源会修统宗世谱凡例六则

谱书之作所以明其本之所自出而别其支之所由分,尊尊亲亲之道也。盖服尽则亲尽,于是乎,忘而远之者天下同情,则遗厥所尊疏厥所亲者众矣。是故,志之于谱用昭监也。然谱纪一家,虽以崇爱敬,亦所以示劝饬焉。故立为凡例,使后之观者识之。

——支系以五世为图以便于观览焉;

——各处支系原自某处迁某处,则于原处支下白书迁处及支派在后字例而于其后白书某处支派,使世系相统不乱;

——祖宗坟垄子孙每久而忘之,多为豪强所侵夺;远者期日后再访,今日幸相传而未忘者则细书于其讳下,妣同穴则用合藏字例,异穴则各书之,庶妣则用附藏字例,子孙务世守之不可有失;

——无后立继须伦序适分血气相属则于祭享为宜,若乞养异姓之子紊厥宗族,为害甚大,故无后者书曰止,立继者书曰某公几子绍,乞养者书曰来绍,能的(按:即“得”字误)知所自来则书曰某氏子来绍;

——母族之亲当世为至戚,故书某氏族,使毋相忘;其再娶者例以继室,庶媵例以侧室,因而以明夫妇之伦焉;

——祖宗有德行之可法于后世者,则述其行实以昭彰之,或原无纪录但具略于其讳之下;与夫妣之守节者亦备书之,见贤思齐是所愿也。

嘉庆癸酉续修凡例六则

——先世遗文旧谱所载卷帙颇繁,兹择其尤者著于篇首，俾后嗣简要以时观省；

——祖宗遗像赞语取其表著信而有征者绘图示后，使子孙优然如亲色笑；诗曰：尚有典型，意在斯乎；

——先世始迁婺源墓图及许昌祠式，谨遵近代所修谱牒绘附序后，一展阅间，不待春露秋霜，自当油然起敬；

——每篇五世为图，详注某某名字行列及所娶姓氏于生殁可考者则书之，否则宁缺毋滥；

——继子及出绍或乞养者书之，示慎也；年高德昭例当详载；

——迁徙聚散无常，考祖居自许村而后源远流长，仲经公之长孙迁方坑次迁高奢，曾孙又从方坑迁珠源，今枧田清华皆迁自高奢派，谱内世次先后亦以为序。

新增凡例八条

——议族谱自今限三十年一修，不疏不数，冀事易而无遗；

——先世遗文旧谱虽经去取，然如祁门记、东阁记、孚潭族谱序、孝子俞公传、请立义田状、艮斋铭、增助义田州据、孝友迥公传、孝子行之公行状、许节妇传、望云思亲序、许节妇墓志铭、孝女割股传、友仁先生大圹记、许缌干传等篇，皆有明嘉靖间祁东五车源会修所领合字谱内所载者，以其属于他邑他族，故悉删之，非敢擅有去取也；

——老谱只存壹副，新谱内注载存某房人处，当须珍藏，不得鼠耗湿烂，新谱告成时，老谱均汇齐缴局散谱后敬裤焚化，以昭郑重而杜弊窦；

——议娶妇须载某处某人之女，庶后人知其自出，亦示不忘本之意；

——凡娶室女者，须载明某氏室女某某，其再醮之妇只载某氏某某，所以敦名而昭郑重；

——族内笔墨有关族中紧要事者，必须一一详载，所以防微杜渐；

——我族殁者不立宗祏，生殁致多失考，嗣后宜敬立宗祏详载生殁，俾他日续修不至茫茫无据，庶几系属胥清；

——孝贞节烈当加赞语，其余非有功于众者概不加赞语。

28.《休宁叶氏支谱》(书名据版心题)

(清)叶道蓥纂修，光绪十八年(1892)抄本。黑口，四周双边，单鱼尾。十三卷。一册(一函)。

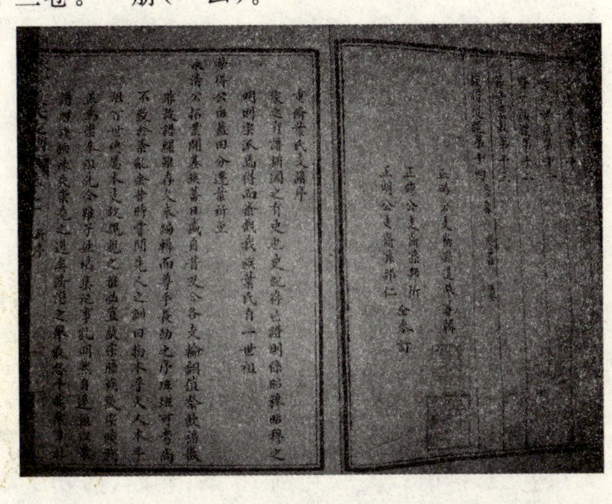

叶道蓥，字砺堂，号荔塘，邑庠生，生道光乙未(1835)九月十三日。安徽休宁人。

叶出姬姓，周武王母弟曰聃季食采于沈，子孙遂以国为氏；春秋时有伊戌者，为楚司马，其子沈诸梁仕楚，为叶县尹，号叶公，善画龙，卒葬叶县南三十里……其后子孙因改沈为叶，望于南阳……唐有讳孟者始迁于歙之蓝田。[1]“嗣后族姓繁衍分迁四邻自为一族者，不可胜数，殆又蓝田望族矣”。[2]叶孟子孙中有叶莒者，唐末为休宁县尉，览休宁山川佳胜，常有卜居之思，然旋调他任。叶莒八传至叶梦得始由蓝田分迁叶祈而居，为叶祈叶氏一世祖。叶梦得，字少蕴，绍圣四年(1097)登进士第，历仕两宋，仕宦至南宋崇信军节度使。传至“二十五世祖永清公支分三房：曰明房、曰时房、曰旸房，人丁繁衍，资产丰盈，绳绳蛰蛰……瓜瓞绵绵”。[3] 该谱世系主体即是以叶永清下

---

① (明)戴廷明、程尚宽等撰，朱万曙、王平等点校《新安名族志》，合肥：黄山书社，2004年，第416页。

② 卷一《重修支谱序》，光绪十八年(1892)叶道蓥撰。

③ 卷十《叶氏三支总图》。

三房支系展开，包括外迁至无为县支脉。其间叶祈一支显宦不断，商贾名流辈出，谱牒纂修频仍，至道光戊戌岁(1838)三十三世叶廷荫纂修时，已是四修。然自咸丰庚申(1860)兵燹以来，叶祈族支遭受重创，"族中为国捐躯者有之，全节立名者有之，遇贼殉难者有之，流离异地者有之……遭时多故，迁徙不常……(支谱)多有颇残缺失"。[①] 故叶道蓥耿耿于修谱事宜，曾于光绪四年(1878)"(约)请三十四世志视公同为走摩先茔碑记，并补辑其世系生殁藏茔于其上……稿草略具清悉，不意志视公于本年八月病革，校核乏人，修辑之愿从此怠懈"。[②] 光绪十八年(1892)清明祭墓，"祭毕，侄孙道蓥将光绪四年间纂辑族谱稿草一卷呈请于余，意欲补辑成功永垂不朽……蓥请纂修乃吾族第一大事，岂不快哉。于是命蓥即为补辑以厥成功……命侄邦忻、邦仁，孙道祈共为清查，互相考核……未几半载，斯谱乃成"。[③] 可见此谱是在光绪四年(1878)谱稿基础上完成的，虽有多人帮忙，基本上还是叶道蓥的私修谱本。

谱分14卷，卷首谱额题"休宁叶氏族谱世系"、"簪缨继世相国名家"、"爵禄传芳"等字样；卷一，谱序(新序3篇，旧序5篇)；卷二，谱引；卷三，凡例20条；卷四，诰勅4篇；卷五，像赞4幅；卷六，列传3篇；卷七，墓图碑题20余幅；卷八至卷十，世系图(自叶莒至叶梦得、叶梦得至叶永清、叶氏三支总图)；卷十一世系录，其中《叶氏支谱前纪》录叶莒以下十世、《本支一世祖梦得公派世系统谱》自一世祖叶梦得起述至三十七世止，仅列名、配、子数，内容极简；自叶永清三支各派世系录内容始详；卷十二，贤才显达汇纪(65人)；卷十三，节孝荣淑汇纪(13人)；卷十四，谱跋3篇，卷末附领谱字号。

此谱是叶道蓥在刻印好边框、版心的谱纸上，亲笔誊抄六部，"并无他笔作书，以防以后插派之弊"。[④] 国图藏本即是永字第六号叶道蓥所领的谱本，字体行楷，图像墨笔绘制，谱中多处

---

① 卷一《重修支谱序》，光绪十八年(1892)叶道蓥撰。

② 卷一《重修支谱序》，光绪十八年(1892)叶道蓥撰。

③ 卷一《重修支谱序》，光绪十八年(1892)叶志沔撰。

④ 卷三《凡例》。

钤盖宗族堂号（叶怀德堂）和纂辑者叶道蓥印章。从版本学的角度看，是抄本谱牒中的珍品，凝聚着叶道蓥十余年的心血，因而谱本体例较为规范。但限于人力，且半载速成，传述文献资料的内容欠丰，世系方面尊两宋名臣叶梦得为一世祖，谱牒的攀附名宦之迹过于明显。《宋史·叶梦得传》载“梦得，字少蕴，苏州吴县人……绍圣四年（1097）登进士第……寻拜崇信军节度使致仕，（绍兴）十八年卒湖州，赠检校少保”，[①]整篇传文并未言及徽州；《江南通志》卷一百四十《人物志·宦迹》也将其列籍苏州府。可见叶梦得与蓝田、叶祈均毫无关联，何来叶梦得由蓝田迁叶祈之说。该谱在此世系方面显误，唯卷十二《贤才显达汇纪》历述叶氏史上仕宦、商贾、医、画、善行诸名流 65 人，有较高的史料价值。如：

正时，精于岐黄之术，授太医院吏。

志灏，国学生，考授宣德郎。事上尽孝，始终不殆，仗义疏财，申明大体，善画山水，尤善分书精琴谱，能咏诗，有《奇闻寓斋诗集》，后总办芜湖关税务事……（乐善好施）族中多敬之，寿登八十有六。

志瀚，国学生，赋性聪慧，天资过人，善丹青，精琴谱，一弹再鼓，恬然自适，尤精铁笔，得秦汉意，著有《十二琴斋印谱》藏于家，事实已载邑志。

志渌，国学生，持身庄严，疏财重义，由是兄弟同心，经营于通州，数十年来贸易兴隆，而家道遂丰，不因富而骄，雍雍肃肃，和气蔼然，遇有告贷必应，缓急必周。

另，谱中记咸同兵燹事较详，于我们研究徽州宗族对待太平天国革命运动的态度及护族自卫的史事有一定的史料价值，兹摘录一则资料如下：

邦本，字治农，邑庠生。西匪扰乱，公在本都团练招募乡勇，行友助法。咸丰六年，贼近邑境，邑侯唐谕令各都乡勇驻扎南乡山斗地方，逆贼窜至，公共堂侄星若奋力迎敌，伯侄登（顿）时阵亡于山斗战场。又星若之父曰振材见子

① 《宋史》卷四百四十五《文苑》（七）《叶梦得传》。

殉难，日以杀贼为事；邦本公之子曰道圭，欲父仇未报，竟有杀贼之志，苦于独力难持，忧郁于心，无日敢忘。至庚申岁，贼复入境，四郊掳掠，贼至我村，叔侄二人不避锋刃，迎贼拒敌，贼竟杀之，至死骂不绝口。呜呼，兄弟叔侄捐躯报国，忠义一门，我族中诚千古不摩之人也，爰笔记之以待奖恤。

29.《新安庐源詹氏宗谱》（书名据书签题）

（清）詹氏族人修，乾隆四十九年（1784）木活字本。每半页九行，每行十九字，白口，四周双边，单鱼尾。十八卷首一卷末一卷。二十册（五函）。

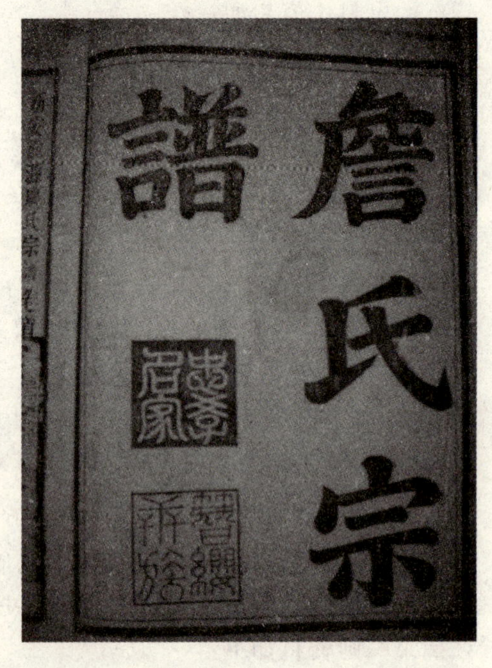

据谱知，詹姓源起于周时的詹侯，子孙以爵为氏，世居河间，后徙南阳。晋大兴中，东都太守詹康帮渡江而南，江南始有詹姓。历六传有詹敬倅者守新安，遂家焉；再传四世至詹黄隐，隋大业二年（606）弃官归隐龙川（婺源庐源），是为庐源詹氏始祖。历唐至宋，子孙繁衍，已成新安大族。此后，族益繁盛，卜地而迁者星散，甚至有迁往“浙闽楚淮广东者”。[①] 故詹氏尤重宗谱的编修，以笃族谊。据卷首“詹氏宗谱历世修谱名录”载，詹氏有谱始于唐元和四年（809）詹敬从纂修，南宋绍兴三十年（1160）詹眉寿续修，南宋理宗时期曾多次补修，元至元十七年（1280）

① 卷首《龙川重修詹氏族谱序》，雍正甲寅年（1734）詹之龙撰。

詹定夫再修，明洪武十九年(1386)、宣德五年(1430)、嘉靖二十七年(1548)、万历十三年(1585)、万历三十二年(1604)五度重修，其中"嘉靖、万历年间谱书，各宗其宗，各谱其谱，名曰詹氏宗谱，实为詹氏支谱"。[①] 清雍正、乾隆年间詹氏合族曾两度大修宗谱，一是雍正十三年(1735)始，乾隆三年(1738)告竣；一是乾隆四十六年(1781)婺源知县彭家柱奉宪颁布自行检举家谱中不知检点敬讳的《告示》后，詹氏宗族"幸奉宪谕，改正宗谱"。[②] 此次开局修谱于乾隆四十七年(1782)始，乾隆四十九年修成。该谱即是乾隆四十九年(1784)的谱本，为该族宗谱中的巨典。卷首谱序、家族文献；卷一各派分迁、詹氏原始、庐源世系；卷二至十八各分迁派支世系；卷末宅图、墓图、秋湖彝叙堂田地山塘潭税记、庐源世德祠祀田禁示。

此谱编纂条理十分清晰。卷一"各派分迁"自始祖詹黄隐下，历述至第三十世止，注明外迁处；世系图自一世祖詹黄隐起，世次录至第三十八世；图中于外迁谱主名下再注明迁居地，与卷一"各派分迁"相呼应，虽支分派衍，但脉络清晰不紊。尤其值得我们珍视的是卷首(第一、第二册)的谱序、家族文献资料，共载文135篇，其中保留自唐至清的谱序50篇，具有较高的谱牒学研究价值；余为行状，敕命，诗赋，墓铭，碑记，诸祖科甲宦籍、户籍、像赞、坟茔，历代修谱名录和节孝传记等。詹氏宗族以"忠孝为传家之典则，诗书为奕叶之箕裘"，[③]重视家族文献的传承积累，"凡嘉言懿行，不得书于史者，皆得书于谱"，[④]故各种家族文献资料汇聚卷首，颇为丰富，有着较高的宗族社会史研究价值。需要辨析的是第二册末插入乾隆五十六年(1791)冬月婺邑莘原汪均木毛笔书写的序文，落款倡修宗谱者是詹念五支裔孙詹华盛、詹锡贵、詹锡荣、詹锡德等四人，考究谱文及世系图，知该支自第二十一世詹念五迁休宁木瓜坑源头

---

① 卷首《秋湖谱序》，乾隆三年(1738)詹昌寿撰。

② 卷首《庐源詹氏重修宗谱合序》，乾隆四十九年(1784)詹氏族人撰。

③ 卷首《庐源詹氏重修宗谱序》，乾隆三年(1738)松江府教授莘原汪作辑撰。

④ 卷首《庐源谱序》，乾隆三年(1738)詹锐撰。

岭后支脉不兴，至詹华盛时已是“支丁渐衰，又值时势艰难，贫乏者多无可措办捐资敷费”（汪均木序文），詹华盛等四人“倡首同心协力……勉力捐输，严成（该支）谱牒”（汪均木序文）。此谱于乾隆四十九年修成，卷首领谱字号是“宗字叁壹号休宁源头领”，正是詹华盛所在的族支领取保管，估计插入的毛笔序文应是该支在保管宗谱时私自附加进去，以表其功。由此可知《中国国家图书馆早期稀见家谱丛刊·提要》称此谱编修者为詹华盛，实误。真正纂修者谱未明载，唯谱后梁献跋文里提及有“詹泰者，祖籍星江，返婺会修宗谱”，故詹泰可视为修谱者之一。

30.《星源银川郑氏宗谱》（书名据书签题）

（清）郑永彬、郑起炜等纂修，乾隆四十年（1775）木活字本。每半页九行，每行二十三字。白口，四周单边，单鱼尾。六卷首一卷末一卷。四册（一函）。

郑永彬，字胜文，雍正元年（1723）生，江西婺源人，银川始迁祖郑德二第二十三世孙；郑起炜，字彤有，号静巷，康熙四十年（1701）生，江西婺源人，银川始祖郑德二第二十四世孙。

谱载郑出姬姓，始祖为周厉王少子名友者，封国于郑，子孙以国为氏。汉以前世居江北荥阳，三国时郑庠仕吴车骑府长史、平难将军，晋永嘉元年（307）过江居丹阳，传至盛唐时期有郑聏者迁居歙之黄(篁)墩。郑聏五传至郑延方始迁婺源东乡中平,郑延方子郑毅又迁婺东银川。此后或居或徙,纷纭不一,历六传至郑德二(字德中,宋大中祥符辛亥年生),兢承祖业,于银川建祠定居。自此银川郑氏瓜瓞绵延,人文蔚盛,后嗣推郑德二为银川郑氏一世祖。自宋至清,银川郑氏衍生出银川派、大源派、丰洛派、槎潭前山派、槎潭井湾派、前山沙城派、蒋村派、大田派、武口西安里派、西安里沙城派等分支,此谱即是汇聚上述支派谱系的总谱。首卷载乾隆四十年(1775)胡夔臣的序文1篇,凡例10条,重修银川郑氏宗谱知启文1篇,历代会修录1份,续修宗谱各派捐费图1份(捐银共计131两),成化二年至乾隆三十七年间的各派旧谱序7篇,乾隆四十年重修宗谱时各派新序16篇,郑氏始祖由来(自一世少典述至二十九世周厉王少子友),荥阳同姓贤达,新安宗族贤达(辑录元明清三朝新安籍郑姓名贤16人),受姓祖以下传略1篇,家范10则,诰命1条,札子1篇,银川郑氏迁徙总录(述原祖友及银川始迁祖郑德二后裔迁徙各地概况)等。卷一,世系总图(世次从一世祖友述至六十二世郑德二);卷二至卷四,各分支谱系图;卷五,各派祖传、节孝传;卷六,各派寿序、像赞,景物诗文;卷末,各派先祖容像、祖墓图,银川宅基图,敦本堂祠规,合约文书等。

据此谱,银川郑氏宗谱始修于宋嘉祐三年(1058),元至正戊子(1348)继修,明成化丙戌年(1466)续修,万历十二年(1584)又修,康熙戊申年(1668)再修,乾隆四十年(1775)谱为六修本。该谱除追述受姓由来先祖世次未脱攀附冒引的流弊外,余世次清朗,家族文献较为丰富,其中卷末的敦本堂祠规14条,详述建祠的目的、祠堂的功用、祠堂的管理、祠墓祭事宜、宗族亲睦劝谕和宗谱的管理,于宗族问题研究有一定的价值。其规条全文如下:

——祠堂之设原为祖宗神灵栖止之地,理应洁净严肃,日后子孙非正务不得在此惊扰,各房物件不得在此存贮丝毫。如违,公罚。

——祠堂门首为外人往来观瞻之所,亦宜整肃开敞,固不可堆积物件，尤不可泥塞污秽。如违，公罚。

——祠内椅桌以及傢伙器皿原备祭祀拜扫之用，经理祠务者不得徇情私借出门。如违、如受，均罚。

——祠内租谷银钱除供国课外，以备祭扫修坟墓费用，经理祠务者需要公心代祖宗办理生殖，不可丝毫侵欺。有功则后日注谱示奖，有私当前查出立罚。

——祖坟荫木各房子孙须宜时加保护，不得越地盗砍盗伐，如犯，以不孝罪论；除闻官究治外，仍削名出族；其或朽坏风折之木，务须通知各房族长看验，公估出售为安奠费用，不得私行窃取。如违，公罚。

——祖坟所立禁碑合同之处，日后子孙毋得侵葬。如犯，照盗荫惩治。

——祠内祭仪依文公家礼以宗子主祭，其余序齿序爵不得以小加入、以贱凌贵，紊乱先贤遗范。

——本族一切大小争端，两家须先投明各房族长，开祠公论是非曲直，不得遂行闻官讦讼，而各房族长亦宜秉公劝谕，不得偏袒曲徇，致生事端。倘理不足而故意执拗者，公同斥罚。

——孝悌为百行之原，前人于家范内已谆谆言之。第其词理恐人一时难晓，今复明白申示，如族内有不顺父母及侮兄长者，即时呈官照律治罪，绝不轻纵；如其或有赌博饮酒不顾父母之养，好事逞凶以危父母者，亦以不孝罪论。

——本族有强横不法者，各房族长须先再三理喻，如敢不听，公同呈官究治，不得徇情轻纵。

——本族有孤寡贫弱不振者，族中须多方保护扶持，不可置之膜外，致有无告之苦。

——新修宗谱除有敦本堂草谱一副外，共正谱三十三副、草谱二副，已经编列字号分散各派，各房所是领谱之家的在年清明日为期，亲携全谱至祠呈验，不得托故不前。如违，公罚。

——本祠自修谱之后设立红格本，存贮祠内的在每年清明日为期，凡族内添丁之家至祠报明升上，并要照依世次行第注清，不可违混；其名字已经入谱而婚嫁没葬未上者，亦照此例载明，后世修谱可免遗忘之失；各宜体遵，幸毋因循。

——本祠左右两边所存路地毋许私塞，已经载明祠堂图内，兹不复赘。

此外，卷尾载有“祠屋基址分阄图”、顺治六年(1649)十二月二十九日的汪郑两姓有关浮竹岭山头权益分配合约、康熙四十三年(1704)十一月七日郑宗通的坟山禁约合同、乾隆十九年(1754)三月初一郑吕两姓柴舍与祖坟的纠纷处理合约等契约文书，于徽州社会经济史的研究有较高的史料价值。

31.《绩溪城西周氏宗谱》(书名据书签题)

(清)周广顺、周之屏纂修，光绪三十一年(1905)敬爱堂木活字本。每半页九行，行二十三字。白口，四周双边，双鱼尾。二十卷，首二卷。二十一册(四函)。

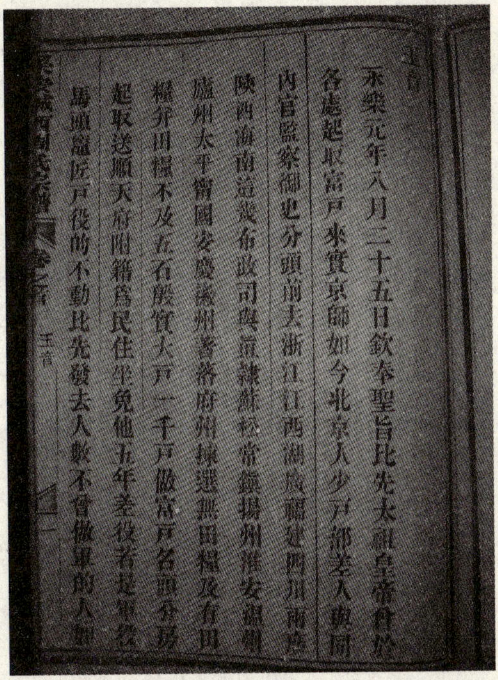
王言
永樂元年八月二十五日欽奉聖旨比先太祖皇帝曾於
各處起取富戶來實京師如今北京人少戶部差人與同
內官監察御史分頭前去浙江江西湖廣福建四川兩廣
陝西河南道發布政司與直隸蘇松常鎮揚州淮安滁和
廬州太平寧國安慶徽州著落府州揀選無田糧及有田
糧弁田糧不及五石殷實大戶一千戶做富戶名頭分撥
起取送順天府附籍爲民住坐免他五年差役若是軍役
馬頭竈匠戶役的不動比先發去人數不曾做單的人數
王言

周广顺，字遂之，号厚斋，五品衔候选布政司理问，道光甲辰(1844)九月廿四日生，安徽绩溪人；周懋埕，官名之屏，字殿辉，号树堂，候选训导，岁贡生，道光癸卯(1843)十二月廿三日生，安徽绩溪人。

绩溪周氏始于周垚，其先世由庐江徙饶州鄱阳。在唐僖宗中和年间(881—885)周垚由歙州司马荐升刺史，任职届满值黄巢事起，为避兵乱迁居绩溪之虎头山，为绩溪周氏一世祖，后裔繁衍，遂名始迁地曰周坑。

周垚生子三,“长公讳固徙旌及歙之小路口,次子讳国仍居周坑,三公讳囦徙邑东北乡之竹里”,[①]始分三大派,转徙杂寓,至明中叶时,已“赫奕于宣歙之间,今皆为望族”。[②] 其中次子周国一派,递传至十六世“周世杰(已是)田连阡陌,粟帛陈因,委的殷富”。[③] “世杰,一讳道童,字士英,号勿斋,生至元庚辰(1340)八月初六日亥时,殁明永乐乙酉(1405)五月初五亥时,享年六十有六……子五:德善、德茂、德文、德祥、德浩”。[④] 五子支分蔓布,子嗣绵绵,仕宦显达、人文蔚起,明嘉靖年间五支合建宗祠敬爱堂,乾隆三十四(1769)至四十一年(1776)又重新修葺。此谱即是敬爱堂宗下五支世系谱书。

据谱载,绩溪周氏宗谱始修于宋郡学生周守座,元泰定甲子年(1324)浙西宣慰使周杰续修,明正统丁巳年(1437)国学生周敦又修,嘉靖辛丑年(1541)周仲弘再修,万历甲申年(1584)旌邑裔孙周希旦编辑统宗世谱,康熙丙申年(1716)周栻续修宗谱,此为七修,距上次纂修宗谱已历一百八十余年,故光绪戊戌年(1898)阖族长老急议重修宗谱,历时八年,至乙巳年(1905)告竣。

此谱卷帙较丰,计20卷,卷首2卷,分订21册。卷首载光绪三十一年(1905)徽州府教授周赟序文1篇,宗谱目录1份,旧谱序8篇(元序2、明序6),凡例32条,诰勅13道,公文6则,重建宗祠记1篇,祠图2幅(濂溪书院图、周氏宗祠图附联匾文),先人事迹题名总额1份,春冬祭礼文1篇,祠规43条(附办祭颁胙例),宗支指掌图1份。卷一,统宗世系图及戴国派世系(一世至十七世)、戴德善派世系(十七世至三十四世)。卷二,戴德茂派世系(十七世至三十五世)。卷三至卷十一,戴德文派世系(十七世至三十六世)。卷十二,戴德祥派世系(十七世至三十三世)。卷十三至卷十六,戴德浩派世系(十七世至三十五世)。卷十七载传记44篇,赞文32篇,文翰(杂序、叙10

① 卷首《绩溪周氏前修宗谱序》,嘉靖二十年(1541)胡松撰。
② 卷首《绩溪周氏前修宗谱序》,嘉靖二十年(1541)周禹撰。
③ 卷首《世杰公帖文》。
④ 卷一《刺史公统宗世系图》。

篇、记23篇），行状、述、墓表7篇，记、对、说等杂文16篇。卷十八，诗、文数十首。卷十九载祭文13篇，寄书1篇，履历1篇，诔1篇，挽诗10首，墓序1篇，禁止盗葬和砍伐祖坟林木碑文1篇，祖茔修葺祭文1篇，义冢鳞册图形及捐资名录1份。卷二十，祠址、新旧田产税额明细及承租佃户和承租文书、祠产资助中举或上京朝考规条及祠产明细，墓图61幅（含图注），嘉靖谱跋文8篇，领谱字号1份，排行（20字）。卷末记有历代修谱名录1份，光绪乙巳（1905）泾川王絜谱跋1篇，勘误记1册。

此谱公修，谱局人员多达42人，总理、探访、编辑、校对、经收捐款等事务分工明晰，历时八年修竣，谱作质量较高，时人便赞誉其"体例之严，考核之精，词华之富，非以史学为谱学者，曷克臻此"。[1] 从版本学角度看，谱本卷帙较丰，刻印装帧精良。从谱学角度看，周氏修谱历来注重实证，嘉靖二十年（1541）汪仲成为周氏族谱所撰写的《绩溪周氏前修族谱叙》云：

> 纪自始祖刺史公始，据其墓也，始祖以上非略也，阙其疑也；于绩为独详焉，耳目所逮也；迁徙必录，取起家之始也；亲尽而犹得书者，著其族之所自出也。

该谱承袭此修谱传统，以始迁祖周垚为一世祖，不录周垚以上世系源流，无追远溯始而胡攀乱引的修谱流弊，世系前有谱图提纲挈领，后分五支详予铺展，且一支世系连贯，分为支谱，合为宗谱，极便查索。从文献学角度看，此谱修撰一仍"贤能典籍在所必载，所以传一族之文献也"[2]的优良传统，从上述谱本内容的检录可知，不仅文献体裁多样，所载内容也极为丰富，如卷首《公文》项既保存了明代政府文告的格式，也保留了重要的史实信息，其中《玉音》篇记录了明成祖移民北京充实京师民籍的文告内容：

> 永乐元年八月十五日，钦奉圣旨，比先太祖皇帝曾于各处起取富户来实京师，如今北京人少，户部差人与同内官监察御史分头前去浙江、江西、湖广、福建、四川、两广、

---

① 卷末《绩溪周氏宗谱跋》，光绪乙巳（1905）泾川王絜撰。

② 卷首《绩溪周氏前修族谱叙》，嘉靖辛丑（1541）汪仲成撰。

陕西、海南这几布政司与直隶苏、松、常、镇、扬州、淮安、温州、庐州、太平、宁国、安庆、徽州著落府州，拣选无田粮及有田粮并田粮不及五石、殷实大户一千户做富户名头，分房起取送顺天府附籍为民住坐。

绩溪周氏因富而成为被拣选的对象，卷首《公文·世杰公帖文》完整地记录了此事：

直隶徽州府绩溪县为起取富户事，永乐元年十月二十五日奉本府帖文，该奉户部徽字二百六十九号堪合扎付……民家有田粮殷实大户者，定位富户起送填实京师，以助国用，给予执照，免其差役，不许作弊卖放，钦此。

钦遵堪得本县民人周世杰田连阡陌，粟帛陈因，委的殷富，堪充富户等因；永乐七年九月初三日，又奉本府帖文，该奉户部催促起送富户等因，行取通县里排人等结堪相同。为此，给文起送周世杰第三子周德文连当房家小赴部听拨应用施行。计起送富户一名周世杰户丁周德文，见(现)年三十二岁，中等身材，面尖微须，系绩溪县西隅住人。

永乐七年十月十五日知县陈昭　　承

十七世祖周德文因之牵涉其中，最终“以富户敕徙，卒北京宛平县”。[①] 除此重要的史事文献外，通谱文献尤详于宗族贤达事迹和宗祠建设、宗族祭祀等事象的记录。如卷首的《题名总额》分“义勇、忠义、孝友、尚义、隐逸、文苑、科贡、仕宦、职官、杂职职衔、耆英、乡善、节烈、节孝”等条目，将元明清各时期周氏数百族人的事迹附载。卷首的祠图(濂溪书院图、周氏宗祠图)后附祠堂书院的基址方位、进深尺度、寝室布局及其功能、宗祠各种匾额 11 幅、楹联文 26 幅等资料殊为详悉。卷二十所录祠址、新旧田产税额明细及承租佃户和承租文书、祠产资助中举或上京朝考规条等均极为详尽。这些文献于徽州宗族社会的研究均有较高的价值，尤其是有关祠祭的资料颇为珍贵。徽州宗族素重祠、墓祭祀活动，此谱完整地记录了祠祭活动的仪式

① 卷一《刺史公统宗世系图》。

和具体的祭祀用品陈设等细节问题，于我们认识、研究并复制徽州宗族的祭祀活动颇有裨益，兹完整抄录卷首的《春冬祭礼》如下：

春冬祭礼

朱子家礼以祠堂祭礼为首，盖以报本反始之心、尊祖敬宗之意，实有家名分之守，所以开业传世之本也。今亦以此冠于篇端。

前期三日斋戒

首事诣祠开门，设斋，戒派于下堂门外。

前期一日设位陈器

仪节载办祭条内，以便首事稽查，免致遗误。

省牲仪节

司值二人穿公服引宗子诣中堂案前，赞、上香、揖告；省牲：引至西阶下省牲所，赞、揖、省牲，宗子执爵、执事斟酒，宗子醮羊、执事取毛血，司值赞、揖、复位；引宗子诣中堂案前，赞、揖，省牲礼毕。

涤器具馔

俱载办祭条内。

习仪

按朱子家礼，先拟合用之人，恐仪文曲折，行者或有参差，所以先期择通赞，引赞，读祝者执事者讲明演习，庶行礼之际不至陨越；祠内具有执事牌，祭前一日派定司事，悬于中堂，晡时习仪，是亦择人习熟，敬谨之至云。

祭日设蔬果酒馔，鸡鸣盛服就位，降神、参神，初献、亚献、终献，侑食、受胙、辞行，礼毕。

仪节

通赞自堂下揖，由东阶升寝室阶上立，序立，执事者各司其事，司进者各揖就司樽所立、司献者各揖就彻馔所立、主祭裔孙正位。

引赞就位，引宗子诣香案前，通赞分献者各就位。

引赞就位，东引齿尊者立香案前东，西引爵尊者立香案西。

通赞陪祭者各就位，与祭者各依昭穆随班序立，瘗毛血。执事二人捧毛血盘，瘗阶下，行降神礼。

引赞诣盥洗所盥洗，执事捧盘，宗子净手拭巾。执事进巾，宗子拭手。诣司樽所司樽。执事举三爵，宗子提壶偏斟。司进者随宗子由东阶上，司献者由西阶上，诣香案前。引诣中堂香案前跪，行三炷香。执事一人跪，宗子左进香，宗子受香拱举；执事一人跪，宗子右献香。进酒。执事跪进酒，宗子灌地，覆爵案下，俯伏兴，平身，复位。由西阶引至香案前，司进者随宗子由西阶下，司献者由东阶下。

通赞参神鞠躬，拜兴、拜兴、拜兴、拜兴，平身。

行初献礼

引赞诣神位前，行初献礼。引宗子升东，阶至寝室案前跪，奠帛，司进者跪左进帛，宗子受帛拱举，司献者跪右献帛；进爵，如奠帛仪；进馔，如奠帛仪；俯伏兴，平身，复位。

通赞读祝

引赞诣读祝位，引诣中堂香案前跪，通赞、主祭以下皆跪。

引赞开读。读祝三人由东阶上，捧祝版左右跪读，诸执事共诣寝室，跪读祖讳，俯伏兴，平身，复位。

通赞行分献礼

引赞诣神位前，行分献礼，引宗子诣五房祖位前。先诣德善公位前跪，奠帛、进爵，俯伏兴，拜兴，拜兴，平身；次诣德茂公、德文公、德祥公、德浩公各神位前，仪与德善公同。

复位

东引，引齿尊者由东阶诣寝室东各配享神位前分献，及中堂各配享分献，复诣寝室东阶下；女配享分献俱照主祭者行礼。

西引，引爵尊者由西阶上，以次行礼与东献同。

通赞行亚献礼

引赞如初献。

通赞行终献礼

引赞如初献。

通赞侑食

引赞诣神位前侑食，引宗子诣寝室案前跪，提壶侑食。

执事跪进果，宗子受壶起，斟毕跪，还壶，执事受壶；进果、进茗皆如帛奠仪，侑食，鞠躬，拜兴、拜兴，平身，复位。

通赞饮福受胙

引赞引宗子诣中堂案前跪，通赞读嘏词。读者立寝室中阶上，读。

引赞饮福，执事捧祖前酒跪进，宗子啐酒受胙，执事进胙。俯伏兴，平身，复位。

通赞谢胙

鞠躬，拜兴、拜兴、拜兴、拜兴，平身。

撤馔

执事撤馔辞行，鞠躬，拜兴、拜兴、拜兴、拜兴，平身。

读祝者捧祝、奠帛者捧帛，各诣燎所，望燎。引赞诣燎所，望燎，复位。

通赞礼毕

通赞、引赞及执事者皆至堂下各四拜，通赞复立寝室阶上，与祭子孙各依昭穆分班序立，揖；读谕词，读毕揖；读圣谕，读毕揖；读家训，读毕揖。各退。

嘏词

祖考命工祝：承致多福，无疆于汝，孝孙来汝，孝孙俾汝，受禄于天，宜稼于田，眉寿万年，勿替引之。

谕词

祀事既成，祖考歆享。凡我阖族，景福共之，所尊既敬，所爱当推。整尔容仪，肃尔心志，静听圣谕，及我家训。

圣谕

旧读孝顺父母，尊敬长上，和睦乡里，教训子孙，各安生理，无作非为；今敬读圣谕十六条。

家训

皇皇帝训，各宜静听。孝悌必敦，生理必正；非为之中，奸盗为甚；男奸女犯，祠有明禁；生不得入，死不得进；凡尔子孙，各宜遵听。

32.《古歙义成朱氏宗谱》（书名据书签题）

（清）朱增纬等纂修，宣统三年（1911）存仁堂活字本。每半

页十行，行三十一字。白口，四周双边，单鱼尾。十卷首一卷末一卷。十二册（两函）。

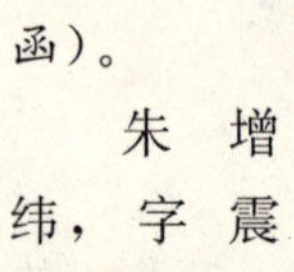

朱增纬，字震渭，号星蕴，国学生，同治甲戌（1874）九月二十六日生，安徽歙县人。

谱载朱氏起自高辛之后陆终第五子曰子安，周武王封其苗裔曹侠于邾。鲁隐公元年邾国君仪父从齐小白伐楚，传八世为楚所并，子孙去其邑为朱氏，世居沛国相县，代有闻人。汉高祖时封朱濞为隐陵侯，武帝朝朱买臣贵拜会稽太守，灵帝时司隶校尉朱禹坐党锢之祸，子孙避难迁于丹阳。历十六、十七世至唐初，有朱奢者以明经科仕宦唐太宗朝弘文馆学士，迁居姑苏饮马桥。唐乾符五年（878）为避黄巢兵乱，有朱涔号师古者奉祖携子由苏之洗马桥始迁歙之黄（篁）墩。师古公有四子，“其长子名珉为南唐幕下将又迁金陵，次子古僚名瓌因陶雅公命，领兵三千镇戍婺源为制置茶院，遂家长田……三子古祝名璋居婺源香田，四子古祐，（广明元年）任休阳马步军总管，克复宣歙池饶十五州，功授宣州观察使，卜基鬲山”。[①] 朱瓌为朱熹先祖。朱瑋生春、满、园、林、秀五子，五支散居休宁首村、霓湖、洄溪、下杨侯及饶州浮梁。义成朱氏出自洄溪朱林支下，与枫林学士朱升共派。朱林第十三世孙朱百一，字先义，“初习儒业，后尝贸易江淮，因孺人殁，携二子（祥轻、祥生）同出，路过义成，周正乙公爱长君，坚留为婿，遂携次子去”，[②]时已元朝中叶。此后元

① 卷首《朱氏源流》。

② 卷一《世系图》。

末动乱，父、弟音讯断绝。明初，朱祥轻曾遍寻其父、弟不得，乃归，招魂入墓葬。朱祥轻生一子仲敏，洪武十四年编黄册，仲敏遂与母舅周灶保分居各爨，仍承朱氏宗绪，尊朱百一为义成朱氏始祖。朱仲敏生三子：伯珩、伯珍、伯玉。三子又瓜绵椒衍，历明清二朝，士农商贾兼丰。此谱世系即依此三支后裔分房铺陈，故谓《古歙义成朱氏宗谱》。

谱首卷载有宣统庚戌(1910)浙江永康县知事曹鸿泽序文1篇，纂修宗谱名次1份，目录，凡例13条，村图1幅，祠图1幅，旧修宗谱规条13则，旧叙13篇，祖训12则，祠规8条，朱氏宗派21支(全国主要朱氏宗派)，朱氏源流，朱氏统宗各派迁居图1份。卷一至卷九世系图，世次自一世祖朱介起谱至三十七世止，卷一前附《朱氏统宗世系之图》，世系自汉吏部尚书朱尚为一世至二十五世朱琕五子止。卷十存疑(将源流莫辨者编为一卷，以俟续订更正)。卷末历朝诰勅12道，先世容像16幅，墓图16幅，篁墩祖墓纪略、碑记各4篇，黄(篁)墩祀产1份，黄(篁)墩标祀各派阄定输管年份1份，传序行状7篇，祭文墓志铭7篇，祠堂祭祖文，各处标祀祭祖文，本祠祀产明细1份，领谱字号表1份，谱跋1篇。

义成朱氏修谱当推明永乐年间朱仲敏始作，万历戊午(1618)朱吉续修、康熙甲辰岁(1664)朱纯一继修、雍正十二年(1734)朱其伟再修、乾隆戊戌(1778)十六世孙朱志范五修、道光八年(1828)朱濂六修。由此可见义成朱氏素重宗谱修撰，“以期望子孙趋于贤哲”、“以冀子孙景仰而兴奋起之心”。[①] 故永康县知事曹鸿泽在序文里称赞“所编宗谱续修再修不一”。但前修谱籍于咸丰辛酉(1861)之乱中毁于兵火，此为七修，距上次修谱已逾七十年，义成族人耿耿于谱事，“屡议兴复，事皆中辍，每一念及，深用怅然”。[②] 是故朱增纬于庚戌(1910)秋“搜罗各家散佚，或有或无或全或缺，阅一岁而后成”，虽卷帙达12册，但世系录内容欠详，“仍是草创初稿，容俟续补”。[③] 因宗族

---

① 卷首《凡例》。

② 卷末《谱跋》，宣统三年(1911)朱梁铎等撰。

③ 卷末《谱跋》，宣统三年(1911)朱梁铎等撰。

人力不济，复邀廪庠生汪掬如，郡庠生王采兰，监生王世其、方瀚臣、汪梓良等外姓文人襄助，列名谱中以示感谢。

此谱纂修之际，正是大清将覆，社会风云激荡之时。世事纷扰，时局动荡，传统的宗族社会正面临新旧社会思潮的激烈碰撞。宗族长老念念于谱事柬族睦族，卷首《义成朱氏宗谱重编序》云：

> 纲常名教自昔维昭，今虽时异世殊，而至性至情千秋不变，唯愿自兹以往敦本更兼睦族，体先世留传之俭，益加奋勉之功，则义成朱氏之兴望未有艾矣。

卷末《谱跋》也强调：

> 方今世居维新，返本复始……勉效前修，毋染污俗。庶几记先人之辛苦，永绍丕丕基焉。如能继长增高，则尤先人所深愿。

故此谱纂修奉宗法、礼教思想殊为浓厚，所收文献也主要围绕这一点而存录。如村图，祠图，旧修宗谱规条，祖训，祠规，历朝诰勅，先世容像，墓图，篁墩祖墓纪略，篁墩祀产，篁墩标祀一览表，传序行状祭文墓志铭，祠堂祭祖文，各处标祀祭祖文，本祠祀产等充斥卷首和卷末。凡例13条中有下列6条予以解释其因：

> ——录祖训祠规者一以期望子孙趋于贤哲，一则惩戒不肖以儆效尤。
>
> ——凡忠孝廉节德行可风俱堪为世法向来有传者登之，无传者或为立传或为略载数言于本名下，皆所以示劝也。
>
> ——妇重孝贞节烈，青年守志白首盟心，糟粕是甘，柏舟矢誓，为国典所褒扬即为族人所钦敬，无论特荷恩纶已邀盛典，凡例合请旌者，均于某氏名下注明，发潜德之幽光以兴观感。
>
> ——录诰勅者所以记先人受朝廷之盛典也，名贤传状序赞赠诗墓志祭文亦皆金石之遗，足以表扬先烈，故并载之，以冀子孙景仰而兴奋起之心。

——录旧序所以溯谱源，列村图所以重桑梓，绘宗庙画祖像所以兴孝敬之思，非特为观美也。

——绘墓图标税亩所以重孝思防侵没也。然祖墓繁多，艰于悉载，故各记其葬地于本名下，若茫然无考者缺之。

因应这一抱残守缺的修谱宗旨，此谱所收的文献反倒为我们研究传统的宗族社会提供了一些珍贵的资料。如所录"村图"不仅绘出了百年前宗族社会聚族而居的村落图形，而且图中有诸如文会、庙宇、祭祀等诸多的信息。关于徽州的节妇烈女，凡族谱皆予记载，或守贞抚孤，或从节殉夫，本违人道，但在纲常名教的熏陶下，在徽州女性看来则视为当然。义成朱氏不乏此等女性，谱中皆予明载，其中有一女朱隐真，堪称典型。隐真，义成处士朱珍之女，生永乐癸巳年(1413)八月十六日，殁成化乙巳年(1485)正月初三日。幼时许配雄川李氏，未及嫁而夫亡，矢志坚贞，终生不再嫁。"太守闻其事，力为表扬，匾其室曰'新安奇节'"。[①] 此谱先祖容像有"奇节隐真祖姑像"图 1 幅，另，卷末传序行状文献收其传记 1 篇，全文录如下：

朱真女传

贞女名隐真，姓朱氏，歙南义成里处士珍公之淑女也。自幼有至性，三四岁时即能以礼自守，不从群儿嬉戏，及长专务女红无间日及。事伯珍公暨母汪孺人孝养唯谨，织细必求顺其欢心。伯珍公为贞女相攸许聘雄川李君善珍，越数载李感异症不起，时贞女年十八，闻讣即易衰服将往吊，族有止之者曰："彼固未有一日之情也，何自苦若此。"贞女曰："不然，我于受聘之日，此心已许之矣，奈何以死亡之故遂变易其心乎。且夫死而不为服，非礼也。服而不往吊，非义也。"遂往治丧事，抚夫柩归葬既毕，自誓守节。顾李氏上下无所倚庇，乃返依于父，辟居一室，足迹不及庭外，虽群从兄弟侄辈亦罕得见其面。于是解其奁资授弟永通

---

① 卷末《朱真女传》附注。

翁贸易，以给薪水供祭祀，每值节序，必致奠于其夫之墓，且号泣曰未亡人。在一日则祭一日也，痛悼不能自已，又节衣缩食推其余以济贫乏，造歙浦口渡舟及关南望仙桥。年六十，其弟欲为写真以传于后，画工至，贞女正色曰："予生平未尝见男子，今虽就衰暮，安可与外人相对，使之绘画耶。"强之不可，因以意授画工，上绘某弟下绘某侄，图成惟肖，众皆异之。成化甲辰除夜露香出拜天地，元旦遂寝疾，越三日而殁，距生永乐癸巳八月十六，享年七十有三。厥弟永通翁于余至戚也，故节行为详会系官于朝，欲揄扬之而未果。今承上命归省，永通翁请状于予，不辞固陋，摭其颠末以俟采择于观风者。

——赐进士出身南京大理寺左寺副绩溪胡富撰

五

附　录

附录一　试论“叙录”在徽州家谱文献资源揭示中的作用

存世徽州家谱数量极丰，学界认为有 2000 余种，分藏于国内 27 家收藏单位。① 这些丰富的谱牒文献是徽学、谱牒学等学科领域研究的宝贵资源，需要充分地展现出来。目前，馆藏单位普遍地采用编目的形式揭示其所藏的徽谱文献，个别收藏机构采用文献提要的形式揭示其所藏的徽州家谱资源。相较而言，后者在文献资源及其价值的揭示中较前者为胜，也便利学界充分认识、进而取用其所藏的徽州家谱文献，进行学术研究。“文献提要”即“叙录”，自古迄今，这种揭示、整理古籍文献的“叙录”文体，多被学人看重，叙录性的著述也在在不少。今天，也有学者运用此文体来揭示馆藏的徽谱文献；至于探究它在徽州家谱文献资源揭示中的具体作用，则乏专文。鉴此，拙文试作如下探讨，期望能引起学界的关注，导引出更多的徽谱叙录性的佳作问世。

(一)深度揭示馆藏徽州家谱文献资源

目录以及目录学专著，是我们了解、利用、掌握文献典籍不可缺少的向导，其中叙录体目录最为目录学家、学术史家所称

① 薛贞芳：《徽州谱牒述略》，《安徽大学学报》2000 年第 3 期。

道。“叙录是我国古代三种解题形式(叙录、传录、辑录)中最基本最主要的一种……它的特点是以简明扼要的文字勾勒出文献的概略”,[①]推溯其源,则始于汉代著名学者刘向在校对、整理古代典籍文献的过程中,为每部典籍所作的叙录而形成的《别录》。可见,“叙录”一体不仅起源甚早,也是“后世解题或提要的前身”。[②] 它用之于文献编目,既能够剖析学术流别,也可以提要钩玄、举其大旨,因此在学术上有很高的价值,历来为古今学者所推重。

这种叙录体的古籍文献目录,在今天馆藏徽州家谱资源的揭示上也被运用。如上海图书馆收藏1949年前编印的旧家谱11700余种,其中有徽州家谱467种。1988年起,该馆组织人力对每部家谱编写提要,历时两年完成了二百余万字的《上海图书馆馆藏家谱提要》,所藏徽州家谱也悉数入编。该书《凡例》云:“本书条目基本著录项依次为书名、纂修者、版本、载体形态、附注、装订形式、内容提要、馆藏信息等”;“本书内容提要书写格式为:始祖、始迁祖、迁徙路线、卷次内容、有价值之资料等”。相比较而言,国内其他藏谱机构的古籍目录,则缺乏家谱的“内容提要”项目。如2008年修订的《国家图书馆普通古籍总目·传记门》,收录1949年以前编印的传记类普通古籍共8042种,其中徽州家谱130余种,每条著录的内容则较为简略,依次为“顺序号—书名(题名)—卷数/著者—版本—载体形态—(丛书)—附注—装订—复本记录—索书号”。[③] 而成书于1987年的《北京图书馆古籍善本书目·史部》,收录善本徽州家谱两百余种,每条著录内容则更为简略,依次为“书名、卷数、著者、版本、稽核、附注等项”。[④] 上海图书馆和国家图书馆均是

---

① 高长青:《叙录体的创立对后世目录学的影响——兼论目录学的演变和发展》,《甘肃社会科学》2005年第1期。

② 高长青:《叙录体的创立对后世目录学的影响——兼论目录学的演变和发展》,《甘肃社会科学》2005年第1期。

③ 刘家平主编:《国家图书馆普通古籍总目第五卷传记门·编例》,国家图书馆出版社,2008年。

④ 刘家平主编:国家图书馆普通古籍总目第五卷传记门·编例[M],国家图书馆出版社,2008。

国内收藏徽州家谱数量为多的馆藏机构，对比检核这两馆有关谱牒的文献目录，我们可以发现，两馆目录虽然是依据《古籍著录规则》（GB3792.7—87）而制订，均能揭示出馆藏的徽谱种类、版本、藏量等基本的资源信息，但前者在国家标准的基础上又“结合家谱的特点而制订”，[1]著录的内容多出谱牒的“内容提要”项目，属于“叙录性”的解题目录，在徽州家谱文献资源的深度揭示方面则胜于后者，阅者览目不仅能概知馆藏徽谱之资源的存量，还能略知每部徽州家谱的基本内容及其文献价值。

（二）全面地展示一谱文献的体例与内容

“叙录”用之于文献编目，较之于仅有书目缺乏“提要”的文献目录而言，虽可深度揭示馆藏谱牒文献之概况，但限于篇幅，每条书目下所作的“提要”字数最长者也仅有数百字，尚难全面地展示一谱之内容。然而“叙录”作为一种文体又可独立成篇，突破文献编目的字数局限，能够全面而又充分地揭示具体文献的内容，因而被古今学者所看重，多被用在学术专著和论文里。

徽州家谱的体例与内容有一个逐渐完善的发展过程，陈瑞博士认为明代中后期是其重要分水岭，体例上“除沿袭欧苏谱例外，还增加了‘志’‘图’‘考’‘录’等项新内容……此后清、民国间所纂家谱在体例上基本承袭明谱”；[2]体例的演变使得家谱所承载的内容也更为丰富，“与宋元谱相比较，明谱新增加的内容主要体现为宗规家训、世德闺范、族产祠产等宗族制度方面的内容”；[3]赵华富先生也认为，自明中叶后徽州家谱的内容“增加了祠堂、祠产、族规、村图、像赞、祭祀、行辈联、余庆录、领谱编号等，有的谱牒还有书馆、庙宇、桥梁、山场水道等等”。[4]

---

① 王鹤鸣主编：《上海图书馆馆藏家谱提要·凡例》，上海古籍出版社，2000年。

② 陈瑞：《明代徽州家谱的编修及其内容与体例的发展》，《安徽史学》2000年第4期。

③ 陈瑞：《明代徽州家谱的编修及其内容与体例的发展》，《安徽史学》2000年第4期。

④ 赵华富：《徽州谱牒在明代中期的发展变化》，文载《中华谱牒研究》，上海科学技术出版社，2000年。

从两位学者的考证并结合具体的徽州家谱文本来看，明中叶以后徽州家谱的内容当极为丰富，大体上涉及谱序、目录、凡例、谱引、谱诗、恩荣录、先达仕宦、像赞、迁徙源流、世系图、里居图、宗规家训、祠堂、祖墓、祭文、行状传记、诗赋文翰、行第歌、领谱字号、谱跋等内容，名目繁多。这些丰富的内容，仅从文献编目的角度是不可能展现出来的，若运用独立成篇的叙录性文章则又可全面地揭示一谱的文本内容。

目前在具体的徽州家谱文献资源揭示方面，“叙录”的文体也被学者所运用。武新立先生于 1982 年写成的《明清稀见史籍叙录》中，就以“叙录”的形式对中国社会科学院历史研究所图书馆收藏的徽州程姓的四种家谱文献[1]作了详尽的介绍。作者著录各书“力求全面，既有版本、作者情况，又有全书内容的介绍，而内容介绍为其重点”。[2] 检阅所录四谱，诚如作者所言，版本、作者、家族迁徙、修谱历程、谱本体例与内容、谱录文献的价值等方面均作了详尽的介绍和评价。此外，黄山市博物馆研究人员翟屯建、姚昱波、倪清华等以系列的叙录文章在《徽州社会科学》上刊出《黄山市博物馆藏家谱提要》，按照“版本—编者—卷次及内容—家族迁徙—修谱历史—价值点评”的次序，对馆藏的完帙的徽州家谱逐一作了较详细的介绍；[3]在此基础上，翟屯建先生又在《文献》上刊发《黄山市博物馆藏善本家谱述要》，就该馆所藏的 20 余种善本徽州家谱的版本及谱本

---

① 该四种徽谱文献分别是《十万程氏会谱十卷》、《率东程氏家谱十二卷附上草市宗谱一卷》、《休宁率口程氏续编本宗谱六卷》、《歙西岩镇百忍程氏本宗信谱十二卷附程氏宗谱会订一卷》。

② 武新立编著：《明清稀见史籍叙录·凡例》，江苏古籍出版社，2000 年。

③ 《徽州社会科学》（内刊，皖准印证第 09—2001 号）自 1996 年第 3 期至 1998 年第 1 期，每期一篇，连续刊发《黄山市博物馆藏家谱提要》，共七篇，叙录谱牒 57 种，其中徽州家谱 54 种。

内容,逐谱作了述评,间采重要的文献材料。[1] 汪庆元先生在其《徽学研究要籍叙录》一文中,对安徽省博物馆藏的《新安旌城汪氏家录》(元泰定刻本)的每卷内容作了极为详尽的介绍。[2] 这种独立成篇的徽谱叙录性的文章,每篇短则千余字,长则数千字,极便于我们全面地了解该谱的具体内容。诚如刘重日先生在评价武新立所著《明清稀见史籍叙录》时所言:"他不仅介绍了书的版本和作者,还介绍书的篇目、内容和史料的使用价值,并摘录其中一些重要而又不常见于他书的材料,这就避免了只讲版本、作者或只讲内容提要的偏向,而提供给作者多方面的信息"。[3]

(三)充分地揭示徽州家谱的文献价值

古代徽州是个典型的宗法社会,又俗称"东南邹鲁",[4]文教事业发达,以文入仕者辈出,未取得功名者又积极营商。无论入仕名宦还是商贾达人,他们都积极地营建宗族,其中倡修族谱是营建宗族的重要手段之一,以期达到"尊祖、敬宗、收族"的目的。是故,历史上尤其明清时期徽州的家谱编纂风气盛行,除详录家族世系外,徽人修谱尤重视先祖事状、文翰的登录和传承,即"所得诸先儒手笔,择其有关于世德及世教者,录入裒

---

① 该文刊发于《文献》1996 年第 3 期,叙录的谱牒有:《左田黄氏孟宗谱七卷》、《余氏会通谱五卷》、《方氏谱系六卷》、《许氏统宗世谱不分卷》、《朱氏统宗世谱不分卷》、《新安歙北许氏东支世谱九卷》、《歙西稠墅许氏宗谱四卷首一卷》、《溪南江氏族谱不分卷》、《新安张氏统宗谱三十卷》、《方塘汪氏宗谱不分卷》、《王氏家谱不分卷》、《潭渡孝里黄氏族谱十卷首一卷末一卷》、《吴氏忠孝城南支谱不分卷》等。

② 该文刊载于安徽大学徽学研究中心编《徽学》(第三卷),安徽大学出版社,2002 年 12 月,第 348~356 页。另,汪庆元先生还在《文献》2003 年第 4 期上刊发《〈新安旌城汪氏家录〉初探》一文,对该谱的编撰体例和文献价值作了分析。

③ 武新立编著:《明清稀见史籍叙录·序》,江苏古籍出版社,2000 年。

④ (明)彭泽、汪舜民纂修:《弘治徽州府志》卷一《风俗》,弘治十五年(1502) 刻本。

翰”。[1] 因之，有学者认为徽州家谱的体例是“以文献和世系为核心，从始迁祖往下，注重家族纪实”。[2] 换言之，徽州家谱的内容极为丰富，“记述了家庭的历史、世系变迁、官宦、学术、兴衰、丧葬、婚姻、祀典、家规家法、人物传记、历史事件等方面的内容，对于研究宗法思想、家族制度、民族迁徙融合和经济、社会、政治史都有很大的文献价值”。[3] 然而，存世徽州家谱分藏于国内27家馆藏机构，又属于古籍文献，借阅不便，致使文献的受众面较为狭窄；即便侧身馆藏，面临浩繁的徽州家谱文本，准确快捷地搜寻所需的资料也不是一件易事。因之，“叙录”的文体益显重要，它不仅全面展示一谱的体例与内容结构，也能够标示出其文献类型、篇目，从而充分地揭示出谱牒的文献价值所在。

“叙录”揭示徽谱文献价值的作用，在现有的研究成果中已得到充分印证。如武新立在《率东程氏家谱十二卷附上草市宗谱一卷》（明隆庆间刻本）的叙录一文中，认为“谱中事状部分内，记有程氏族人从事经商，获取暴利，置买大量田产、房屋以及与官府的密切关系等事，如明初地主兼商人的大暴发户程维宗就是其中一例”，[4]作者认为程维宗的事状传记内容“因对研究经济史有些帮助，故抄附如下，供作参考”。[5] 除摘录徽商程维宗的传记外，作者还在另两谱的叙录里附录了《尊祖睦族箴》、《题岩镇备倭乡约》等涉及宗族建设方面的珍贵文献原文。翟屯建在《朱氏统宗世谱》（明嘉靖三十四年刻本）的叙录里，认为“是谱为新安朱氏早期统宗谱……传记中保留了不少徽州文化、经济史料。敕命中一整套历代皇帝对朱熹、朱升所颁诰命，

---

① （明）金瑶、金应宿纂修：《瑺溪金氏族谱》卷一《凡例》，隆庆二年（1568）刻本。

② 汪庆元：《〈新安旌城汪氏家录〉初探》，《文献》2003年第4期。

③ 徐学林：《徽州存世谱牒及其开发利用》，《江淮论坛》2000年第4期。

④ 武新立编著：《明清稀见史籍叙录》，江苏古籍出版社，2000年，第55页。

⑤ 武新立编著：《明清稀见史籍叙录》，江苏古籍出版社，2000年，第55页。

是研究两朱的珍贵资料”,[1]作者还附录了一篇朱元璋未登基前给朱升的函札,尤为宝贵。汪庆元在《新安旌城汪氏家录》的叙录一文里,在对该谱的每卷内容作了叙述的基础上,指出该谱“不仅为我们提供了南宋时期徽州的一个家族繁衍裂变的情况,还记录了当时乡村中诸如书院、义庄、义学、乡社等基层社会诸相,这在其他史料中难以见到”,[2]为此,作者还摘录了汪泳、汪子能、汪安礼、汪怿、汪棐、汪雄图、汪令图、汪世贤及汪氏甥陈栎等人物的传记中涉及上述基层社会诸相的史料。

从上述诸谱叙录来看,“叙录”文体所揭示出来的家谱典籍的文献价值颇为充分,此也是“叙录”对徽谱资源揭示作用的具体表征。它不仅能够为读者提供快捷的索谱导向,其所附录的相关史料有时也可直接用之于读者的学术研究,免却了读者求谱的不便和艰辛。

(四) 结论与思考

综上所述,我们认为“叙录”这种文体在徽州家谱文献资源的揭示方面有着较大的作用。用之于文献编目,它可深度地揭示馆藏;用之于学术论文或专著,它可全面地展示各谱的内容架构并充分地揭示其文献价值。是故,有学者早就呼吁“我们也要编个《徽州存世家谱总目提要》”,[3]然而迄今仍未见此《提要》的端倪;虽有学者撰写出徽州家谱的“叙录”性学术论文,所见者也仅是本文引证的那些研究成果,较之于存世数千种徽谱而言,显然不及其冰山一角;学术专著虽可集中揭示部分珍贵的徽谱文献,但迄今也未见有一本刊世。徽州家谱文献的史料价值及其学术利用价值,勿需本文赘言。欲充分地利用这类典籍文献促进学术研究的进一步发展,首先需要我们深刻地揭示它们。陋见以为,进行徽谱文献的“叙录”不失为一种较佳的资

---

① 翟屯建:《黄山市博物馆藏善本家谱述要》,《文献》1996年第3期。

② 汪庆元:《徽学研究要籍叙录》,文载安徽大学徽学研究中心编《徽学》(第三卷),安徽大学出版社,2002年。

③ 徐学林:《徽州存世谱牒及其开发利用》,《江淮论坛》2000年第4期。

源揭示的途径和方法，如此，可使更多的学人透过“叙录”的窗口，一睹静卧馆库闺房的徽谱典籍之芳容。这方面的研究工作既有开展的必要，也有着较大的研究空间。

附录二 徽州家谱所录文献的主要类型及其价值

徽州家谱[1]因其存世数量大、善本多而著称于世，今天学界估算其有2000余种，绝大多数是明清民国时期所编修。从存世的徽州家谱来看，除世系的完整记录外，还著录了大量的文献，尤其明中叶以后，“增加了祠堂、祠产、族规、村图、像赞、祭祀、行辈联、余庆录、领谱编号等”，[2]徽州家谱的内容更加丰富。就其内容与价值问题，已有学者撰文进行了有益的探讨，但概括来看，或专论一谱的内容与价值，或从谱牒史的角度阐述其内容的演变，或从一般性的意义上揭示其学术价值。但就家谱所著录的大量文献进行归类的理论研究和价值分析，尚未引起学界的重视，截至目前，这方面的研究尚缺乏专文。然而，这方面的研究又能够帮助我们更清晰地认识徽州家谱的内容及其价值。是故，本文拟对存世徽州家谱所录文献的类型及其价值略作分析，既期于深化徽州谱学研究有所裨益，也聊以佐证叙录徽谱，便于学人较为详细地探知并援引徽谱文献以资研究的必要。

(一)徽州家谱所录文献的类型

汪庆元先生认为“徽州家谱体例以文献和世系为核心，从始迁祖往下，注重家族纪实”。[3] 此论较为精当。从存世的徽州

---

① 历史上徽州谱牒名目繁多，有家谱、家乘、家典、家记、家传、宗谱、统谱、统宗谱、会谱、会通谱、世谱、支谱、族谱等数十种名称，为叙述方便，本文以“家谱”统称。

② 赵华富：《徽州谱牒在明代中期的发展变化》，文载《中华谱牒研究》，上海科学技术出版社，2000年，第52～63页。

③ 汪庆元：《〈新安旌城汪氏家录〉初探》，《文献》2003年第4期。

家谱来看，其收录的文献，大体上可分为以下几种主要类型。

其一，谱牒指导思想及其准则的谱论类文献。该类文献主要是指谱序、谱跋和凡例。它是谱牒的一个重要组成部分，修谱的指导思想及应遵循的准则、书法等理论性、原则性问题都在该类文献中得以表述。

宗族修谱历来重视序文的撰写，在他们看来，“谱序，一谱之冠冕”，[①]或者邀请族内贤达作序，或者请求外族名人作序，常常一谱之中，族内外名流序文并存。此外，宗族在修谱的过程中也将历次修谱的序文移植过来，“今谱以旧序系于新序之末，但以旧字别之”。[②] 因此，家谱中存录了不少新旧序文的篇章，其共同点在于揭示谱牒的地位、功能及修谱的主旨。“谱牒之修非所以彰荣耀重夸诩也，盖以隆孝友善教化厚风俗也，其有功于世道夫岂少哉”。[③]

凡例又称谱例。“谱纪一家，虽以崇敬爱亦所以示劝饬焉，故立为凡例，使后之观者识之”、[④]“谱存一族之事，书善不书恶，为亲者讳也；善有可纪，褒录不遗，凡以扬先美示后劝也”。[⑤] 可见，谱之凡例既是为了在族谱纂修过程中更好地“崇敬爱”而确定下来的具体准则，也是为了便利阅览族谱者能够明愦，以起到“示劝饬”的作用。

其二，宗族建设的制度类文献。历史上徽州是典型的宗法社会，宗族制度严密。宗族修谱一方面是为了记录宗族的历史，另一方面是为了联宗睦族，藉谱牒来强化对族人的控制。因此，明中叶以后宗族制度方面的文献成为家谱收录的主要内容之一，大体包括家礼、家训、族规、祠规等。如《胡氏宗谱》所

---

① (明)金瑶：《珰溪金氏族谱》卷首《凡例》，隆庆二年(1568)刻本。

② (明)金瑶：《珰溪金氏族谱》卷首《凡例》，隆庆二年(1568)刻本。

③ (清)许文源，许道宣纂修：《绩溪南关惇叙堂宗谱》卷一《重修许氏族谱序》，光绪十五年(1889)木活字本。

④ (清)许大定：《许氏族谱·凡例》，康熙六十一年木活字本。

⑤ (清)许文源，许道宣纂修：《绩溪南关惇叙堂宗谱》卷一《谱例》，光绪十五年(1889)木活字本。

言"谨载家规以遵祖训"。[1] 这些宗族规章在后世续修的家谱里也被完整地收录下来，有些规章还被不断地充实完善。"旧谱首列圣谕，次家礼冠婚丧祭仪节……次作家训，所以教我子孙钦崇圣教、恪守礼法也，今谨仍其旧，不敢以为无关谱系，或有遗略"。[2] 翻阅徽州谱牒，可以说明清民国时期的徽州家谱基本上都收录有这方面的文献。诚如陈瑞先生所言："与宋元谱相比较，明谱新增加的内容主要体现为宗规家训、世德闺范、族产祠产等宗族制度的相关方面。"[3]直至民国时期，宗族修谱时仍然认为"私家之法规为劝世之导言……因附录于此，以为后世子孙之则儆云"。[4]

其三，记载史事的史实类文献。该类文献又可按人和事分为下述两类：一是人物传记类；另一是契约文书类。

徽州宗族修谱尤为看重谱牒的道德教化功能，即"通过对忠孝廉洁德行可风之人立传记载，达到示劝之目的"。[5] 因此，家谱中充斥着这类史实性的人物传记材料，大体可分为诰敕、赞文、家传、记、行状、寿文、墓志等。其中除像赞文简短且多浮夸之词、"寿文奠章类多谀词"[6]外，余"诗文传记序铭行状墓志，意在扬善，必择其确实可据者方敢梓人"，[7]其所记内容皆较为真实。在修谱者看来，"录诰敕者，所以记先人受朝廷之盛典也"，[8]且"谱与史同例，所载者皆生平嘉言懿行……今谱系之

① （清）胡稷：《潜川胡氏宗谱》卷首《续修宗谱序》，同治十二年（1873）刻本。

② （清）胡稷：《潜川胡氏宗谱》卷首《重修凡例》，同治十二年（1873）刻本。

③ 陈瑞：《明代徽州家谱的编修及其内容与体例的发展》，《安徽史学》2000 年第 4 期。

④ 耿介：《鱼川耿氏宗谱》卷五《家族规则》，中华民国八年活字本。

⑤ 陈瑞：《明清时期徽州族谱的控制功能》，《安徽大学学报》2007 年第 1 期。

⑥ （清）朱士骐：《新安月潭朱氏族谱》卷首《凡例》，康熙四十六年（1707）刻本。

⑦ （清）洪昌：《江村洪氏家谱》卷首《凡例》，雍正八年（1730）刻本。

⑧ （清）汪掬如：《古歙义成朱氏宗谱》卷首《重修宗谱条例》，宣统三年（1911）存仁堂活字本。

外,先以家传仿列传之例,次以事略仿杂传之例,又次以墓碑;大抵墓碑与传所载多同,必其为一代名臣或百世伟望者载之墓碑以补传之未备;至行述行状则已载之传略,不必重见墓碑”。[①]

历史上徽州契约文书极为浩繁,在重世系延续、人事教化的谱牒里,它们并不是收录的重点。但有关涉及宗族全局利益或祖上重要人物的契约文书,则又成为家谱刻意收录以图保存的对象。如乾隆三十七年(1772)成书的《萧江复七公支谱》在《凡例》中明确规定:“本房门户所立笔墨散存各支,恐后遗失无稽,今概附入以凭后据。”宣统三年(1911)刊印的《泉塘葛氏宗谱》则认为:“我祠所有契据议约等件,恐年久散失,无从检查,今将契据议约等件刊附谱末,俾后人有所稽查焉。”[②]该谱谱末附录有上自明万历二十二年(1594)下迄清宣统三年(1911),三百余年间有关宗祠基地和田产的重要契据文书共13件。

其四,诗词歌赋的文学类文献。徽州宗族修谱十分重视先祖文翰的收录,在他们看来,“遗文著作,先代潜德之光,故旧谱所录传赞志铭存之。若近今文集、名公篇什,则分类悉载,庶知故家之文献足征也”、[③]“录文翰盖以显祖功杨宗德也,故历世以来传有诗文像赞传记歌赋行状墓志,必采可观者载之谱末,以遗来世”、[④]“若外人赠送之类文艺优长有关典故者,亦可附录”。[⑤] 可见徽州家谱所录“文翰”中除前述的史实类文献外,还附录有大量的族内贤德所写和外族名人所著的诗词歌赋的文学类作品。今天我们翻阅徽州家谱,这类诗词歌赋的文献确实在在不少,有些族谱甚至出现过多载录的现象,“以致一帙之中,诗赋、传记居其强半”。[⑥]

其五,里居生活的民俗类文献。徽州宗族多迁徙而来,聚

---

① (清)金门诏:《休宁金氏族谱》卷三十五《陵墓碑记》,乾隆三年(1738)刻本。

② (清)葛光汉:《泉塘葛氏宗谱》卷末《契据》,宣统三年(1911)活字本。

③ 胡忠晖:《歙县蔚川胡氏家谱》,中华民国四年木活字本。

④ (明)李晖:《三田李氏统宗谱》卷首《凡例》,万历四十三年(1615)刻本。

⑤ (清)葛光汉:《泉塘葛氏宗谱》卷首《艺文》,宣统三年(1911)活字本。

⑥ (明)戴尧天:《休宁戴氏族谱》,崇祯五年(1632)刻本。

族而居，形成其独特的风俗。清人赵吉士在《寄园寄所寄》中载："父老常谓新安有数种风俗胜于他邑：千年之冢，不动一抔；千丁之族，未尝散处；千载谱系，丝毫不紊"。[①] 这是就徽州风俗的整体性而言的。就一族一地而言，徽州的里居生活习俗也各有特色。这种独具特色的民风民俗在注重世系登录和先祖诗文遗稿存录的家谱里，常被忽略不载，但也有一些家谱编撰者敏锐地捕捉到这些日常生活中常见习俗的重要性，而将之收录于族谱。成书于明隆庆二年(1568)的《珰溪金氏族谱》认为"族必有俗，族之大小唯视其俗之何如。俗美矣，即有小族亦可以言大，俗不美，即有大族乃所以为小"。[②] 基于这种认识，编纂者在家谱里设置《陈俗》一目，详细记录族内各种风俗共五十三条。光绪年间修撰的《绩溪南关惇叙堂宗谱》也认为"传序记铭各随例类，以表彰列祖之文章行实。而有迥殊于文章行实，无例类可附……另撰一则谓之杂说，亦犹诸子之杂编、诗人之杂咏，皆谱牒中所当志载也"。[③] 故此谱专列《杂说》一目，收文6篇，内容涉及墓冢、文会、祠墙、九姓瘟车会等相关民俗。

时代愈后，这种反映里居生活的民俗类文献愈益受到修谱者的重视而录入谱中。如成书于民国二十四年(1935)的《绩溪庙子山王氏谱》，卷九至卷十一的《宅里略》中，就以地域为中心，详细记载了"风俗"、"方言"、"歌谣"和"谚语"等方面的内容。[④]

其六，图文并茂的版刻图景类文献。徽州家谱载有大量的先祖容像、祖茔图、村居景观图、祠堂图等版刻图景类文献。从图所表述的内容来看，该类文献又可分为以下三种。一是祭祀性的祖容、祖祠、祖茔图。即"先世发祥之祖及功德显赫官阶贵

---

① (清)赵吉士：《寄园寄所寄》，康熙三十五年(1696)刻本。

② (明)金瑶：《珰溪金氏族谱》卷十八《陈俗》，隆庆二年(1568)刻本。

③ (清)许文源、许道宣纂修：《绩溪南关惇叙堂宗谱》卷十《杂说》，光绪十五年(1889)木活字本。

④ 王振忠：《一部徽州族谱的社会文化解读——〈绩溪庙子山王氏谱〉研究》，《社会科学战线》2001年第3期。

显者，皆有遗像及赞”，[①]“以深仰止之思……示追踪之意”；[②]此外，徽州宗族向来重视祠堂、祖茔的管理与保护，修谱时也将祠堂、祖茔绘制成图形载入谱中，以期“传至子孙永远照用，不致内外侵犯惊触”。[③] 二是里居生活的村落景观图。徽州村落布局多依山傍水，讲究生态，形成“八景”、“十景”甚至更多的景观布局。族人居住其间，日久生情，便题诗歌咏。面对这些景观和咏景诗文，族人修谱时一方面“欲观者两得之，故绘图于左……(以便)俾一披阅，闻知集处有某景，身虽未履其地，而景已在目中也”，[④]另一方面又恐“山川变易，旧迹将难尽识”，[⑤]而将之绘录于族谱中，以求“当年胜概见矣”。[⑥] 三是局域性的城郭、山川地图。徽州群山环抱，交通阻隔，而宗族的繁衍又形成一族散处各邑的局面。为便于宗族各支的联络兼之经商的需要，一些族谱里也绘制出局域性的山川、城郭地图。如刊刻于光绪十五年(1889)的《绩溪南关惇叙堂宗谱》，收录了《绩溪县图》，绘制出的百年前绩溪城垣、街道布局、四周的山川、村落及景点等均较为详实，尤为可贵。

(二)徽州家谱所录文献的价值

从上述分析来看，徽州家谱除世系的记载外，家族文献的收录确实丰富。今天看来，这些珍贵的文献蕴藏着极大的学术价值或利用价值。结合上述类型分析，我们可就其价值再行探讨如下。

---

① (清)许文源、许道宣纂修:《绩溪南关惇叙堂宗谱》卷一《谱例》，光绪十五年(1889)木活字本。

② (清)洪昌:《江村洪氏家谱》卷二《像赞引言》，雍正八年(1730)刻本。

③ (明)郑民瞻编:《双桥郑氏宗谱·双桥郑氏先茔图志叙》，崇祯五年(1632)刻本。

④ (明)李晖:《三田李氏统宗谱》卷首《凡例》，万历四十三年(1615)刻本。

⑤ (清)朱士骐:《新安月潭朱氏族谱》卷十《诗》，康熙四十六年(1707)刻本。

⑥ (清)朱士骐:《新安月潭朱氏族谱》卷十《诗》，康熙四十六年(1707)刻本。

1. 谱论类文献的价值

该类文献在家谱中地位较为重要，其价值也显得较为突出，主要有以下数端。其一，具有很高的谱牒学研究价值。序、跋文中不仅论述谱牒的功用，也阐述了谱牒与史书的关系，蕴含着丰富的谱牒评价理论。“家之有谱犹国之有史，必求明于史学者而共之”，[①]这类表述在序、跋文中泛泛可见。凡例不仅确定了“书善不书恶”的修谱原则，也确定了谱牒的内容架构及具体的修谱准则。可以说，谱序、凡例不仅是规范、指导谱牒编纂的理论性文献，也是评价谱牒的理论性文献，有着完善的评价标准和评价方法，指导着徽州谱学的发展。[②] 其二，具有谱学史研究和移民史研究的价值。家谱里保存了大量的历次修谱的序文，这些新、旧序文不仅揭示谱牒编辑的时间、编辑人员、修谱的困难与弊病、家谱的内容等信息外，还涉及宗族移徙的相关问题，是谱学史研究和移民史研究的主要文献依据。[③] 其三，具有历史名人研究价值。徽州宗族纂修族谱时，常邀请族内外名人作序，因而徽州族谱里保存了不少历史名人的序文，有些序文未能收录于其文集而成为名人轶文。如康熙五十三年刊刻的《古歙皋溪刘氏家谱》收有文天祥为刘氏族谱所作的序文一篇，但在1985年北京市中国书店影印出版的《文天祥全集》里未见著录。俞乃华先生通过整理黄山学院徽州文化资料中心所征集的200余部徽州家谱，发现有多篇朱熹所作的序文世人未曾著录，并考证出两部家谱的谱序为朱熹所撰，非后人的套用伪作。[④] 这些名人序文尤其新发现的轶文材料，于我们研究历史名人极具价值。

---

① (清)许文源、许道宣纂修：《绩溪南关惇叙堂宗谱》卷十《新跋》，光绪十五年(1889)木活字本。

② 徐彬：《论徽州家谱的评价理论》，《安徽师范大学学报》2009年第2期。

③ 邢永川：《试论谱牒序跋的文献价值——兼谈中国谱学的若干问题》，文载《谱牒学研究》(第3辑)，北京书目文献出版社，1992年，第285～294页。

④ 俞乃华：《徽州宗谱中的两篇朱熹序文》，《黄山学院学报》2005年第1期。

2. 宗族制度类文献的价值

前述有关宗族建设方面的相关制度文献在徽州族谱里保存得较为完整,这为我们深入认识并进行徽州宗族建设问题的研究提供了详实的资料。如《绩溪南关惇叙堂宗谱》卷八至卷十收录有家训、家礼、家政、家法、祠堂祭文、享例、宗祠规约及旧家规等,对宗族建设的方方面面均作了细致的规定,体现出族谱对宗族制度文献的高度重视。再如,成书于民国八年(1919)的《鱼川耿氏宗谱》收录祖训、祠规、惩戒规则、家族规则等内容,共七章三十二条。修谱者耿介认为"(当下)政体变更渐归法治,家族者国家之籀体也,家族自治者即国治之模型也",[1]他将封建性的家族规则上升到法的高度,认为"诚能依法行之,实足以救世而励俗,兴族而强国……因附录(家族规则)于此,以为后世子孙之则儆云"。[2] 此谱编修、刊印于民国初期,而宗规家训依然细密,显示出在新旧政体变更之后,封建思想在徽州宗族社会里的强势地位。这些材料于我们认识、研究徽州宗族的建设问题均有极高的价值,纵向汇聚这类文献并进行比较研究,能清晰地反映出徽州宗族社会自身建设的历史特征。

3. 史实类文献的价值

族谱为忠孝廉洁德行可风之人立传,其初衷是"表扬先烈……以冀子孙敬仰而兴奋起之心",[3]但因之也为我们保存了大量的史实文献。如清乾隆三十七年(1772)刻梓的《吴氏家传》收录吴瞻基为亡妻黄氏而作的《皇清待赠孺人继室黄氏行述》一文,记载有明末黄氏祖、父在山西抵御李自成义军及城破后合家死难事,入清后黄氏相夫教子、夫妇自京返乡的归途旅游、幼子过继、寓居苏州遣长子吴中衡归新安就试童子试、黄氏产后九日亡故等诸多事项。作者在文中强调叙事"不加粉饰,以传其实唯冀",较为真实可信,是我们考察明末清初徽州宗族

---

① 耿介:《鱼川耿氏宗谱》卷五《家族规则》,中华民国八年活字本。

② 耿介:《鱼川耿氏宗谱》卷五《家族规则》,中华民国八年活字本。

③ (清)汪掬如:《古歙义成朱氏宗谱》卷首《重修宗谱条例》,宣统三年(1911)存仁堂活字本。

社会家庭生活状况的绝好材料。这些独立成篇的诰敕、传记、像赞、墓志，涉及宗族社会历史的各时段和社会生活的各层面，它们与世系录内容相结合，使得一族之史迹基本上保存下来，有着巨大的宗族社会生活史、社会政治史、文化史研究的学术价值。

契据合约是存世数量巨大的徽州文书中的一类，其价值早已被学界所公认，此不赘言。需要关切的是家谱所收录的契约文书大多是涉及宗族全局的利益或是祖上重要的人物，且因为族谱的珍藏而留存下来，其资料价值愈益显得珍贵。如前述《泉塘葛氏宗谱》所录契据文书 13 件，记录了自明中叶至清末葛氏宗祠宅基地及田产的取得方式：明万历年间族人自愿捐输、清雍正和乾隆年间绝嗣族人的田产没入、同治和光绪年间族人出卖私产及宗族从异姓族人手中购买田产等，从中我们可以管窥徽州宗族宗祠田产营建的历程和方式。

4. 文学类文献的价值

徽州家谱也十分注重收录先祖或近世名贤的诗赋文翰，一是将之视为先祖“潜德之光”，因而将“列祖诗文遗稿均经逐加修辑，并谱俱传，为子孙者皆当熟读世守”；[1]二是因所录“诸诗，尤称杰作，洵足为系牒增辉”，[2]期以提升谱牒的文化品位。今天看来，我们认为这类诗文散赋至少具有较高的环境史和文学史的研究价值。从文学史的角度，家谱收录的这些诗赋材料“对于了解普通读书人的文学认识、充实并完善古代文学批评与接受史研究，都具有很重要的作用”。[3] 尤其歌咏村居景观的诗文基本上每部族谱皆有。“诗以咏景，景以证诗”，[4]形成了浓郁的村落景观的诗文化。这些清新高雅的景观诗文，比较今之

---

① （清）程际隆：《祁门善和程氏仁山门支修宗谱》卷一《凡例》，光绪三十三年（1907）刻本。

② （清）许文源、许道宣纂修：《绩溪南关惇叙堂宗谱》卷一《重修族谱自序》，光绪十五年（1889）木活字本。

③ 张廷银：《族谱所见文学接受与批评资料及其价值》，《求是学刊》2007 年第 5 期。

④ （明）李晖：《三田李氏统宗谱》卷首《凡例》，万历四十三年（1615）刻本。

村落实态，便可对局域生态环境展开研究；在崇尚发掘、保存传统文化的今天，我们又可凭藉族谱所载的村居景观图、诗，进行传统村居文化的修复，其经济、文化价值不可忽视。

5. 民俗类文献的价值

民俗是普通人日常生活的一种文化积淀，也是一种文化的传承。当下中国在现代化建设的过程中，“已经形成民俗复兴的事实，已经处于积极把民俗纳入国家文化定位的时代”。① 在这种背景下，各地愈加重视民俗传统文化的发掘、整理与保护，以期文化内化为经济发展的动力。因此，家谱所录民俗类文献的学术价值和社会经济价值也就显得较为突出。如《绩溪庙子山王氏谱》卷九至卷十一的“宅里略”中所记载的“风俗”、“方言”、“歌谣”和“谚语”等方面的内容，“以皖南僻远山乡的一个村落为视点，勾勒出晚清民国时期民间社会的风俗画面”。② 一些历史久远的民俗事项因时代的更迭在今天的徽州已难见其踪，但在族谱里却被记录下来。如《绩溪南关惇叙堂宗谱》卷十《杂说》所著录的“九姓瘟车会”：

> 绩城有瘟车会，韩、高、朱、刘、戴、许、余、方、汪九姓祖传。车以硬劲木为之，重数百钧，以花卵石砌车模于社屋坦，车环依模造之，沉溺太平寺塘。七月朔车上街，二十三正日，以一人套鬃粉脸壳，谓为二脸观音大士化身，肩驼太子尊神，跳之字步以行；又粉数孩呼寒三拾得哥，套脸壳，跣足拍手尝嘴跳跃，戏侮瘟车前驱，回复再四。会罢收车下塘，车大力者碌之旋转如飞，哼哼喃喃，轰震若雷，地为撼动，可逐瘟疫气，故名。有会田，兵后无稽，募资重兴，戴氏不来，唐氏凑之。嗣后艰于举行，今市廛中募资行之，以应故事。

这种通过驱车以逐疫的民俗活动，不仅是一种信仰民俗，

---

① 高丙中：《中国人的生活世界：民俗学的路径》，《民俗研究》2010 年第 1 期。

② 王振忠：《一部徽州族谱的社会文化解读——〈绩溪庙子山王氏谱〉研究》，《社会科学战线》2001 年第 3 期。

也是一种民间的文化娱乐活动。

诸如此类反映里居生活的民俗文献资料，不仅具有较高的民俗学研究价值，而且对于徽州社会文化史的研究也极具价值；在崇尚文化旅游的今天，整理、恢复家谱所记录的一些民俗活动，也有着较高的社会经济价值。

6. 图景类文献的价值

徽州家谱的版刻图景类文献也极为丰富，如光绪十五年(1889)刊印的《绩溪南关惇叙堂宗谱》，存有先祖遗像图 40 幅、祠堂图 4 幅、阳基图 2 幅，祖茔图 68 幅，此外还刻有出《城阳山许仙宫图》、《绩溪县图》等局域性地图各 1 幅。这些图景文献大体可分为前述的三类，除祭祀性的祖宗遗像图，因讲究神韵有美化失真的缺陷外，余图应是写实性的描绘刻制。从版画艺术学的角度分析，这些写形写意的图景均反映出时人的版刻技艺和图像创作水平，有着较高的学术研究价值。从历史地理学和环境史学的角度看，第二、三类的图景文献尤为珍贵。如刊梓于乾隆三十七年(1772)的《汪氏世守谱》，卷首附录的《木本水源图》绘有诸多的山川水系及古郡国的地理方位，涉及今河北、山东、河南、湖北、安徽、江苏等区域，具有极高的学术研究价值。

(三)结语

总体来看，徽州家谱所著录的文献确实丰富，按照文献的内容性质可划分为谱论类、制度类、史实类、文学类、民俗类、图景类等六类，各类文献均有着较高的学术研究或社会利用价值。然而，这些珍贵的谱牒文献因属古籍多珍藏于馆阁闺库，我们只能够利用工具书查找到其名目和极其简要的内容提要。因此，叙录它们以资学人利用，也就显得必要和迫切。今天民间的宗族谱牒纂修活动复又勃兴，谱牒编纂的体例与内容，既不能完全因袭古人，也不宜完全抛弃传统。从文献资料的传承与保存的角度看，上述六大类的文献应该完整地收存于新修族谱中。因此，对徽州家谱所录文献进行归类的理论研究，一方面可有益于我们更清晰地把握和理解徽州家谱所承载的丰富内容及其学术利用价值，另一方面对今天的民间修谱活动在家族文献的保存和收录范围上,也有一定的启迪和借鉴意义。

附录三 近二十年来徽州家谱文献研究的学术审思

家谱是家史的一种表现形式,是史学的一个重要部分。《隋书·经籍志(二)》中列有谱牒类,可见家谱在史学发展上占有重要地位。综观一个时代的家谱,可以从一个方面反映这个时代的面貌,纵论一个地区的家谱的纂修和演变,则可了解家族的变迁和地区历史的变化。徽州家谱以其存世数量大、善本多、价值高著称于世,是徽学研究所资的重要文献资源。20世纪末,在徽学研究受到学界关注的同时,中国的谱牒学研究也取得了长足的进展,[①]徽州家谱也因而纳入了学人的研究视野。1989年,汪琴鹤撰写《浅议谱牒学及家乘资料的利用》一文,以歙县、绩溪的许氏家族的《许氏宗谱》为例,分析谱牒的"牵强附会,漫补世数"的流弊,并简述了徽州家谱资料的学术利用价值。[②] 该文可视为近二十年来徽州家谱研究的发端。此后,有关徽州家谱的研究文章陆续问世。进入本世纪,徽州家谱的研究引起了学界的重视,论述也渐渐多了起来,不论在综合性研究方面,还是在理论研究与个案研究方面,都提出了一些值得关注的见解。本文试对此作一简要的述评,以便于学界同仁参考。

需要说明的是,历史上徽州谱牒名目繁多,为叙述方便,本文以通俗的称谓"家谱"统称。既然谓之"家谱",当指具有血缘性质的谱牒。历史上徽州还编纂出非血缘性质的地域望族汇谱,如《新安名族志》、《休宁名族志》等,从名称上看,似属于"志"的范畴,这方面的研究情况不在本文述评范围之内。

---

① 王泉根:《中国谱牒学及其八九十年代研究综述》,《文教资料》1999年第5期。

② 汪琴鹤:《浅议谱牒学及家乘资料的利用》,《徽州社会科学》1989年第1期。

(一)徽州家谱文献的存世资源、特点及价值

存世的徽州家谱文献到底有多少,迄今尚难有准确的统计数据。大致说来,有以下几种统计:戴圣芳根据《中国古籍善本书目》、《中国家谱综合目录》、《上海图书馆馆藏家谱提要》,结合安徽大学图书馆、安徽大学徽学研究中心特藏室以及黄山学院徽州文化资料中心相关资料统计,海内外目前公藏机构收藏的徽州谱牒文献多达1342种。[①] 当然,戴文的统计也只是一个参考的数字,因为它未能包含私家的藏谱,而1997年中华书局版《中国家谱联合目录》则"是在十多年前大多数图书馆尚未对馆藏家谱进行整理的基础上编成的不全面的联合目录",[②]因此,不少徽州存世家谱尚未在戴文的统计之内。薛贞芳在统计一些公藏单位的数据后,认为"除香港、台北外,国内27家单位共收藏的(徽州)谱牒约1700种"。[③] 薛文的统计范围已大于戴文,但仍未包含私藏谱牒。胡益民在整理、撰写《徽州文献综录》的过程中,辑索出"散藏于民间而未被《联合目录》即《中国家谱综合目录》著录者尚有近400种"。[④] 徐学林对公私收藏的徽州家谱文献进行了统计和粗略的估算,认为"保守数目也逾2000种"。[⑤] 从近年来仍有零星的谱牒文本发现来看,卞利认为"徽州族谱的总量大体不会低于2500种"。[⑥] 结合学者已有的统计,我们可以认为2000余种的数目比较贴近徽州家谱的存世实况。

如此浩繁的家谱文献主要存藏于国内一些图书馆、文博收

---

① 戴圣芳:《徽州望族的谱牒文献》,《寻根》2006年第3期。

② 徐建华:《中国的家谱》,天津:百花文艺出版社,2002年,第158页。

③ 薛贞芳:《徽州谱牒述略》,《安徽大学学报》2000年第2期。

④ 胡益民:《〈徽州文献综录〉[附凡例]》,安徽大学徽学研究中心编:《徽学》(第3卷),合肥:安徽大学出版社,2004年,第152页。

⑤ 徐学林:《徽州存世谱牒及其开发利用》,《江淮论坛》2000年第4期。

⑥ 卞利:《明清时期徽州族谱的纂修及刊刻等相关问题研究》,安徽大学徽学研究中心编:《徽学》(第5卷),合肥:安徽大学出版社,2008年,第211页。

藏单位和有关科研机构，存藏较为分散。为便利学界了解、求索、利用馆藏资源，1997 年，中华书局出版了由国家档案局、南开大学历史系、中国社科院历史研究所联合编制的《中国家谱综合目录》，其中收录徽州家谱 700 余种；2000 年，上海古籍出版社出版的《上海图书馆馆藏家谱提要》，著录徽州家谱 467 种。王鹤鸣撰文统计、分析了上图馆藏徽州家谱文献的具体种类和特点，认为徽州家谱数量多、质量高、善本家谱超过半数，并选择汪、谢、程、张、洪、陈、项等姓氏的八种家谱文献作了介绍；[①]黄山市博物馆馆藏家谱 200 余种，其中完帙家谱约占一半，善本家谱约 20 种，该馆研究人员翟屯建、姚昱波、倪清华等以系列文章在《徽州社会科学》上刊出《黄山市博物馆藏家谱提要》，就完帙家谱部分作了较详细的介绍；[②]此外，翟屯建在《文献》上撰文对该馆所藏 20 余种善本家谱作了述要，并对其价值作了简析。[③] 这类揭示馆藏徽州家谱文献资源的文章，提供了徽谱文献的存量、特征及重要家谱的有关资讯，便于研究者参考。当然，关于这方面的资源，仍有进一步揭示的必要。

关于存世徽州家谱文献的特点，学界有大致相同的认识，即善本多、数量大、类型丰富。[④] 赵华富在《徽州族谱数量大和善本多的原因》[⑤]一文中，分析徽州谱牒种类特别多、数量特别大的原因，主要在于徽州宗族的繁荣、仕宦和徽商的积极参与、“万山回环”的地理环境等三方面因素。如此丰富珍贵的谱牒文献宝藏，必然蕴藏着极大的学术研究价值，这一学术价值在徽学实证研究之初就被学人看重。20 世纪 80 年代初，张海鹏、王廷元主编的《明清徽商资料选编》，就从近百种徽州家谱

---

① 王鹤鸣：《上海图书馆馆藏徽州家谱简介》，《安徽史学》2003 年第 1 期。

② 《徽州社会科学》（内刊，皖准印证第 09－2001 号）自 1996 年第 3 期至 1998 年第 1 期，每期一篇，连续刊发《黄山市博物馆藏家谱提要》，共七篇。

③ 翟屯建：《黄山市博物馆藏善本家谱述要》，《文献》1996 年第 3 期。

④ 戴圣芳：《徽州望族的谱牒文献》，《寻根》2006 年第 3 期。

⑤ 该文原载于《中国谱牒研究——全国谱牒开发与利用学术研讨会论文集》，上海古籍出版社，1999 年，第 279～288 页；也收录于作者的论文专集《两驿集》，合肥：黄山书社，1999 年，第 391～401 页。

文献中采摘了徽商活动的材料，认为“谱牒所载往往比史、志更翔实而具体，有不少是史、志所不载而家谱记述之……其史料价值则是必须肯定的”，[①]高度评价了徽州家谱在徽商研究中的重要史料价值。

从理论上研究、揭示徽州家谱的价值稍后于徽学的实证研究。徐学林在《徽州存世谱牒及其开发利用》一文中，分析徽州名谱，认为徽州的家乘族谱“对于研究宗法思想、家族制度、民族迁徙融合和经济、社会、政治史都有很大的文献价值”；[②]卢茂村的《谱牒与徽州谱学》一文认为“举凡社会、政治、经济、军事、文化艺术、（谱牒）几乎无不涉及，故对学术研究关系至巨”，谱文资料“往往可补正史甚至地方志的不足”；[③]周惊涛从移民史特别是商业移民史研究、民俗史研究、宗族制度的研究等三个方面，详细论述了徽州存世家谱的社会史资料价值。[④] 赵华富针对胡适在《曹氏显承堂族谱序》中所论“中国的族谱虽然极多极繁，其实没有什么民族史料的价值”的观点，撰文从人丁繁衍、祠堂建设、族田设置、谱牒修纂、族规家法和文化典籍等六个方面，证明“徽州谱牒中有丰富、珍贵的汉民族社会史、经济史、文化史等资料”。[⑤] 应该说，谱牒文献的学术价值是毋庸置疑的。梁启超在《中国近三百年学术史》中指出“（族姓之谱）实重要史料之一。例如欲考族制组织法、欲考各时代各地方婚姻平均 年龄、平均寿数，欲考父母两系遗传，欲考男女产生比例，欲考出生率与死亡率比较……等等无数问题，恐除族谱家谱外，更无他途可以得资料。我国乡乡家家皆有谱，实可谓史界

---

① 张海鹏、王廷元编：《明清徽商资料选编》，合肥：黄山书社，1985 年，“前言”。

② 徐学林：《徽州存世谱牒及其开发利用》，《江淮论坛》2000 年第 4 期。

③ 卢茂村：《谱牒与徽州谱学》，《合肥教育学院学报》2000 年第 3 期。

④ 周惊涛：《徽州存世家谱的社会史资料价值》，《安徽师范大学学报》2005 第 1 期。

⑤ 赵华富：《中国谱牒：始迁之祖、文化认同与民族史料》，《安徽大学学报》2008 第 3 期。

瑰宝”。[①] 徽州谱牒因其存世数量大、善本多，不仅是徽学研究领域里的一大宝藏，也是支撑中国谱牒之学研究的文献支柱之一。

关于徽州家谱的功能，历史上宗族统治者认识很明确，即奠世系、序昭穆，起到“尊祖、敬宗、收族”的功效。今人在理论上进一步探析徽州家谱功能的专论性研究文章不多，陈瑞在《明清时期徽州族谱的控制功能》一文中，认为“明清时期，仕宦、乡绅、商人等徽州宗族精英分子之所以积极参与族谱的编纂活动，其主要目的之一即在于利用族谱加强族内控制”，族谱的功能由原先相对较为单纯的族史文献发展为过于突出“谱法劝惩”教化的功能。[②]

(二)徽州家谱的编纂、内容与体例及谱法研究

谱牒的编纂和谱牒内容与体例的研究，是近年来徽州家谱研究的重点，研究的力度较深，成果较多。

赵华富先生在此方面关注较早，撰写出《宋元时期徽州族谱研究》，[③]对宋元时期保存的 15 种徽州族谱进行考察，论述了“宋元时期徽州宗族的修谱活动”、“宋元时期徽州族谱的体例和内容”和“宋元时期徽州修谱的宗旨”三个方面的内容，提出了“(宋元时期)徽州宗族‘家自为谱’开始繁荣”、“徽州族谱体例与内容经历了一个由简到繁的历史发展过程”的结论，认为“宋元时期，徽州宗族纂修族谱的宗旨是奠世系、序昭穆、尊祖、敬宗、收族，主要目的是收族”。这是一篇论述全面、重点突出的文章。陈瑞在《元代皖人的史志编纂活动》一文里，就谱牒编

① 梁启超：《中国近三百年学术史》，天津古籍出版社，2003 年，第 372 页。

② 陈瑞：《明清时期徽州族谱的控制功能》，《安徽大学学报》2007 年第 1 期。

③ 该文原载于《元史论丛》(第七期)，后收录于作者的论文集《两驿集》，合肥：黄山书社，1999 年，第 162～173 页。另，2004 年安徽大学出版社出版赵华富先生的《徽州宗族研究》，该书第四章专论徽州宗族的族谱，内容除沿袭其在《两驿集》中有关徽州家谱的文论外，还增添了“明清及民国时期的徽州谱牒”内容。

纂方面重点研究徽州地区的族谱编纂活动，认为目前全国留存下来的元代族谱，以徽州地区为最多，编纂者大多为宗族的在任官员、致仕官僚和学者文人等知识精英，“因而，体例严谨、资料翔实”；[①]其另一篇文章《明代徽州家谱的编修及其内容与体例的发展》认为，明代是中国谱学发展史上一个崭新的时期，该时期徽州地区家谱编修较前代更为频繁，形成了全民重视修谱的传统。[②] 翟屯建认为明中叶以后，“宗族设立谱局修谱成为纂修族谱的主要形式，但还存在个人撰写家谱的现象”，二者在纂修的规模、篇幅与流传形式，体例与内容，记载内容的真实性方面均存在着差异，“公修族谱反映的是文献历史，私撰家谱更接近于历史实态”。[③] 就明清时期徽州家谱纂修、刊刻、印刷、避讳等家谱修撰和管理的一些基本问题，卞利有两篇文论可读。一篇是《明代徽州谱牒的纂修、管理及其家国互动关系研究》，从纂修和管理的视角，对明代徽州谱牒纂修与管理制度及其家国互动关系进行系统的探索，认为明代徽州谱牒纂修、刊刻和管理中国家、地方官府和宗族之间互动是双向的，一方面“地方官府对当地宗族纂刻谱牒颁发牒文、告示予以认可和支持的做法，始终贯穿着对宗族开展编刻谱牒、强化家国一体观念的接受和认可”，另一方面“徽州宗族自身为了获得所纂刻谱牒的权威性，也往往借助国家和地方官府来申张自己的意志，通过主动邀请国家和地方权力介入的办法，达成官府和民间行为的一致，维护自身组织和群体的利益”。[④] 另一篇是《明清时期徽州族谱的纂修及刊刻等相关问题研究》，该文深入分析并厘清了徽州族谱纂修的宗旨和谱例、组织和经费、征信和阙疑、纂修人员的酬报、族谱的刊刻印刷及避讳等问题，有益于读者更深刻

---

① 陈瑞：《元代皖人的史志编纂活动》，《史学史研究》2008年第3期。

② 陈瑞：《明代徽州家谱的编修及其内容与体例的发展》，《安徽史学》2000年第4期。

③ 翟屯建：《徽州私撰家谱与公修族谱的差异》，《安徽史学》2006年第6期。

④ 卞利：《明代徽州谱牒的纂修、管理及其家国互动关系研究》，《江海学刊》2010年第1期。

地了解徽州宗族与徽州谱牒文化。[①]

徽州家谱内容与体例问题更为学界所关注。翟屯建的《略论家谱内容与体例的演变》一文,选取黄山市博物馆藏10种明代徽州家谱进行分析,认为明嘉靖以前的家谱,其内容还带有早期谱牒的痕迹,体例上主要以苏、欧两种谱式为主;"明嘉靖是家谱由单纯的世系向一族之全史式的氏族管理典籍制过渡阶段,内容和体例也还不够完备。隆庆和万历是近世家谱的定型期"。[②] 陈瑞的《明代徽州家谱的编修及其内容与体例的发展》一文,认为"与宋元谱相比较,明谱新增加的内容主要体现为宗规家训、世德闺范、族产祠产等宗族制度的相关方面",体例上"除沿袭欧苏谱例外,还增加了'志'、'图'、'考'、'录'等项新内容",而统宗谱、会通谱的大量出现是"徽州明修家谱内容丰富和体例渐趋完备的一个重要体现"。[③] 赵华富在比较宋元和明清时期的徽州谱牒后,认为明中期以后,随着商品经济的繁荣和资本主义生产关系的萌芽,引起徽州宗族风俗的"浇漓","徽州谱牒都围绕宣传封建道德,厘正社会风俗,巩固宗族统治这一宗旨编纂",因而谱牒体例和内容发生了变化,体例上"虽然基本上遵循欧、苏'一图一传'的'图传体',但是,绝大多数谱图的人名之下都增加了生平简介",内容上"增加了祠堂、祠产、族规、村图、像赞、祭祀、行辈联、余庆录、领谱编号等,有的谱牒还有书馆、庙宇、桥梁、山场水道等等",[④]反映了随着社会的变化,谱牒的内容也发生了变化。宋杰在《徽州家谱与徽

① 卞利:《明清时期徽州族谱的纂修及刊刻等相关问题研究》,安徽大学徽学研究中心编:《徽学》(第5卷),合肥:安徽大学出版社,2008年版,第209~239页。

② 翟屯建:《略论家谱内容与体例的演变》,王鹤鸣主编:《中国谱牒研究—全国谱牒开发与利用学术研讨会论文集》,上海古籍出版社,1999年版,第131~138页。

③ 陈瑞:《明代徽州家谱的编修及其内容与体例的发展》,《安徽史学》2000年第4期。

④ 赵华富:《徽州谱牒在明代中期的发展变化》,王鹤鸣主编:《中华谱牒研究》,上海科学技术出版社,2000年,第52~63页;另参见赵华富:《徽州宗族研究》,合肥:安徽大学出版社,2004年,第231~237页。

州方志》一文中，对徽州方志和家谱的体例与内容进行了比较，认为“徽州方志编撰的体例、内容等也直接影响到家谱的修纂，并使徽州家谱呈现出鲜明的地域特色”。[①] 王鹤鸣在整理谱牒资料的过程中，较注重徽州谱牒的研究，认为“宋代欧阳修、苏洵创立的五世图式体例，构成了徽州谱牒的基本框架，可谓之徽州谱牒之体；南宋朱熹的理学思想，则成为徽州谱牒的精神支柱，渗透到徽州谱牒的方方面面，可谓之徽州谱牒之魂”。[②] 族规家训是谱牒的重要内容，汪琴鹤的《绩溪宗谱中的家训》一文，从积极的层面分析徽州家谱中的家训具有重视教育、道德和勤俭持家的共性特征。[③] 世系图是谱牒的主体部分，各种家乘族谱都详予记载，以明世系、叙昭穆，追本溯源，但明清时期徽州谱牒也存在着攀宗冒祖的现象。黄国信、温春来对比研究新安程氏的三部统宗谱（南宋程祁修《程氏世谱》、明代程孟修《新安程氏诸谱会通》和程敏政修《新安程氏统宗世谱》）的祖先谱系，认为“时间越往后，谱系越清晰，但这种越来越清晰的程氏谱系及其对远祖的追溯，可能与事实上的程氏传承历程，正产生着越来越大的距离”。这种祖先认知和祖先谱系重构的现象，在徽州谱牒里在在有之，“远祖”多追溯至黄帝、尧、舜等，以至于时人在编修谱乘时特立《谱辨》给予考证。产生这一现象的原因可能是唐宋时期北方维持着修撰谱牒的传统，并“已经修撰出诸多世系清楚的不同姓氏的谱牒，成为明清各地撰修族谱的依据”。[④] 赵华富则认为这种现象“表面上看是修谱者将黄帝、尧、舜作为自己宗族的‘远祖’，实质上他们表述的仅仅是中华民族绝大多数人的一种历史文化认同观念”，并非如胡适所批评的那样是“源远流长的迷信”。[⑤] 显然，赵华富的这种高屋

---

① 宋杰：《徽州家谱与徽州方志》，《乐山师范学院学报》2010 年第 7 期。

② 王鹤鸣：《试论徽州谱牒的体与魂》，《复旦学报》2006 年第 1 期。

③ 汪琴鹤：《绩溪宗谱中的家训》，《档案工作》1991 年第 6 期。

④ 黄国信、温春来：《新安程氏统宗谱重构祖先谱系现象考》，《史学月刊》2006 年第 7 期。

⑤ 赵华富：《中国谱牒：始迁之祖、文化认同与民族史料——对胡适〈曹氏显承堂族谱序〉中几个问题的看法》，《安徽大学学报》2008 年第 3 期。

建瓴的认识较之于胡适过分拘泥“考据”的观点，要高明得多。

谱法是指家谱纂修的书法及其评价理论，关系到谱乘内容的取舍和谱系的构建，指导着谱学自身的发展。如“书善不书恶”、“无征不信”、“传信传疑”等，历史上家谱修撰者素来重视。这方面的研究有下述的文章值得一读。徐道彬《论戴震对徽州族谱的看法》一文，认为戴震治谱“一本治史修志之法，溯源求实，阙所不知”，这种实事求是、无征不信的书法，是其考证求实的朴学特色在谱法上的运用。[①] 林济《汪道昆的谱本宗与宗法收族理论》一文，详析嘉靖、万历年间徽州名宦汪道昆的谱本宗活动及其“亲亲收族”、“详所自出”的小宗谱法，并分析其谱法思想的社会根源是世家大族的独立性追求和以村落宗族为中心的社会现实的需求。[②] 与小宗谱法相对应，徽州还流行大宗谱法（或称统宗谱法）。林济从剖析程敏政的《新安程氏统宗世谱》入手，揭示出程敏政的统宗谱法秉承了欧、苏谱法中的宗法收族主张，却摈弃欧、苏谱法“五世一图”的体例，“强调建立以百世不迁的别子为始祖的统宗谱系”，开创了会贯宗支世系的统宗谱例，引发了徽州士大夫文人的谱法讨论，形成了“以统宗收族为根本，以存疑存阙为史法的徽州谱法”。[③] 族谱主要通过明世系、辨昭穆，达到尊祖、敬宗、收族的功能，重视的是对男性血缘世系的记录，女性是作为男性的配偶而被记录下来的。胡中生《清代徽州族谱对女性上谱的规范》一文，对清代徽州女性上谱的书法作了详细考察，认为“女性上谱的书法遵循着夫为妻纲和母以子贵、重门第正名分、彰显封典节烈以及善于持家等原则”。[④]

家谱在其发展过程中之所以以体例与内容日臻完备且有

---

① 徐道彬：《论戴震对徽州族谱的看法》，《黄山学院学报》2006 年第 2 期。

② 林济：《汪道昆的谱本宗与宗法收族理论》，《史学月刊》2006 年第 7 期。

③ 林济：《程敏政统宗谱法与徽州谱法发展》，《安徽史学》2008 年第 4 期。

④ 胡中生：《清代徽州族谱对女性上谱的规范》，《安徽大学学报》2007 年第 1 期。

着严密的谱法，与时人对家谱的评价理论的形成以及史学理论对家谱的影响密切相关。关于这方面的探讨，徐彬有两篇文章值得一读。《论徽州家谱的评价理论》一文认为“去夸诬就简实”、“董狐直笔”是确立家谱书法的评价标准，“对社会、国家能起到厘定风俗的作用”是确立家谱功能的评价标准，据此，历史上徽州学者对家谱的纂修提出了诸如“知人论世”、“因其文而得其心”等具体评价方法。[①]《历史意识与历史编撰理论对明清徽州家谱的影响》一文对史学理论与徽州家谱的关系作了深入的揭示，认为“以稽先世，以贻将来”的历史传承思想是明清徽州家谱发展的动力，“大有关于家教者”的历史借鉴思想是明清徽州家谱努力的方向，正史的史表影响了家谱体例，信史原则对明清徽州家谱编修者的态度有直接影响。[②] 正是评价理论的形成和史学理论的运用，指导并促进徽州家谱的发展与繁荣。

通过上述文章的分析，我们能对宋代以降，尤其明清时期徽州家谱的纂修概况、家谱的内容与体例及谱法有一个基本的理性认知。其中“内容与体例”是我们认识徽州家谱的主要部分，也应是徽州家谱有别于其他地区谱牒的特色所在。学术界在此方面虽已作了一定程度的论析，似仍有进一步深化研究的余地。

（三）徽州家谱的个案研究

从徽州家谱的整体研究来说，作综合性理论研究，提出一些带有普遍性的问题进行分析，是十分必要的。而从研究的基础看，个案研究因其研究对象单一、研究内容具体、能够真实反映历史实态的研究特征，也是十分重要的。近年来这方面的研究也颇受学界关注。从目前笔者所搜集到的资料来看，个案研究的文章大体上涉及以下四个方面的内容：家谱所录文献及其

---

① 徐彬：《论徽州家谱的评价理论》，《安徽师范大学学报》2009 年第 2 期。

② 徐彬：《历史意识与历史编撰理论对明清徽州家谱的影响》，《安徽史学》2010 年第 3 期。

价值分析、家谱中所载人物研究、家谱的编纂及有关谱序的真伪考辩、宗族社会的异姓承继问题等。

1. 家谱所录文献及其价值分析

明清时期的徽州家谱不仅载有谱主的行状，也附录大量的家族文献材料，是我们研究宗族社会文化的重要资源。汪庆元对安徽省博物馆藏善本、元代徽州家谱《新安旌城汪氏家录》作了初步分析，认为该谱"不仅为我们提供了南宋时徽州一个家族繁衍裂变的情况，(谱录文献)还记录了当时乡村中诸如科举、书院、义庄、义学、乡社等基层社会诸相，有较高的史料价值"，进而指出徽州家谱的体例是"以文献和世系为核心"，注重家族纪实；[①]据此论断，汪庆元又对安徽省博物馆藏嘉庆刻本歙县吴氏《冲山家乘》的纂修和所录文献作了细致的研究，认为"家族文献为一家之典，主要记述本家族的人和事"，正如吴氏家乘一样，这些具有丰富社会内容的徽州家族文献，既为修谱者所资，也藉谱牒得以传世。[②] 这种藉谱传世的家族文献因存留于民间，世所难见，它们或保留真实的历史信息可起到冰释史疑的作用，或在续修时有所变动而失却其真实性需要澄清。马彬通过对安徽省博物馆藏、乾隆刊本《新安东关济阳江氏宗谱》的世系及卷十九《新传》附录《方外友宏仁论》的解读，澄清了史载模糊的新安画僧渐江的族属问题，认为在文字祸狱肃杀的历史背景下，纂修者以曲笔的文献形式给族人"渐江留得一席地位"。[③] 王振忠细致地研究了上海图书馆藏、民国铅印本《绩溪庙子山王氏谱》，认为该谱的编修受到民国间"新方志"编纂的影响，是族谱和乡土志的混合体，它除了一般族谱习见的体例外，还在卷九至卷十一的"宅里略"中，详细载录了"风俗"、"方言"、"歌谣"、"谚语"等民俗史料，勾勒出晚清民国时期民间

---

① 汪庆元:《〈新安旌城汪氏家录〉初探》,《文献》2003 年第 4 期。

② 汪庆元:《徽州的家族文献与宗族文化——以歙县吴氏〈冲山家乘〉为中心》,《安徽史学》2006 年第 1 期。

③ 马彬:《从〈新安东关济阳江氏宗谱〉看僧渐江》,《东南文化》1991 年第 2 期。

社会的风俗画面。[①] 上述文章都是就一谱所录的文献展开分析，从整体角度论述徽州家谱的文献类型及其价值的文章不多见。因此，笔者专作一文《徽州族谱所录文献的类型与价值》，将徽州族谱所录的文献分为六大类，并逐一探讨了每类文献的价值[②]（详见附录二）。

2. 家谱中所载人物的研究

人物是家谱内容的主体，谱之世系、行状都详予记载。因此，徽谱是我们进行群体或个体人物研究的重要文献之一。刘尚恒的《〈虬川黄氏宗谱〉与虬村黄姓刻工》一文，对道光十二年(1832)黄开簇等纂修的《虬川黄氏宗谱》的风貌和内容作了较详细的介绍，除探讨该谱的文献价值外，重点对谱中所录的主要刻工的生平和作品作了介绍，是我们了解黄氏宗谱和历史上黄姓刻工的重要文章。[③] 王振中还对近年来婺源詹氏宗族自身刻录的族谱光盘进行了研究，以光盘中收录的清光绪戊戌(1898)环川《(璁公房修)詹氏支谱》为主，勾勒出婺源著名墨商詹彦文的相关事迹，描述了詹氏墨商的经营状况和经营网络。[④]

3. 家谱的编纂及谱序真伪的考辨

族谱的编纂，从个案研究的角度看，因其内容具体而显得更有价值。陈琪、胡筱艳依据祁门县博物馆藏、清光绪二十三年(1897)纂修《竹溪陈氏宗谱》文书（复印件）资料，对祁门竹源陈氏宗族的源流、宗谱纂修的缘起与组织、宗谱纂修的要求、宗谱的内容与结构、宗谱的付梓与保管等，作了全面研究，据此可了解清末徽州家谱编修的具体情况。[⑤] 戴圣芳对存藏绩溪县

---

① 王振忠:《一部徽州族谱的社会文化解读——〈绩溪庙子山王氏谱〉研究》,《社会科学战线》2001 年第 3 期。

② 谈家胜:《徽州族谱所录文献的类型与价值》,《安徽师范大学学报》2010 年第 5 期。

③ 刘尚恒:《〈虬川黄氏宗谱〉与虬村黄姓刻工》,《江淮论坛》1999 年第 5 期。

④ 王振忠:《从徽谱史料谈徽州墨商的几个问题——以光绪戊戌环川〈(璁公房修)詹氏支谱〉为中心》,《安徽史学》2008 年第 1 期。

⑤ 陈琪、胡筱艳:《清末徽州民间宗谱纂修活动研究——以光绪二十三年竹源陈氏宗谱文书为例》,《安徽史学》2006 年第 6 期。

宅坦村、民国十年(1931)刊印的《胡氏龙井派族谱便览》作了分析,认为它是编纂者们精心类辑并经过认真系统加工而成的一部单行本的普及性族谱,“无论在内容还是形式上,《族谱便览》都堪称是当时徽州族谱编纂中的一大创新”。[①]

谱序是家谱的重要内容,也是我们研读家谱承续的主要材料,其真伪至关重要。俞乃华通过整理黄山学院徽州文化资料中心所征集的200余部徽州家谱,发现有多篇朱熹所作的谱序世人未曾著录,并整理、分析、考证出两部家谱的谱序,即道光二十九年(1849)补刊的《西溪汪氏家谱》和宣统三年(1911)编撰的《泉塘葛氏宗谱》中的序文为朱熹所撰,非后人的套用伪作。[②] 2002年上海古籍出版社、安徽教育出版社出版《朱子全集》第二十六册《朱子佚文辑录》,辑录者依据民国二十年(1931)重修的《新安月潭朱氏族谱》序文“谱凡三修:一举于宋,再举于明,三举于清康熙中,迄今又二百余年矣”,将该谱卷一作为朱熹所作的《婺源茶院朱氏世谱》收录。对此,赵华富通过明清至民国多版本的朱氏族谱的比较研究,考论出“民国重修《新安月潭朱氏族谱》卷一,一世至六世‘一以夫子定本为正’,七世至十世为朱汝贤续编”,因而“民国重修《新安月潭朱氏族谱》卷一非朱熹佚文”,朱熹纂修的《婺源茶院朱氏世谱》大概已经亡佚。[③]

4. 家谱与宗族社会问题研究

在徽州宗族发展的历程中,出现过异姓承继和冒宗附祖的现象,谱牒里也有载记。栾成显对安徽大学徽学研究中心伯山书屋藏婺源《腴川程氏宗谱》进行分析,发现从明万历八年(1580)到清同治七年(1868)的288年间,4460名入谱的程氏男子内,有477人为异姓承继而来,占总人数的10%,说明“宋代

---

① 戴圣芳:《民国绩溪宅坦〈胡氏龙井派族谱便览〉简述》,《大学图书情报学刊》2006年第5期。

② 俞乃华:《徽州宗谱中的两篇朱熹序文》,《黄山学院学报》2005年第1期。

③ 赵华富:《〈新安月潭朱氏族谱〉卷一非朱熹佚文考——与〈朱子全集〉辑录者商榷》,《安徽大学学报》2007年第3期。

以后，特别是明清时期异姓承继的相当普遍，实则表明这时的宗族已有从内部开始瓦解的倾向了”。[①] 韩宁平对黄山学院徽学资料中心藏清乾隆刻本《星源甲道张氏宗谱》（复印件）中的拟血亲承继材料作了量化的分析，“说明在清代徽州的拟血亲承继中，宗法原则仍然占据主导地位，而异姓承继也日益普遍与合法化”。[②] 在徽州宗族衍变的过程中，冒宗现象也出现，卜永坚依据上海图书馆藏康熙八年（1669 年）刻本《新安程氏家乘》，结合美国犹他家谱学会藏本《新安世宗程氏琼公之谱》资料，对程氏宗族内部因改动程元谭墓地而引发的重大纠纷事件，进行了研究，还原式地分析了原本为程氏看庙守墓的细民方氏，改姓冒宗为歙县荷花池程氏的具体过程，“细致地展现了徽州宗族的文化建构过程”。[③]

上述的个案研究，或者揭示一谱文献资源，或者透过一谱解读社会文化、管窥社会问题，体现出徽州家谱研究的细化和深化的特征。就近年来刊布的文章而论，可以说徽州家谱的个案研究已经渐热起来，但相对于存世的 2000 余种徽州家谱而言，尚属微不足道。研究的范围相对狭窄，较之于学术界所认可的徽州家谱对于研究宗法思想、家族制度、民族迁徙融合和经济、社会、政治、文化等都有很大的文献价值来看，个案研究范围和空间还十分宽广。

（四）徽州家谱研究有待深化的几个问题

通观学术界关于徽州家谱的研究，概括说来，在文献资源的揭示、综合性的理论研究和具体的个案研究等三个方面，都有不同程度的发掘，并有广阔的前景。此外，根据笔者的浅见，为了进一步推进徽州家谱的研究，使其更加深化，似可在以下

---

① 栾成显：《明清徽州宗族的异姓承继》，《历史研究》2005 年第 3 期。

② 韩宁平：《清代徽州的拟血亲承继——以星源甲道〈张氏宗谱〉为中心》，《黄山学院学报》2007 年第 4 期。

③ 卜永坚：《明清徽州程元谭墓地的纠纷：以〈新安程氏家乘〉为中心》，安徽大学徽学研究中心编：《徽学》（第 5 卷），合肥：安徽大学出版社，2008 年，第 82～97 页。

几个方面加以拓展。

1. 关于家谱与宗族社会的研究

“家之有谱,犹国之有史也”。此种表述在徽州家谱序文里泛泛可见,章学诚也明确地指出,“家谱图牒与状述传志,相为经纬,盖亦史部支流,用备一家之书而已”。[①] 家谱确是家族之史,记载着本家族的世系脉络、聚落村社、祖先墓茔、人物事迹、礼仪制度、风俗习惯、家族文献等。因之,学术界在研究徽州宗族社会问题时,多从谱牒中征引材料,此类文章、著作甚多,难以全索。[②] 因其不是专以徽州家谱为研究对象,故不在本述评范围之内,但也说明了家谱与宗族社会问题研究的内在联系十分紧密。因此,从徽州家谱的角度来探析宗族社会问题,如宗族的嬗变、宗族社区的民俗、宗族人物的活动等,都有很大的研究空间。从现有的研究来看,已有文章涉及,这是徽州家谱研究继续深化的一个领域所在,况且“传世明本谱牒,大都是徽州一带大族居多,徽州以外绝少”,[③]这对于具体研究明清时期的徽州宗族社会的面貌,有重要的和不可替代的价值和意义。

2. 关于家谱所载内容的专题研究

早在 20 世纪 20 年代,梁启超就指出了谱牒文献所载内容的巨大学术价值,强调“如将来有国立大图书馆能尽集天下之家谱,俾学者分科研究,实不朽之盛业”。[④] 其所谓“分科研究”,我们似可理解为分专题研究。明清时期,徽州家谱记载的内容十分丰富,如其中历次修谱的序文和大量的家族文献,因被载入谱牒得以传世,有学者据之认为徽州家谱的体例是以“世系

---

① (清)章学诚:《〈刘忠介公年谱〉叙》,仓修良编注:《文史通义新编新注》,杭州:浙江古籍出版社,2005 年,第 537 页。

② 参见唐力行《徽州宗族研究概述》,《安徽史学》2003 年第 2 期。该文对半个世纪以来学界关于徽州宗族研究作了学术回顾和学术总结,认为“学者们广泛利用族谱、方志、契约、文书、笔记以及文献资料 ,对徽州宗族进行了多层次、多角度的研究 ,已经取得了丰硕的成果”。

③ 裴云:《从天一阁谈到东方图书馆》,1934 年 2 月 3 日《大公报》,第 11 版“图书副刊”。

④ 梁启超:《中国近三百年学术史》,天津:天津古籍出版社,2003 年,第 372 页。

和文献”为中心，这方面的材料应值得我们珍视。谱序皆是族中学人亲撰，或请族外名人叙写；家族文献“必择其最著者收采，载诸谱末，以见一家文献之盛云”。[①] 它们兼具史学和文学的双重价值，是徽州家谱所储存的一个宝藏，可作专题性研究。刑永川在《试论谱牒序跋的文献价值——兼谈中国谱学的若干问题》一文里，谈到“谱牒序跋保留着大量中国谱学的理论精华，它对中国谱学史的研究具有相当重要的作用”。[②] 若就明清至民国间的徽州家谱的谱序作纵向的梳理和研究，似可揭示出家族修谱的具体指导思想及其时代特点。诸如此类的专题性研究，应是徽州家谱研究深入发展的另一个方面。

3. 关于民国年间的徽州家谱研究

就已有的研究而言，学术界较多关注明清时期的徽州家谱，这无疑是正确的和必要的。同时也必须看到，民国间所修家谱的研究对于反映历史变迁对家谱编纂有何影响，而此时的家谱又在何种程度上折射出社会的变化，也有较高的学术价值。因此，关于民国时期徽州家谱的研究尚待关注。正如有的研究者所指出的那样：晚清尤其民国时期，“中国社会基本上处于扰攘状态，自然在很大程度上影响谱牒的兴修”。[③] 冯尔康先生在其论著《18世纪以来中国家族的现代转向》的“第七章 20世纪上半叶的家谱修纂和谱例改良”里作了宏观上的阐释，但援用民国年间的徽州家谱极少。该时期徽商雄盛不再，世事纷乱不宁，这一时移世易的历史局面对徽州宗族谱牒的纂修自会产生一定的影响。王振忠认为民国铅印本《绩溪庙子山王氏谱》的编修受到民国间“新方志”编纂的影响，是族谱和乡土志的混合体；戴圣芳认为民国十年刊印的《胡氏龙井派族谱便览》是编纂者们精心类辑并经过认真系统加工而成的一部单行本

---

① （清）王祺纂修：《新安武口王氏统宗谱·凡例》，雍正四年（1726）刻本，安徽省博物馆藏。

② 刑永川：《试论谱牒序跋的文献价值——兼谈中国谱学的若干问题》，《谱牒学研究》（第3辑），北京书目文献出版社，1992年，第285～294页。

③ 冯尔康：《18世纪以来中国家族的现代转向》，上海人民出版社，2005年，第289页。

的普及性族谱,是当时徽州族谱编纂中的一大创新。这都说明,民国时期的徽州家谱仍有其时代的特点,从理论上加以研究应有比较高的学术价值。

4. 关于徽州家谱的叙录性研究

"叙录是我国古代三种解题形式(叙录、传录、辑录)中最基本最主要的一种……它的特点是以简明扼要的文字勾勒出文献的概略",[①]多用之于文献编目。这种叙录体的古籍文献目录,在今天馆藏家谱资源的揭示上也被运用,即多以"提要"的形式编目。然而,"提要"字数最长者也仅有数百字,尚难全面地展示一谱之内容。因之,学界又以论、著的形式作详细叙录,其中涉及徽州家谱的详细"叙录"性成果,附录一《试论"叙录"在徽州家谱文献资源揭示中的作用》一文已作揭示。这种独立成篇的徽谱叙录性的论、著,每篇短则千余字,长则数千字,极便于我们全面地了解该谱的具体内容。相对于数千种徽州家谱而言,这种叙录性的成果目前仅有 14 篇文章(含内刊《徽州社会科学》连载的七篇),涉及徽州家谱仅 60 余部,可谓少之又少。这一滞后的叙录性研究,或会不利于徽学和谱牒学研究的深入化。可以说,这方面的研究既显得必要和迫切,也有着较大的研究空间。

(五)结束语

徽州家谱研究不仅是徽学研究的一重要组成部分,也是中国谱牒学研究领域的一部分。它虽然已经走出了仅仅作史料供人们引用的早期阶段,走上了明清徽州社会研究和中国谱牒学研究的重要舞台,但随着徽州家谱研究深入,其本身所蕴藏的巨大学术价值愈加被学术界所珍视,存世 2000 余种的徽州家谱尚有不少沉睡于馆库之中,其固有的文献资料价值尚没有得到充分的利用。可以说,徽州家谱研究的序幕已经拉开,高潮还在后面。这就是徽州家谱研究的现状和未来,而家谱的叙录性研究恰逢其时。

---

① 高长青:《叙录体的创立对后世目录学的影响——兼论目录学的演变和发展》,《甘肃社会科学》2005 年第 1 期。

六

后 记

徽州家谱的研究是一个广阔而又恒深的课题，二十余年来，学界同仁在此方面取得了杰出的成果。2008 年 9 月，笔者赴北师大访学，师从著名学者瞿林东先生，受先生点拨也开始涉足徽谱的研究。自知研力浅薄，当以勤奋为要。于是访学期间，每天骑着自行车从驻地赶赴国图，查阅资料，核实其所藏的徽谱，并研读、摘录稀见的徽谱文献，以作叙录性的研究。一年访学的光阴匆匆而逝，幸未虚度。在先生的指教下，我系统地搜集、拜读了学人有关徽州家谱研究的力作，对徽谱研究的学术现状有所了解，也基本摸清了国图所藏徽州家谱资源的情况，并积累了一些相关稀见谱牒的资料。原拟访学归来及时整理，撰成专著以揭示国图所藏徽谱文献资源，未料返校后学校委派我负责将学校“皖南民俗文化研究中心”申报、创建为安徽省高校人文社科重点研究基地。一年多来，全身心地投入此项工作中，致使访学的后续研究进展受限。其间虽将国图所藏徽谱资源研究课题申报为中心及安徽省教育厅人文社科基金项目，奈何申报、创建工作颇为艰辛，项目研究也因之迟滞不前。

申报、创建工作甫一告成，便接续访学期间的研究，整理资料，撰写叙录，以期完成课题研究任务。今拙作终于脱稿，辛酸自知，往事历历，感言盈胸。首谢瞿林东教授。先生年逾七旬，视力欠佳，在我访学期间又因脚部手术长期坐卧于病床。赴京访学首次拜见先生便是在京外疗养院的病房里。先生慈祥如父，嘱我坐近其身边，细细地交待如何去研究徽州家谱；此后每撰写一文呈上，先生必拿着放大镜审阅，遇有可修改处，必用朱笔细细批示，拙作的部分文论经先生审定斧正。先生的指导与鞭策，是我敢涉足徽谱研究的动因，也是我勉力撰述本作的动力所在。今文本脱稿，附言于此，以谢师恩。其次，要感谢国图的张志清、郝瑞平、赵长华、孙翠华、鲍国强老师。在国图查阅、研读徽州家谱的过程中，无论在谱籍的确定、疑难字体的辨认方面，还是在重要资料的复制、照片的提供等方面，他们均给了我很大的帮助；在后续研究过程中，鲍国强、郝瑞平老师也以电子邮件的形式，指点迷津、解我疑惑。再次，要感谢安徽师范大学的王世华教授、徐彬教授和安徽大学徽学研究中心的胡中生教授、安徽大学出版社的王先斌副编审，在本书修改的过程中，他们赐教良多，提出不少修缮建议，使我受益匪浅，并努力作一番详细修定。最后还要感谢我的夫人姚爱武女士，访学归来后，我的工作任务较为繁重，稍有余暇又要顾及课题研究，家务及幼女的功课辅导等事基本上由其担负，我因此既能够做好本职工作，又能够在工作任务完成之后，集中精力从事拙作的撰写。故而附言于此，以志谢意。

辛卯年四月六日记于寒舍